Die Angst ist dein größter Feind

SERIE PIPER

Zu diesem Buch

Im April 2007 wurde in Heilbronn eine Polizistin mit einem Kopfschuss regelrecht hingerichtet. Die wenigen Millimeter Kunststoff der Schutzweste, für eine Polizistin manchmal die Schnittstelle zwischen Leben und Tod, konnten sie nicht retten. Frauen bei der Polizei: Das ist eine ganz besondere Herausforderung. Hier erzählen Polizistinnen zum ersten Mal von ihrer täglichen Arbeit, von ihren schlimmsten Situationen, aber auch von ihren schönsten Momenten: Davon, was es heißt, völlig verwahrloste Kinder vor dem sicheren Tod zu bewahren, einem körperlich weit überlegenen Täter gegenüber zu stehen oder davon, wie nur ihr ganz besonderes diplomatisches Geschick einen Straftäter zur Aufgabe bewegte. Ein offenes und ehrliches Buch, mit eindringlichen Bildern der Fotoreporterin Suzanne Eichel.

Volker Uhl ist Kriminalhauptkommissar und stellvertretender Leiter der Koordinierungsstelle für Konflikthandhabung und Krisenmanagement an der Akademie der Polizei Baden-Württemberg in Freiburg. 2002 rief er das Internetprojekt »Polizei-Poeten«, eine deutschlandweite Plattform für Polizisten, ins Leben. 2005 erschien das erste von ihm herausgegebene Buch mit authentischen Polizistengeschichten: »Die erste Leiche vergisst man nicht«, dem »Jeden Tag den Tod vor Augen« und »Die Angst ist dein größter Feind« folgten. Er lebt mit seiner Familie in der Nähe von Freiburg im Breisgau. Weiteres zum Internet-Projekt: www.polizei-poeten.de

Die Angst ist dein größter Feind

Polizistinnen erzählen

Herausgegeben von Volker Uhl

Mit 19 Fotos von Suzanne Eichel

Piper München Zürich

Von Volker Uhl herausgegeben, liegen bei Piper im Taschenbuch vor:
Die erste Leiche vergisst man nicht
Jeden Tag den Tod vor Augen
Die Angst ist dein größter Feind

FSC
Mix
Produktgruppe aus vorbildlich bewirtschafteten Wäldern und anderen kontrollierten Herkünften
www.fsc.org Zert.-Nr. GFA-COC-1223

Originalausgabe
August 2008

Umschlag: Büro Hamburg. Anja Grimm, Stefanie Levers
Bildredaktion: Büro Hamburg. Alke Bücking, Charlotte Wippermann
Umschlagfoto: Suzanne Eichel
Herausgeberfoto: Suzanne Eichel
Satz: Filmsatz Schröter, München
Papier: Munken Print von Arctic Paper Munkedals AB, Schweden
Druck und Bindung: Clausen & Bosse, Leck
Printed in Germany ISBN 978-3-492-25217-1

Inhalt

Vorwort

von Volker Uhl

»Habt ihr schon gehört, in Heilbronn sollen eine Polizistin und ihr Streifenpartner erschossen worden sein?«, fragte ein Kollege mich am Telefon. Dieser Anruf ging mich dienstlich an. Erst vor wenigen Wochen war ich von der Kriminalpolizei Ludwigsburg an die Akademie der Polizei nach Freiburg gewechselt. Als Angehöriger der Koordinierungsstelle für Konflikthandhabung und Krisenmanagement war ich seitdem auch für die Betreuung von Polizisten nach belastenden Einsätzen zuständig. Sollte die Nachricht stimmen, gab es Betreuungsbedarf.

Aber auch rein persönlich machte mich der Anruf betroffen. Der blaue Frühlingshimmel verdüsterte sich schlagartig. Mein Hals wurde trockener und trockener, die Stimme brüchiger, während der schreckliche Verdacht von Telefonat zu Telefonat immer mehr zur Gewissheit wurde: Am helllichten Tag war eine junge Kollegin erschossen worden, die Ärzte kämpften noch um das Leben ihres Streifenpartners.

Tränen liefen mir die Wangen runter. Wieso eigentlich? Wieso bin ich traurig, wenn wildfremde Menschen im Dienst ums Leben kommen?

Durch die Mail einer Kollegin, welche ich ein paar Tage später erhielt, kam ich einer Antwort näher.

Hallo Volker,
mit Erschrecken habe ich heute bei der Durchsicht der Fernschreiben festgestellt, dass Ihr in Ludwigsburg an der Sache mit dem Tötungsdelikt an der Kollegin in Heilbronn mitermittelt.

Ich war im Urlaub, als ich im Radio die Nachricht hörte, und mir wurde ganz schlecht. Wir alle wissen, dass wir einen gefährlichen Job haben und jederzeit etwas passieren kann, unabhän-

gig, ob wir auf dem Land oder in der »gefährlichen« Großstadt unseren Dienst tun. Dennoch überkam es mich eiskalt, als ich hörte, dass es wieder jemand aus »unserer Familie« erwischt hatte, denn wir alle wissen, es hätte auch uns treffen können.

Wie oft hatten wir schon Glück, weil die Schutzengel gute Arbeit leisteten. Ich habe schon zweimal ein Messer abbekommen, in einen Gewehrlauf geschaut, die Nase vor eine tickende Bombe gehalten, wilde Verfolgungsfahrten hinter mich gebracht, Kugeln sind mir um die Birne geflogen, und bei einer Verkehrskontrolle wurde ich fast über den Haufen gefahren. Wie schnell und ganz einfach hätte da alles schiefgehen können.

Aber zum Glück sitze ich hier und kann Dir schreiben, während die Kollegin vor einem Trauerzug mit zweitausend Polizisten hergetragen wird. 22 Jahre alt – unfassbar! Unfassbar die Tat und unfassbar, dass wir unseren Job in dem Bewusstsein machen, dass wir es sein könnten, die irgendwann vor Kollegen hergetragen werden.

Tag für Tag gehen wir immer noch, mehr oder weniger motiviert, in den Dienst und passen auf, dass die Welt nicht untergeht. Bei jedem Einsatz, selbst bei der Festnahme eines Ladendiebes oder eines Sachbeschädigers, müssen wir auf unser Leben achtgeben.

Ich hoffe, dass die Täter dieses hinterhältigen Mordes ermittelt werden und ihre Strafe bekommen. Hoffentlich kommen die dann an einen Richter, der JETZT aufpasst und miterlebt, dass auch wir in der Uniform Menschen sind, die Familie und Freunde haben, und dass wir die Kollegin vermissen. Und dass es nicht selbstverständlich ist, wenn wir im Dienst auf der Straße für den Staat einfach so hingerichtet werden.

Vor Kurzem sind bei uns eine junge Kollegin und ein Kollege bei einer Einsatzfahrt ums Leben gekommen. Der Kollege war zuvor einige Jahre bei uns auf dem Revier, und wir kannten und schätzten ihn. Nun ist er nicht mehr da. Vergessen werden wir ihn wohl nie, auch wenn die Erinnerungen verblassen.

Es ist schön zu spüren, dass in diesem Fall in Heilbronn Bürger wirkliche Anteilnahme zeigen und die Tat verurteilen.

Mach's gut, pass auf Dich auf und viel Erfolg!

Deine Jasmin

Als vor über zwanzig Jahren die ersten Frauen ihre Ausbildung zur Schutzpolizei in Baden-Württemberg antraten, glaubte man noch, dass Frauen in Uniform weniger geschehen würde. Es blieb ein frommer Wunsch. Sicherlich hofft jeder Polizeibeamte, dass ihm im Dienst nichts geschehen wird. Und es ist ja auch keineswegs so, dass jeder täglich in lebensbedrohliche Situationen gerät. Aber Gefahr ist bei jedem Einsatz immer vorhanden. Daher ist die Angst unser stiller Begleiter. Das gilt für Männer genauso wie für Frauen.

Erst wenn die Hoffnung stirbt, sehen wir das Leben, wie es ist. Und das ist schmerzhaft. Mit dem Tod von Polizeimeisterin Michèle Kiesewetter verlor das Leben bei der Polizei wieder ein Stück Leichtigkeit.

»Was ist deine Meinung – brauchen wir Frauen bei der Polizei?« Seit über hundert Jahren wird diese Frage gestellt. Damals wurde Henriette Arendt als erste Frau bei der Stadtpolizei Stuttgart eingestellt. Erna stellte mir die Frage Ende 1989. Sie war eine der ersten Frauen zur Ausbildung bei der Schutzpolizei in Baden-Württemberg.

Wow, die will's aber wissen! Ganz schön mutig. Die kennt mich doch gar nicht, dachte ich. Es war Ernas erster Tag ihres mehrwöchigen Praktikums auf unserem Drei-Mann-Posten.

Während sie auf meine Antwort wartete, strich sie sich die langen blonden Haare aus dem Gesicht.

»Weißt du, ich finde das ganz okay und habe damit kein Problem. Höchstens vielleicht, wenn's hart auf hart kommt. Bei gefährlichen Einsätzen. Schlägereien und Festnahmen, da könnte es ein Nachteil sein. Ihr seid halt das schwache Geschlecht.« Mehr fiel mir dazu nicht ein.

»Genau das hat Willi, der Dienstgruppenleiter von der C-Schicht, auch gesagt. Das mit den gefährlichen Einsätzen und so. Er musste dabei ganz schön zu mir aufschauen, denn ich bin fast einen Kopf größer als er.« Sie zeigte mir ihr selbstbewusstes Grinsen.

Ja, vielleicht fühlen sich Männer, unabhängig von der Körpergröße, fürs Beschützen einfach zuständig. Wegen der möglichen Gefahren wurde Mitte der Neunzigerjahre auf unserer Kripo-Dienststelle noch heftig diskutiert, ob man nachts im Bereitschaftsdienst zwei Frauen allein an einen Tatort fahren lassen könne. Man konnte!

Denken wir an die Bilder von den gewalttätigen Demonstrationen anlässlich des G 8-Gipfels in Heiligendamm und Rostock. Ich konnte nicht erkennen, ob eine Frau oder ein Mann im Einsatzanzug steckte und dem Mob gegenüberstand.

Und dennoch ist es aus meiner Sicht wichtig, dass wir Frauen bei der Polizei haben. Nicht nur die Polizeikultur wurde durch den Einzug von Gefühl, Sanftheit und Unbeschwertheit bereichert. Wir Männer konnten unseren Methodenkoffer für den Einsatz vergrößern, zum Beispiel um Empathie und Einfühlungsvermögen. Das ging nicht von heute auf morgen und nicht immer reibungslos. Dennoch wird es endlich Zeit, das Thema Frauen bei der Polizei nicht nur mit Schlagworten wie Männerdomäne und Mobbing in Verbindung zu bringen.

Und hierzu möchte ich mit diesem Buch beitragen. Ich bin mir ziemlich sicher, dass die Idee der Polizei-Poeten, die Ende 2002 mit einer eigenen Homepage startete, von der sich wandelnden Kultur innerhalb der Polizei und damit auch vom Einzug der Frauen in die Dienststuben profitierte. Kolleginnen und Kollegen schrieben auf der Homepage über etwas scheinbar Neues – über ihre Gefühle beim Einsatz, über ihre Ohnmacht, ihre Hilflosigkeit, aber auch über ihre Wünsche. Oftmals hilft Verdrängen, doch manchmal ist es hilfreicher, dem stummen Schrei der Seele eine Stimme zu verleihen. Hierfür bieten die Polizei-Poeten die Möglichkeiten des Verarbeitens auf literarische Weise durch authentisches Erzählen. Und so freute es mich besonders, als Bundespräsident Köhler in Anerkennung des ersten Buches »Die erste Leiche vergisst man nicht« schrieb, dass *es ein wichtiges Buch ist, das den Blick auf den Menschen in der Uniform des Polizeibeamten richtet.*

Wir stehen zu unserer Menschlichkeit!

Dies bestätigte unser Landespolizeipräsident Hetger anlässlich des zehnjährigen Bestehens der Koordinierungsstelle ebenso, als er feststellte, dass *die Polizei sensibler und einfühlsamer geworden ist.*

Und auch im Außenverhältnis sind Frauen in der Polizei nach meiner Meinung unverzichtbar. Viele gesellschaftliche Probleme münden in polizeiliche Einsätze, bei denen Frauen Opfer sind. Polizistinnen haben hierfür ein anderes Verständnis und finden andere Möglichkeiten zur Lösung der Probleme. Die Geschichten in diesem Buch werden es belegen.

Es ist klar, dass ein Polizist fähig sein muss, männliche Werte zu leben: Grenzen zu setzen, konsequent zu sein, Dinge zu erledigen. Als Polizist müssen wir aber auch zuhören können, müssen verstehen, was in einer bestimmten Situation genau vor sich geht, müssen unsere Intuition nutzen, empathisch sein und unser Handeln danach ausrichten. Erst wenn Polizisten, egal ob Männer oder Frauen, fähig sind, diese weiblichen Werte zu verkörpern und auszudrücken, werden sie die großartigen Diener der Bürger sein, die sie sein könnten.

Die Geschichten der Polizistinnen in diesem Buch spiegeln authentische Erlebnisse aus über fünfzig Jahren »Frauen bei der Polizei« wider. Sie erzählen von kompetenten und mutigen Frauen, die durch ihr Verhalten männliche und weibliche Werte so verbinden, dass wir alle daraus lernen können.

Ich hab mal irgendwo gelesen,
dass es im Leben nicht wichtig ist,
stark zu sein,
sondern sich stark zu fühlen.

(aus dem Film: Into the wild)

Sieben Tage, sieben Nächte

von Janine Binder, Köln

Ich renne die Treppe runter. Fasse mit einem Arm nach dem Geländer, springe und schwinge mich auf den nächsten Absatz, bin mal wieder verdammt spät dran. Hinter mir her segelt mein Rucksack. Ich bremse den Schwung ab und komme, kurz bevor ich gegen die Haustür klatsche, zum Stillstand. Ich reiße die Tür auf und renne weiter, im Laufen drücke ich auf den Zentralverriegelungsknopf, und der Rennsmart blinkt mir schon entgegen.

Tür auf, Motor an, ich sitz noch nicht richtig und brettere schon aus der Parklücke. Ständig passiert mir das, ich bin total pünktlich, und dann fällt mir noch irgendwas Unwichtiges ein, ich hantiere herum, und zack bin ich schon wieder viel zu spät unterwegs zur Autobahnwache, meinem Arbeitsplatz. Jonas nennt das die Binder-Hektik.

Der Rennsmart heult ein wenig auf, weil ich ihn eiskalt über die Landstraße prügle. Ich hab Glück, ausnahmsweise stehen mal keine Kollegen im Busch und lasern mich. Heute wäre es auch eng geworden. Hundertvierzig zeigt der Tacho, und die Zeiger der Uhr rücken unaufhaltsam weiter. Wenn ich heute schon wieder zu spät komme, dann kann ich mich warm anziehen.

Mit quietschenden Reifen segle ich durch den Kreisverkehr und fliege auf die A4. Erst als ich auf der Autoahn bin, finde ich Zeit, das Radio einzuschalten. Stauschau, kurz überlege ich, ob ich einen der Staus als Ausrede nutzen könnte, aber es liegt keiner auf meinem Arbeitsweg. Mist, wenn man mal einen Stau brauchen könnte, ist keiner da.

Zehn Minuten später rolle ich auf den Parkplatz, der Auspuff knistert, und das ganze Auto riecht ungesund. Egal, ich muss nur pünktlich sein, noch kann ich es schaffen, drei Minuten, um mich umzuziehen und zu bewaffnen.

Ich stürme durch die Wache, ignoriere alles um mich herum,

flitze die Treppe hoch, ich beeil mich so, dass ich nicht mal die Tür der Umkleide schließe, sondern mich halb hinter meiner Spindtür aus- und wieder anziehe. Was mir einen Blick mit hochgezogenen Augenbrauen von einer Kollegin einbringt. Ist mir egal, die konnte ich eh noch nie leiden, soll sie denken, was sie will, ich muss nur rechtzeitig umgezogen und wieder unten sein.

Die Schuhe noch halb offen, renne ich auch schon wieder die Treppe runter und stopfe mir dabei das Hemd noch etwas ordentlicher in die Hose, die Krawatte flattert lustig hinter mir her.

Rein in die Waffenkammer, Waffe durchgeladen und ins Holster, raus auf den Flur und durchatmen.

Mein Chef lehnt unter der Wanduhr im Türrahmen. Er deutet nach oben. »Binder, dein Zeitmanagement ist mehr als nur für'n Arsch!« Er dreht sich um und verschwindet in seinem Büro. Ich verdrehe die Augen und schaue dem Zeiger der Uhr zu, wie er auf voll springt. »He, ich war pünktlich!« »Ja, ausnahmsweise mal.« Die Tür seines Büros fällt ins Schloss, und ich mache eine unflätige Geste in seine Richtung, die er zum Glück nicht sieht.

Mit hängendem Kopf schlurfe ich in den Wachraum, reiche brav allen die Hand und wehre die seit Neuestem obligatorischen Begrüßungsküsschen der Kolleginnen ab. Da steh ich nämlich überhaupt nicht drauf, wir sind schließlich auf einer Polizeiwache und nicht im Kinderkuschelklub. Es macht einem zwar keine Freunde, wenn man der mit gespitzten Lippen vor einem stehenden Kollegin sachlich die Hand entgegenstreckt, aber ich hab halt meine Prinzipien. Begrüßungsküsschen bekommen nur meine Eltern und liebe Freunde, Punkt!

Tim zupft an meiner immer noch auf dem Rücken hängenden Krawatte. »Kram dich mal, du siehst aus, als kämst du aus der Tonne. So nehme ich dich nicht mit.«

Ich ziehe die Krawatte zurecht und packe uns eine Tasche zusammen. Alkotest, Kamera, Taschenlampen, alles räume ich ein.

Die Kollegin aus der Umkleide steht neben mir. »Hättest du die Tür nicht zumachen können?«

»Warum? Ist doch keiner vorbeigekommen, oder, Carola?«

»Ich zieh mich aber nicht gern bei offener Tür um!«

Ich verdrehe die Augen. »Dann lässt du es halt!«

Mit einem Fuß schiebe ich die Tasche vor Tims Füße. »Da, bring mal ins Auto!« Als er nicht sofort reagiert, klimpere ich übertrieben mit den Wimpern und spitze die Lippen. »Bittööö, ist doch sooo schwer, und ich bin doch so klein.«

Carola dreht sich kopfschüttelnd um und geht.

Lachend verschwindet Tim samt Tasche zum Streifenwagen, und ich nehme mir vor, ihm einen Kaffee zu spendieren, was ich aber vermutlich sowieso wieder vergessen werde.

Die anderen sitzen im Aufenthaltsraum, ich muss aber erst noch meinen Adrenalinspiegel von der rasanten Fahrt zur Wache etwas runterfahren und setz mich an einen der freien PCs.

Sofort blinken mir zwanzig E-Mails entgegen, zehn davon sind sowieso wieder Witz- oder Kettenbrief-Mails, und der Rest besteht aus Dingen wie »Du musst noch 5 Euro in die Dienstgruppenkasse bezahlen« oder »Suche Tauschpartner für Nachtdienst« oder »Dein Gerichtstermin am 02. 12. 2006 ist verschoben worden«. Ich klicke mich so durch und fange an, mich zu langweilen. Tim kommt rein und lässt sich mir gegenüber auf einen Stuhl fallen.

»Ich hab keine Lust!«, grunzt er.

»Viagra!«, antworte ich.

»Was?«

»Na, wenn du keine Lust hast. Viagra!« Ich spreche betont langsam. »Soll helfen bei so was.«

»Suppenhuhn, ich meinte, auf Nachtdienst hab ich keine Lust.«

»Warum? Du bist doch sonst immer der Erste, der Nachtdienst machen will.«

Er lässt die Mundwinkel hängen.

»Stress mit Lucy!« Er guckt zu Boden und malt mit seinem Fuß Kreise auf die Fliesen.

Ich nicke wissend und sehe ihn und dann die offene Tür an.

»Drüber reden?«

»Nachher …«, sagt er und deutet auf die Tür, »… hier haben die Wände Ohren!«

Ich schicke ihm eine E-Mail mit einem Smiley rüber. Er grinst am Bildschirm vorbei, und ich zwinkere ihm zu.

»Und was machen wir sonst so heute?«

Ich betrachte betont gelangweilt meine Fingernägel. »Weiß nicht, Täter fangen?«

Er steht auf. »Na, dann mal los …«

Ich gehe hinter ihm her zum Streifenwagen.

Da er die Schlüssel hat, falle ich einige Sekunden später auf den Beifahrersitz unseres Opels.

»Ah, wir haben ein vernünftiges Auto!« Ich tätschele seine Wange. »Hast du fein gemacht.«

»Mit den anderen ranzigen Gurken kann man ja nicht fahren«, brummt er und deutet auf unseren Bulli Baujahr Vorkriegszeit.

Während ich mich nach vorn beuge, schalte ich den Funk an. Es ist ruhig, niemand redet, und wir fahren gemächlich vom Hof.

»Besondere Fahrtzielwünsche?«, fragt er mich. Kopfschütteln auf meiner Seite.

»Gut, dann drehen wir mal 'ne Runde …«

Kurze Zeit herrscht Schweigen.

Ich will ihn grad fragen, was denn nun mit Lucy ist, als wir über Funk gerufen werden. Ich melde mich und bekomme Antwort.

»12/31, ich hab einen Spezialauftrag für euch …«

Als die Leitstelle fertig ist, schauen wir uns ungläubig an. Wir sollen eine Schildkröte auf der Autobahn einfangen.

»Kann ja nicht so schwer sein, wir sind auf jeden Fall schneller als sie!«

Tim wendet an der nächsten Ausfahrt, und wir fahren unserem Ziel entgegen, geistig stelle ich mich schon mal darauf ein, dass irgendwo ein schildkrötenförmiger Stein herumliegt, als Tim plötzlich auf die Bremse latscht und nach links zeigt.

Tatsache, eine Schildkröte. Mitten auf dem Überholstreifen liegt sie, die Autos und Lkws rollen genau mittig über sie hinweg.

»Was nun, Janine?«

»Ist wenig Verkehr, ich flitz schnell.« Er nickt, und ich steige aus dem mittlerweile auf dem Seitenstreifen stehenden Streifenwagen. Meine neongelbe und total modische und sexy Warnweste bläht sich im Wind, als ich sie überziehe. Nach einem angeekelten Blick verzichte ich auf die verhasste Mütze.

Es ist tatsächlich sehr wenig Verkehr. Ich schaue nach links und sprinte los. Auf dem Überholstreifen angekommen, hebe ich die Schildkröte auf, die überraschend schwer für ihre Größe ist, und renne wieder zurück zum Seitenstreifen.

Tim ist mittlerweile ausgestiegen, und gemeinsam starren wir die Schildkröte an.

Wieder fragt er: »Und was nun? Einfach wieder irgendwo aussetzen ist keine gute Idee, oder?«

Ich hebe die Schultern. »Tierheim? Aber da ist um zweiundzwanzig Uhr wohl kaum noch wer.«

Erst mal zur Wache, einigen wir uns. Die Schildkröte setze ich mir in den Fußraum.

»Edwin für 12/31: Schildkröte von der Fahrbahn entfernt und gerettet.«

Ich beuge mich in den Fußraum und schaue die Schildi an. Sie sieht noch intakt aus und schiebt langsam ihren Kopf aus dem Panzer.

»12/31 für 32.«

Ich melde mich, und Carola bietet uns eine überraschende Lösung für Schildi an, sie hat nämlich schon ein paar Landschildkröten, und Schildi wäre bei ihr herzlich willkommen, also liefern wir das Tierchen bei der Kollegin ab, die es direkt zu sich nach Hause bringt.

»Schöner Anfang für sieben Tage Nachtschicht. 12/31, die Schildkrötenretter.« Tim gackert auf seinem Fahrersitz, und ich rede mir ein, dass die kleine Pfütze im Fußraum Wasser und kein Schildkrötenpipi ist.

Wieder ist es ein paar Minuten still.

»Also?«, sage ich.

»Lucy«, sagt er, als wäre damit alles klar.

»Was ist mit Lucy?«

»Nix!«

Ich verdrehe die Augen.

»Rück schon raus, und lass dir nicht jedes Wort aus der Nase ziehen.«

»Sie ist sauer.«

»Warum ist sie sauer?«

»Weil ich Nachtdienst habe!«

»Aber sie hat auch Nachtdienst, wir fahren gleich mal bei ihr vorbei, gucken, wie immer. Warum sollte sie deshalb sauer sein?«

Er schweigt und stiert durch die Windschutzscheibe nach vorn.

»Hallo? Ich hab was gefragt.«

»Sie ist sauer, weil wir Nachtdienst haben!«

Ich ziehe die Nase kraus. »Wer wir? Ihr wir oder wir wir?«

Er lächelt gequält und wedelt mit der Hand zwischen uns hin und her. »Wir wir!«

Ich nicke und will grad was sagen, als sein Kopf nach rechts fliegt. »Der war nicht angeschnallt.«

Ich hab es auch gesehen, unser Gespräch ist erst mal beendet, und wir halten den roten Golf an, nehmen ein Verwarnungsgeld und versuchen den Mann dazu zu bringen, schlagartig zu erkennen, wie gefährlich es ist, ohne Gurt zu fahren. Wie meist gelingt das nur bedingt, und dass er uns nicht beschimpft, während er dreißig Euro bezahlt, ist vermutlich reine Glückssache.

Wir steigen wieder ein.

»Wo waren wir?«

Meine Hand wedelt hin und her. »Wir haben Nachtdienst, und Lucy ist deshalb sauer.«

Er nickt. »Problem erfasst und analysiert.«

»Ich verstehe es trotzdem nicht.«

Er guckt mich schief von der Seite an. »Mann, sie ist EIFERSÜCHTIG! Weil ich mehr Zeit mit dir im Nachtdienst verbringe als mit ihr in unserer Freizeit.«

Ich schlucke, mir fällt nichts Intelligentes ein, also schweig ich und brösele an den losen Fäden am Sitz herum.

»So ganz unbegründet ist das ja nicht«, murmle ich schließlich und denke an den klitzekleinen Kuss vor einigen Monaten auf einer Party im Zustand alkoholischer Umnachtung.

Er schweigt, und ich sehe, wie seine Ader am Hals etwas heftiger pocht als sonst. Die Fäden am Sitz werden immer interessanter, und im Streifenwagen wird es kühl.

»Das war doch nichts, das ist halt passiert«, brummt er schließlich und streicht sich eine imaginäre Haarsträhne aus der Stirn.

Ich schweige und drehe weiter an den Fäden herum. Als ich den Kopf hebe, sehe ich einen meiner heiß geliebten, mit Jugendlichen vollgestopften rappeligen Kleinwagen neben uns herschleichen. »Lass uns den mal anhalten!«, sage ich und deute aus dem Fenster. »Für ein paar Gramm sind die sicher gut.«

Er setzt sich wortlos vor den lila Polo.

Wir steigen aus, ziehen unsere Kontrolle durch, finden nach ein paar fadenscheinigen Beschreibungen, dass man in Aachen bei Freunden gewesen sei, deren Namen man zwar nicht kenne und deren Adresse man auch nicht mehr weiß, aber dass es sehr nett gewesen sei, auf dem Armaturenbrett ein Parkticket für Maastricht.

Zwei, drei Fragen mehr, und jeder der fünf Insassen schiebt zwei bis drei Tütchen Gras auf die Motorhaube.

Ich strahle Tim an. »Sag ich doch!«

»War ja jetzt auch nicht so schwer«, brummt er und durchsucht die Taschen der Jungs nach weiterem Dope. Da er nichts findet, bekommen alle eine Quittung über die Sicherstellung ihrer Tütchen und dürfen aufgrund der geringen Menge ihren Weg fortsetzen. Die Anzeigen werden wir später auf der Wache tippen. Dazu auch die Berichte an die Straßenverkehrsämter mit der Bitte um Überprüfung der generellen Tauglichkeit zum Führen von Kraftfahrzeugen, was eigentlich viel schlimmer ist als die meist doch recht geringe Geldstrafe. Kleine Nebenstrafe sozusagen. Führerschein weg oder zumindest eine kleine MPU.

Tim schaut mich an, während ich das Dope in meiner Tupperdose verstaue. Täte ich das nicht, stänke es innerhalb weniger Sekunden im Streifenwagen wie in Maastrichts bestem Coffeeshop.

»Also zurück zum Thema. Sie ist sauer und eifersüchtig, und sie hat eigentlich keinen Grund. Was soll ich tun?«

»Ihr das verständlich machen?«

»Leichter gesagt als getan.«

Er steuert den Streifenwagen weg von unserem Streifenbereich ins Kölner Stadtgebiet. Vor Lucys Krankenhaus halten wir an.

»Bin sofort wieder da.« Ich nicke, und er rennt die Stufen zur Ambulanz hoch.

Während er weg ist, krame ich mein Telefon raus. Zwei SMS von Jonas. Ich stecke das Handy weg, ohne sie zu lesen. Bei uns steht auch nicht alles zum Besten, aber ich werde den Teufel tun und Tim das auf die Nase binden.

Am Funk herrscht immer noch Ruhe. Köln schläft schon.

Mir fällt ein Fahrzeug auf, das schräg neben uns geparkt steht. TÜV schon über ein Jahr überschritten. Ich wühle meinen Mängelkartenblock aus der Tasche und kritzele das Kennzeichen drauf, setze die Kreuze an den richtigen Stellen, steige aus, hänge die Karte an den Scheibenwischer. Von der Leitstelle lass ich mir die Halterdaten für die Anzeige durchgeben.

Als Tim wiederkommt, lächelt er. »Sie hat sich beruhigt, soll dich fragen, ob du einen Kaffee willst.« Ich schüttle den Kopf und strecke ihm die Mängelkarte entgegen.

»Guck mal, ich war fleißig!«

Er steigt ein. »Fein, dann haben wir uns unsere kurze Pause ja redlich verdient.«

Auf der Wache tippe ich die Anzeigen gegen die Halbwüchsigen und frage mich wie immer, wie man dieses eklige Kraut auch nur freiwillig einatmen kann. Ich bekomme von dem Geruch Kopfweh.

Tim bringt den Kram in den Tresor, und ich erledige noch ein paar liegen gebliebene Schreibarbeiten. Auf unseren Autobahnabschnitten ist es jetzt um drei Uhr nachts eh tot. Das Einzige, was auf den Straßen unterwegs ist, sind Lkws und Zeitungslieferanten.

Fast döse ich beim stupiden Tippen am PC ein, als es plötzlich auf dem Flur laut wird.

»HALT DIE FRESSE!«

Ich stehe auf und strecke den Kopf durch die Tür zum Flur.

Auf dem Boden liegt eine Frau, gefesselt, und windet sich wild. Ich lege den Kopf schief und beobachte die vier Kollegen und Kolleginnen, die sie auf den Boden drücken.

»Kommt ihr klar?«

Nicken, und die Frau hebt den Kopf, legt ihn in den Nacken und rotzt ohne Vorwarnung in meine Richtung. Der grüngelbe Schleimklumpen segelt an mir vorbei und flatscht gegen die Wand.

»Daneben!« Ich drehe mich um und setz mich an den Schreibtisch.

Tim hebt den Kopf. »Die Irre wieder?«

»Ja!«

»Na, wenigstens hast du sie nicht wieder.« Er steht auf und geht raus, um zu gucken, ob die Kollegen wirklich keine Hilfe brauchen. Das da draußen ist Frau Sturm. Frau Sturm säuft wie ein Loch, dann fährt sie Auto und lässt sich dabei bevorzugt von mir erwischen. Dann wird sie ausfallend, dann spuckt sie herum, und nach ein wenig Rangelei schließlich verbringt sie eine Nacht warm und trocken in der Zelle. Am nächsten Tag ist sie lammfromm, und drei, vier Wochen später fängt das Ganze von vorn an. Heute bin wenigstens nicht ich es, die sich bespucken und beschimpfen lassen muss.

Nina kommt in unseren Schreibraum. »Kann ich mal dein Desinfektionsmittel haben?«

Ich deute auf meine Tasche. »Da drin, nimm dir. Was hat die gemacht? Gebissen?«

Nina betrachtet angeekelt ihre Hände. »Schön wär's. Sie hat mich angepisst.« Ich schlucke und sage ihr, dass sie die Flasche Desinfektionsmittel gern behalten darf. Tim lacht.

»Lach nicht! Das ist nicht witzig.«

Wir gehen hinter Nina her. »Noch ein Ründchen drehen und dann tanken, Feierabend?«

Ein Blick auf die Uhr. »Sehr gute Idee, Timmy!«

Wir rollen durch die Dunkelheit.

»Ist wirklich wieder alles okay bei Lucy?«

»Hmmm … glaub schon. Ist halt alles nicht so einfach, wir

sehen uns fast nie, und wenn, sind wir beide müde von der Arbeit. Der Alltag ist da, aber wir kriegen das schon hin. Glaub ich …« Wieder streicht er sich die nicht vorhandenen Haare aus der Stirn.

Ich nicke und denke an meinen Streit mit Jonas. Ich krame das Handy aus der Tasche, und während wir tanken, schreibe ich ihm, dass ich ihn liebe.

Tim beobachtet mich, sagt aber nichts.

Wir sind die Letzten, die auf der Wache ankommen. Außer uns hatte keiner mehr Lust, nach Frau Sturm noch mal rauszufahren.

Als wir beim Feierabendbierchen um sechs Uhr morgens zusammensitzen, herrscht Ruhe unter uns. Tim und ich hören zu, wie die anderen von Frau Sturm erzählen, und wir trinken noch ein Schlückchen auf Schildi, der wir ja schließlich das Leben gerettet haben.

Eigentlich nehme ich mir nach jedem Nachtdienst vor, statt des Feierabendbierchens lieber ein Wasser zu trinken, aber irgendwie ist es doch besser, mit einem Kölsch in der Hand die Nacht noch mal Revue passieren zu lassen.

Daher passiert es auch diesmal: Um Punkt zehn Uhr morgens bin ich zu Hause im Bett wieder hellwach und muss aufs Klo.

Ich stolpere ins Bad, die Katzen streichen um meine Füße, und ich werfe einen unvorsichtigen Blick in den Spiegel. Bei meinem Anblick wird mir schlecht, und ich stolpere zurück ins Bett – noch ein paar Stunden schlafen.

Jonas hat auf meine SMS geantwortet. »Dann zeig das auch!« Wütend werfe ich das Telefon aus dem Bett und ziehe die Decke wieder über den Kopf.

Sechzehn Uhr, der Wecker schrillt, die Katzen schreien nach Futter, und das Telefon zeigt zehn Anrufe in Abwesenheit an. Jonas, Jonas, Jonas, Mama, Jonas, Jonas, Jonas, Tim, Mama, unbekannte Nummer.

Ich will grad die Nummer meiner Eltern wählen, als das Telefon klingelt. Noch etwas verschlafen gehe ich ran.

»Oh, hast du Nachtdienst?«

»Ja, Mama.«

»Hab ich dich geweckt?«

»Nein!«

»Das tut mir leid, dann ruf ich gleich noch mal an.«

»NEIN, ich war wach, und selbst wenn nicht, dann bin ich es jetzt, also was ist?« Bereits vor dem Nein hat meine Mutter aufgelegt. Seufzend wähle ich Jonas' Nummer: besetzt. Tim rufe ich nicht an, wird schon nicht so wichtig sein, wir sehen uns ja gleich.

Ich ziehe mich zum Joggen um und drehe meine Runde durch den Wald hinter meinem Haus.

Als ich wieder da bin, erledige ich die Telefonate mit Jonas, der leider grad im Dienst ist und im Streifenwagen sitzt, sodass wieder kein schönes Gespräch möglich ist, und Mama. Ich esse schnell was, schreibe ein paar E-Mails, lese noch ein wenig und muss schon wieder los zum Dienst.

Heute bin ich pünktlich.

Der Chef nickt mir freudig zu. »Du lernst es ja doch noch.«

Ich verkneife mir nur mit Mühe einen Kommentar und beiße mir zu diesem Zweck auf die Zunge.

Tim kommt mir auf dem Flur entgegen. »Pack deine Tasche, wir müssen los. Da turnt wer auf der Autobahn herum.«

Ich folge ihm zügig zum Auto, und wir brausen mit Blaulicht durch die Nacht.

Tatsächlich, auf dem Seitenstreifen steht jemand. Stocksteif steht er da und starrt den Autos nach. Wir steigen aus.

»Hallo?«, rufe ich.

Langsam dreht der Mann uns den Kopf zu. Es ist dunkel, und ich erkenne nicht sofort, was mit ihm los ist, und schimpfe erst mal. »Was machen Sie da? Sind Sie denn lebensmüde? Das hier ist eine Autobahn und keine Turnhalle.«

»Hause?« Er zieht die Schultern hoch und den Kopf ein. Ich leuchte ihn mit meiner Lampe an.

»Bringen mich zu Hause?« Er streckt mir eine Hand entgegen.

»Der hat ja nur 'nen Schlafanzug an«, bemerke ich wenig taktvoll.

Tim fängt sich als Erster wieder und geht vertrauensselig auf den Mann zu. »Klar, Kumpel, wir bringen dich nach Hause. Wo musst du denn hin?«

Der Kopf des Mannes ruckt vor und zurück und wackelt dann hin und her. Plötzlich leuchten seine Augen auf, und während links von uns der Verkehr vorbeidonnert, reißt er sich seinen Schlafanzug runter und hält Tim das Etikett hin. »Da zu Hause!«, sagt er stolz, und mir fällt auf, dass er auch keine Schuhe anhat.

Tim liest. »Marienheim Erftkreis. Betreutes Wohnen für besondere Menschen.«

»Das kenn ich, dann lass ihn uns mal hinfahren.«

Ich räume den Rücksitz frei, während die »Jungs« sich unterhalten. Hannes ist dreißig, mongoloid und hat sich wohl mit seiner Freundin gestritten, dann ist er weggerannt, und nun weiß er nicht mehr, wie er nach Hause kommt. Vor dem Polizeiwagen hat er ein wenig Angst, und wie geplant hinten sitzen will er auch nicht. Er ist nämlich schon groß und darf vorn sitzen, IMMER! Außerdem bin ich kleiner als er, also soll ich nach hinten, sonst fährt er nicht mit.

Tim und ich tauschen kurz Blicke, er zuckt die Achseln, und ich setze mich vorschriftswidrig auf den Rücksitz. Hannes steigt ein, schnallt sich an und freut sich jetzt doch wie ein Schneekönig, dass er in einem Polizeiauto fahren darf. Die Leitstelle teilt uns mit, dass er mittlerweile auch gesucht wird.

Wir bringen ihn nach Hause ins Heim. Zum Abschied werden wir beide heftig umarmt, dann verschwindet er mit seiner Freundin Hand in Hand im Wohnhaus. Der Streit scheint vergessen.

Die Nachtschwester guckt uns zerknirscht an. »Wir haben sofort gemerkt, dass er weg ist, und ihn überall gesucht. Tut mir leid, dass Sie ihn herbringen mussten. So etwas hat er wirklich noch nie gemacht.«

Tim und ich lehnen zig angebotene Tassen Kaffee und Kuchenstücke ab und fahren wieder zur Wache. Wo Tim natürlich sofort zum Besten geben muss, dass Hannes der Meinung war, ich würde aufgrund meiner Größe auf den Rücksitz gehören. Ich lasse die Kollegen lachen, ignoriere den am lautesten lachenden Paul und nötige Tim wieder zum Rausfahren. Auf der Wache werde ich immer schneller müde, und Paul ertrage ich auch nur in kleinen Dosen.

Wir rollen über einen Waldweg auf die andere Seite der Autobahn. Mitten auf dem Weg steht ein Auto. Wir halten an.

»Was macht der denn um die Uhrzeit hier?«

Achselzuckend steige ich aus. Im Geäst vor uns raschelt es.

Der Pkw ist abgeschlossen, aber er steht mitten im Weg.

Ich lege den Kopf schräg, das Rascheln vor uns wird lauter, aber ich sehe niemanden.

Plötzlich springen zwei Männer aus den Büschen und laufen auf den Wagen zu. Beide tragen Tarnkleidung und haben die Gesichter schwarz angemalt, so viel nehme ich wahr. Dann sehe ich die Waffe, und während meine Hand an mein Holster greift, höre ich Tim schon schreien:

»Stehen bleiben, WAFFE FALLEN LASSEN!«

Die zwei bleiben stehen. Einer hat eine Langwaffe in den Händen und zielt offenbar auf Tim. Ich schaue nach links, Tim steht auf seiner Seite des Streifenwagens, die Waffe im Anschlag über dem Streifenwagendach. Ich selbst habe die Waffe gezogen und schreie nun auch: »WAFFE FALLEN LASSEN! POLIZEI!«

Keine Reaktion. Die zwei, mittlerweile nehme ich wahr, dass sie noch nicht so alt sein können, starren uns an, der Gewehrlauf zeigt jetzt nach unten. Ich lasse sie nicht aus den Augen, beuge mich ins Fahrzeug und drücke den Notrufknopf. Ich greife mit einer Hand nach dem Funkgerät, während in der anderen meine Waffe immer noch auf beide gerichtet ist.

Endlich kommt Bewegung in die beiden. Der Gewehrlauf sinkt noch ein Stück tiefer, ich merke, wie sich mein Finger um den Abzug spannt. Eine falsche Bewegung, und ich schieße. Ich weiß, dass ich schieße.

»WAFFE AUF DEN BODEN! SOFORT!« Tims Stimme schallt wie durch Watte zu mir.

Ich merke nicht, dass ich mit der anderen Hand den Sender am Funkgerät drücke.

Das Scheppern des Gewehrs hallt auf dem stillen Waldweg

laut wider. Ich schnelle nach vorn und bringe die Waffe außer Reichweite, während Tim brüllt: »Auf die Knie alle beide! Hände so, dass ich sie sehen kann!«

Zögernd reagieren beide. Ich sehe und höre Blaulicht und Martinshörner von der Wache rüberschallen. Sekunden später sind die Kollegen da.

Meine Knie zittern, ich lehne mich an den Streifenwagen. Tims Hand streift meine Wange. »Gut gemacht«, flüstert er, bevor wir die mittlerweile gefesselten Jungs in einen Streifenwagen verladen.

Auf der Wache stellt sich heraus, die zwei sind gerade mal achtzehn, haben sich ein Luftgewehr gekauft und wollten nun in der Nacht ein paar Schießübungen im Wald absolvieren. Die Tarnfarbe im Gesicht war nur ein Spaß und das Luftgewehr gar nicht mehr geladen. Ich atme tief durch, denn ich weiß, wie wenig gefehlt hat, und ich hätte auf einen von beiden geschossen. Tim geht es ähnlich, wir müssen uns beherrschen, dass wir die zwei nicht anschreien. Wut gemischt mit Erleichterung brodelt in uns. Mir ist regelrecht schlecht.

Von den anderen höre ich, dass ich das Funkgerät wohl fest umkrampft und dabei unsere gesamte Kommunikation gesendet habe. Zum Glück, unser Notruf ist nämlich im Nirvana verhallt. Als aber die Kollegen Tim am Funk brüllen hörten, haben sie sich gleich gedacht, dass wir noch irgendwo in der Nähe sind, und sind los, uns suchen.

Schließlich werden unsere zwei Rambos entlassen, noch immer ziemlich blass um die Nase. Beide sind recht kleinlaut. Scheint ein ungutes Gefühl zu sein, in den Lauf einer Waffe zu gucken, von der man weiß, es ist keine Luftpistole.

Tim tippt die letzten Zeilen zu unserem Bericht, und ich erinnere mich, dass ich ihm ja einen Kaffee ausgeben wollte, gestern schon.

Ich stelle die dampfende Tasse vor ihn hin. Er trinkt und sieht mich über den Tassenrand hinweg an.

»Na, Prinzessin? Da hat das Dream-Team ja tolle Arbeit geleistet und fast zwei Halbstarke erschossen.«

Sein Grinsen verrutscht etwas, und diesmal male ich mit dem Fuß Kreise auf den Boden.

Schließlich hebe ich den Kopf. »Eigentlich ist das die falsche Art, das zu betrachten.«

Er sieht mich aufmerksam an.

»Nun, sieh es mal so. Wenn es eine echte Waffe gewesen wäre, dann wäre uns zumindest nichts passiert.« Ich merke, dass er mir eigentlich gar nicht zuhört.

»Hattest du Angst?«, fragt er schließlich.

Ich schüttele den Kopf, sofort, ohne nachzudenken. »Nein, dafür war keine Zeit.«

Er steht auf. »Ich bin froh, dass wir so gut funktioniert haben. Ich fühl mich sicher mit dir.« Er steht auf und geht raus.

Ich weiß nicht so genau, was ich sagen soll, nehme meine Waffe aus dem Holster und sehe sie einen Moment an. Sie ist mein Arbeitsmittel, eigentlich denkt man viel zu selten darüber nach, wozu sie gedacht ist, auch wenn man sie jeden Tag bei sich hat. Was ich von Tims Reaktion halten soll, weiß ich irgendwie nicht.

»Janine, wir müssen wieder raus.« Tim kommt in den Raum gelaufen und sieht, wie ich die Waffe wieder ins Holster schiebe.

»Alles gut?«

»Ja klar, was haben wir denn?«

»Ein totes Wildschwein auf der A1.«

»Tut mir leid, die anderen sind alle schon im Einsatz.«

Unser Funker streckt den Kopf auf den Flur. »Ich würd euch nach der Aktion grad eigentlich lieber einen Moment Pause gönnen.«

»Quatsch, nur die Harten kommen in den Garten«, bringe ich den dümmsten Spruch aller Zeiten und folge Tim nach draußen.

Wir fahren auf die Stelle der Autobahn zu, wo das Schwein liegen soll.

»Wie machen wir es?«, fragt er mich.

»Eigentlich bist du dran mit Schweinereiwegräumen, aber ich will mal nicht so sein.« Ich ziehe mir meine Handschuhe über, während Tim durch Schlangenlinienfahren einen Stau verursacht. Er wird immer langsamer, und die Fahrzeuge hinter uns verstehen ganz allmählich, dass wir wohl gleich anhalten.

Einer hupt, ein anderer blendet das Licht auf und gestikuliert wild. Als wir stehen, ignoriere ich sie, laufe um den Streifenwagen herum, fasse das tote Wildschwein an den Hinterläufen und will schwungvoll ziehen. Nichts. Das Biest bewegt sich nicht.

Ich ziehe noch mal, diesmal kräftiger, langsam ruckt es und lässt sich in eine Richtung schleifen. Ich hänge mich mit aller Kraft an die Hinterläufe und schleife das mindestens fünfzig Kilogramm schwere Schwein hinter mir her in Richtung Seitenstreifen. Fast habe ich den Seitenstreifen erreicht, als ich ein Reißen höre und mich kurz darauf unsanft auf den Boden setze. In einer Hand halte ich den rechten Hinterlauf des Viehs. Ich fluche. »Scheißmistdrecksding, was reißt du denn ab?«

Tim steigt aus und kommt auf mich zu. In seinen Augen blitzt es, und er muss sich sichtlich zusammenreißen, um nicht zu lachen. Wütend schleife ich das Schwein an einem Bein weiter zum Seitenstreifen und drücke den abgerissenen Hinterlauf Tim in die Hände. »Da hast du was zum Spielen.« Angewidert wirft er das Bein hinter die Schutzplanke. Schnell steigen wir wieder ein und räumen die Fahrbahn.

»Manchmal bist du ein richtiges Biest.«

»Manchmal bist du ein richtiges Arschloch! Das war nicht lustig. Das arme Schwein.« Ich stopfe meine Handschuhe zurück in die Tasche.

Er schweigt und fährt die Tankstelle an, steigt aus, geht rein, und als er wiederkommt, wirft er mir ein Eis in den Schoß. »Hier, damit Madame sich ein wenig abkühlt.«

Mittlerweile kann auch ich über meine unsanfte Polandung und das abgerissene Wildschweinbein lachen.

»Entschuldige, war wohl heute alles ein bisschen viel.«

Er nickt nur und leckt sein Eis.

»Lucy und ich haben uns versöhnt.«

Ich denke an Jonas und habe ein schlechtes Gewissen. »Schön, hast du ihr auch ein Eis gekauft?«

»Nein, ich hab ihr einen Antrag gemacht!« Dummerweise

klingt er gar nicht, als würde ihn das freuen, und ich verschlucke mich an meinem Eis.

»Hoffentlich was Kreatives?«

Schweigen.

»ICH SAGTE: HOFFENTLICH WAS KREATIVES?«

»Ich hab dich gehört!«

»Und?«

»Na ja, wir haben uns gestritten, dann hat sie gesagt, dass sie mich und meinen Job hasst. Ich hab ihr die Ringe hingeworfen und ihr gesagt, dass ich sie jetzt nicht mehr heiraten werde. Sie hat geweint, ich bin auf die Knie gegangen …«

»Oh, mein Gott … mehr versauen konntest du es nicht, oder?«

»Meinst du, es ist sehr schlimm?«

»Na ja, hat sie Ja gesagt?«

»Sie hat ›Ja, du Pappnase‹ gesagt.« Er grinst, ich grinse.

»Na, dann ist das Ziel doch erreicht.«

Brummen vom Fahrersitz, und ein komischer Blick trifft mich.

»Was macht Jonas?«

»Lebt noch!«

»Autsch … Willst du mit mir drüber reden?«

»Nein, ich hab Freunde für so was und belästige nicht meine armen Kollegen mit meinen Seelenproblemen.«

Als ich seinen entsetzten Blick sehe, kichere ich los.

»Dumme Kuh, sag schon, was ist los?«

»Nichts, das ist das Problem. Er liebt mich, ich liebe ihn. Er lebt und arbeitet im Ruhrpott und ich hier in Köln. Wir sehen uns alle zwei Wochen an unseren freien Tagen. Ich fühl mich allein, er fühlt sich allein. So ist das halt. Normaler Alltag zweier Polizisten in einer Beziehung.«

»Willst du was daran ändern?«

»Was ich will, spielt keine Rolle, was ich kann, ist wichtig, und im Moment arbeiten wir nun mal beide in verschiedenen Städten.«

Tim deutet auf den Funk. »Die haben uns gerufen.«

»Ja?«

»Wollt ihr nicht reinkommen? Ihr habt Feierabend.«

Überrascht sehen wir auf die Uhr, der Nachtdienst ging schneller vorbei als gedacht.

Ich verzichte auf mein Feierabendbier, weil auch Paul im Aufenthaltsraum herumhängt und der ganze Raum nach Qualm und fiesem altem Schweiß riecht, auch Tim folgt mir sofort auf den Parkplatz.

Ich lasse mich am Auto kurz in den Arm nehmen.

»Kauf Lucy wenigstens ein paar Blumen heute.«

»Sie mag keine Blumen.«

»Jede Frau mag Blumen. Nach dem Antrag hast du was gutzumachen.«

Der Rennsmart bringt mich nach Hause, immer wieder fallen mir fast die Augen zu. Im Bett liegt Jonas, grinst mich an.

»Überraschung!«

Ich kuschle mich an ihn und schlafe direkt ein.

Als ich wach werde, steht Tee neben meinem Bett.

»Du hast mit Tim Dienst im Moment?« Jonas studiert meinen Wandkalender.

»Guten Morgen, mein Engel, danke der Nachfrage, ich habe wunderbar geschlafen, und du?«

»Du schläfst immer wunderbar, warum sollte ich dich also fragen?«

»Aber du hast recht, ich fahre mit Tim, zum Glück, es reicht, dass Paul der Stinker ebenfalls Nachtdienst hat.«

»Du klingst gereizt, hat er sich wieder was geleistet?«

»Nee, bis jetzt nicht, zur Zeit hat er mehr Carola auf dem Kieker, die hat ihm ja auch noch kein Funkgerät an den Schädel geschleudert ...« Ich lache beim Gedanken an die kleine Anekdote.

»Du solltest deine Aggressionen besser im Griff haben, wir Männer sind halt so.«

Ich werfe ein Kissen nach ihm. »Geh Brötchen holen und sei lieb!«

»Wohn ich hier oder du? Ich bin Gast!«

Es ist ein locker hingeworfener Satz, aber er sagt alles über uns. Vier Jahre Beziehung, und wir sind immer noch Gäste in der Wohnung des anderen.

Plötzlich wütend stehe ich auf und gehe duschen.

»Was? Was hab ich jetzt wieder gemacht?«

Ich knalle ihm die Badezimmertür vor der Nase zu.

Im Bad die übliche von ihm angerichtete Duschüberschwemmung, am Waschbecken sein wie mit dem Lineal gerade gerückter Beautykrempel. Nur weil ich weiß, dass es ihn wahnsinnig macht, wühle ich seine Sachen durcheinander und rücke sie hin und her.

Als ich geduscht wieder im Wohnzimmer erscheine, hat er bereits die Betten gemacht, den Tisch gedeckt und Staub gesaugt.

»Hier sah es ja wieder aus …«

»Ich habe Nachtdienst.«

»Na und? Auch im Nachtdienst kannst du mal aufräumen!«

Ich winke ab, hat keinen Zweck, sich mit ihm zu streiten. »Dafür hab ich doch dich, mein Engel!«

Er kommt näher an mich ran und küsst mich auf den Hals.

»Wer liebt dich?«

»Meine Mutter?«

Er guckt mich an, als hätte ich ihn geschlagen. Und ich beiße mir auf die Zunge, aber ich bin immer noch sauer wegen der Gast-Bemerkung, der Spruch brach einfach so aus mir raus.

»Ich bin joggen.«

Die Haustür fliegt hinter ihm zu, und ich beginne zu weinen, weil ich nicht verstehe, was hier falsch läuft.

Als er nach einigen Stunden noch immer nicht wieder da ist, gucke ich aus dem Fenster, sein Auto ist weg.

Als ich zum Dienst fahre, entdecke ich an meinem Smart einen Zettel.

»Ich liebe dich, aber so geht das nicht mehr lange gut.«

Ich werfe ihn achtlos zu Boden, steige ein und fahre zur Wache.

Meine Tränen sieht niemand, denke ich.

Tim kommt mir auf dem Flur entgegen.

Er sieht mich an, fasst mich am Arm und zieht mich in einen Schreibraum.

»Was ist los? Und lüg mich nicht an, ich sehe, wenn mit dir was nicht stimmt. Du siehst aus, als hättest du einen Geist gesehen.«

»Jonas war da!«

»Cool, soll er gleich mal hier vorbeikommen.«

»Er WAR da!«

»He, ich bin nicht taub! Heißt das, er ist wieder weg?«

Ich schiebe die Unterlippe vor und verschränke die Arme.

»Was hast du angestellt?«

Ich tippe mir auf die Brust. »Ich bin eine biestige, miese Ziege, und jetzt muss ich mich umziehen gehen, sonst rastet der Big Boss aus.«

Tim sieht mir nach, und ich wackele einfach ein wenig mehr mit dem Hintern als sonst. Ich öffne die Tür der Umkleide und platze mitten in ein Gespräch zwischen Nina und Astrid.

»Wenn du mich fragst, die vögeln. Hundertprozentig. Geht gar nicht anders!«

»Ich weiß nicht, die sind doch beide liiert …«

»Wer ist liiert?« Klatsch und Tratsch wären jetzt zur Ablenkung genau das Richtige.

Die zwei gucken mich mit weit aufgerissenen Augen an.

»Och, kennst du nicht …«, wiegelt Nina ab und guckt dabei zu Boden.

»Sag schon, vielleicht kenn ich sie doch!«

Astrid atmet tief durch. »Wir haben von dir und Tim gesprochen.« Sie stemmt die Hände in die Hüften und sieht mich herausfordernd an.

»Dass da zwischen euch was geht, sieht ein Blinder mit dem Krückstock«, kommt es von Nina.

Ich schüttele den Kopf und ziehe mich langsam aus. »Wir sind Freunde.«

»Freunde können auch Sex haben!«, kichert Nina.

»Ist doch nichts, wofür du dich schämen musst, ist doch ein geiler Typ.« Astrid steht immer noch da und sieht mich an.

»Ach komm, wir würden bei Tim wohl alle mal schwach werden …«

Ich ziehe mir den Pulli über den Kopf.

»Nein, ich muss euch enttäuschen, da ist nichts.«

Beide tauschen vielsagende Blicke, und ich schließe den Gürtel.

»Wir mögen uns. Ich mag seine Freundin, er mag meinen Freund. Ende der Geschichte.«

Ich knalle die Spindtür ziemlich heftig zu und gehe runter zur Wache.

»UND IHR VÖGELT DOCH!«, brüllt mir Astrid hinterher.

Ich recke den Mittelfinger in die Luft.

Tim wirft mir auf dem Flur den Autoschlüssel zu. »Du fährst heute.«

»Du lässt die Frau fahren?« Paul, der neben ihm steht, entgleisen die Gesichtszüge. »Ich wusste ja immer, du tickst nicht richtig, aber dass es so schlimm ist …!« Er lacht und sieht mich abschätzend an, um zu sehen, ob er zu weit gegangen ist oder ob er noch ein bisschen mehr witzeln kann.

Ich strecke ihm die Zunge raus. »Im Gegensatz zu dir kann ich wenigstens fahren und niete beim Einparken keine Regenrinne um.«

»Oha, nicht zu Späßen aufgelegt, die junge Dame heute?« Er verdreht theatralisch die Augen und kratzt sich im Schritt, während sein Blick mich von oben bis unten abtastet, mich fast auszieht und dann auf meinen Brüsten hängen bleibt.

Ich ignoriere ihn, aber Tim wird's zu viel: »Verzieh dich, Paul! Geh ein wenig DSF gucken, da kommen um die Uhrzeit die richtigen Filmchen für dich.«

»Ach, der Retter in der goldenen Rüstung … als hättest du noch nie drüber nachgedacht, wie unser Häschen unter der Uniform aussieht.« Er wackelt dann doch endlich schnaufend in Richtung Aufenthaltsraum.

»Fettsack!«, flüstert Tim und legt mir die Hand auf die Schulter. Als Paul weg ist, fragt er: »Was ist los?«

»Ich weiß es nicht. Ich bin nicht glücklich.«

»Wer ist das schon?« Er versucht dabei seinen Verlobungsring vor meinem Blick zu verstecken.

»Lass uns rausfahren, ich werde hier ganz zappelig.«

Im Auto fragt er: »Hast du abgenommen?«

»Nur ein bisschen!« Ich senke den Blick.

»Ein bisschen, ein bisschen, sagt sie … Wir fahren jetzt erst mal Döner holen. Döner ist gut für die Seele.«

Ich werde noch muffeliger, weil ich es hasse, wenn irgendwer auf mein Gewicht anspielt, ob das nun Tim ist oder nicht. Ich bin halt schmal, und wenn ich Stress hab, nehme ich eben noch mehr ab. Ist so, lässt sich nicht ändern.

Auf dem Weg zum Dönermann kontrollieren wir ein paar Fahrzeuge, aber es ist nicht wirklich viel zu tun.

Während Tim Döner holt, rufe ich Jonas an. »… du bist so schön, weil du lachst!«, singt er mir ins Ohr, als er rangeht.

»Es tut mir leid.«

»Ich weiß, Süße, ich hab morgen frei, willst du nicht herkommen?«

»Ich hab Nachtdienst!«

»Dann nimm dir frei!«

»Ich kann nicht, wir sind so schon zu wenig Leute.«

»Dann meld dich krank!«

»Jonas!«

»ICH WILL DICH HIER HABEN!«

»Ich wäre ja auch gern bei dir, aber ich hab nun mal Nachtdienst.«

Tim steigt wieder ein.

»Grüß ihn von mir!«, flüstert er.

»Grüße von Tim«, sag ich laut.

»Danke zurück, der soll gut auf dich aufpassen …« Tim schiebt mir den Döner rüber.

»Ich kann auch auf mich selbst aufpassen!«

Mich trifft Tims Ellbogen. »Sei nett zu ihm!«, flüstert er.

Wir verabschieden uns.

Als ich auflege, sieht Tim mich lange an und sagt dann nachdenklich: »Du bist zickig wie nie.«

»Ich weiß, aber er geht mir einfach auf die Nerven.«

Tim ist so lieb und kommentiert das nicht, sondern greift zum

Funk, wo gerade Kollegen bei einer Schlägerei um Unterstützung bitten.

Ich schalte Blaulicht und Horn an und trete aufs Gas.

In meinem Schoß liegt der noch warme Döner.

In Gedanken bin ich immer noch bei Jonas: Liebe ich ihn wirklich? Warum geht er mir dann so auf den Wecker?

»RECHTS!« Tims Schrei reißt mich aus den Gedanken, fast hätte ich die Ausfahrt verpasst. Ich reiße das Steuer rum, und mit leicht ausbrechendem Heck segelt der Streifenwagen die Ausfahrt runter.

»Mann, du fährst wie ein Schwein!«

»Liegt in der Familie.«

»Zum Glück weiß ich das, sonst hätte ich jetzt grad Angst gehabt!«

Vor der Stadthalle, in der irgendeine Party stattfindet, stehen bereits fünf Streifenwagen. Von innen schallt Gebrüll heraus. Wir rennen rein.

Zehn Kollegen und 'ne Menge anderer Personen stehen in der Mitte der Halle und brüllen herum. Tim und ich drängeln uns durch.

Auf einmal reißt mich jemand herum. Ich sehe eine Faust kommen, ducke mich, mein Arm schießt vor. Tim ist sofort neben mir, dann taumelt er zurück. Ich trete dem Typ, zu dem die Faust gehört, gegen die Knie, er sackt ein. Tim hat sich wieder gefangen, hilft mir und bringt ihn zu Boden, mehr Kollegen kommen zu uns, die Randalierer weichen zurück. Es dauert nicht lange, und die Ruhe ist wiederhergestellt.

Drei der Herren werden auf verschiedene Wachen verbracht, ein paar Strafanzeigen werden geschrieben.

Tim und ich werden nicht mehr gebraucht. Er hält sich die Wange.

»Was ist los?«

»Nichts!«

»Lass schon schauen, ich hab gesehen, dass du einen abbekommen hast, der für mich gedacht war.«

»Abbekommen, pah, ich hab mich für dich geopfert!«

Er lässt die Hand sinken, sein ganzes Jochbein ist dunkelrot und geschwollen.

»Scheiße, du gehst jetzt zum Arzt.«

»Quatsch. Das sieht schlimmer aus, als es ist.«

Ich fahre ihn zur Wache und hole aus dem Erste-Hilfe-Raum Kühlpakete, die ich auf sein Gesicht drücke, während er vor mir auf dem Stuhl sitzt und immer wieder beteuert, dass ihm nichts wehtut, neben sich die Tüte mit den kalten Dönertaschen.

Mein Handy klingelt wieder. Jonas ist dran. Tim reißt mir das Handy aus der Hand, bevor ich irgendwas sagen kann.

»Ich musste doch auf sie aufpassen, und nun hab ich ein blaues Auge und sie nicht.«

Ich drücke ihm den Kühlpack fester ins Gesicht. »SCHWEIG!«

Lachend hält er mir das Handy wieder hin, und ich gehe raus.

»Geht's dir gut? Ihr musstet euch schlagen?«

»Hm… War harmlos eigentlich. Aber Tim ist ein bisschen blau im Gesicht.«

»Ich wollte dir nur sagen, da du ja eh nicht kommst, werde ich ein paar Tage wegfahren. Ich muss nachdenken.«

Jetzt sollte ich wohl sagen: Komm doch lieber zu mir – oder nein, ich meld mich krank und komm vorbei.

Stattdessen sag ich betont lässig: »Klar, viel Spaß. Meld dich, wenn du wieder da bist.« Und lege auf, bevor er was sagen kann.

Tims Blick trifft mich durch die offene Tür. Ich zucke die Achseln und nehme mir meinen Döner.

»Wie sieht's aus, kann ich in Ruhe essen, oder willst du noch rumjammern?«

»Ziege! Ich bin schwerst verletzt, weil ich dich gerettet habe, und du sagst, ich jammere herum. UNVERSCHÄMT!« Lachend steht er auf, und wir gehen zum Aufenthaltsraum.

Nachdem wir lustlos die kalten Dönertaschen in uns hineingestopft haben, gehen wir zum Auto.

Ich fahre mit ihm über die Autobahn, ich fahre zu schnell, aber er sagt nichts, sondern begutachtet sein Gesicht im Spiegel.

»Sieht verwegen aus, oder? Damit bin ich jetzt der Draufgänger.«

Ich muss lachen, und die schlechte Laune verfliegt.

Draußen bricht ein Gewitter los, und ich fahre ein wenig langsamer. Die Bahn ist voller Pfützen, und unsere Opels gleichen bei Regen den reinsten Schleudermaschinen.

Plötzlich segelt ein Pkw an uns vorbei. Durch den Regen mit so hoher Geschwindigkeit, dass er schon fast wieder aus dem Sichtfeld ist, während ich noch beschleunige.

»Messung?« Tim zieht eine Augenbraue hoch.

»Bietet sich an, wenn ich ihn noch bekomme.«

Ich trete das Gaspedal komplett durch und bete, dass der Aquaplaninggott heute auf meiner Seite ist. Langsam kommen wir näher an die Rücklichter des ganz offensichtlich Verrückten heran. Als wir nah genug dran sind, werde ich langsamer und halte seine Geschwindigkeit über einige hundert Meter. 220 km/h, und es regnet immer noch. Tims Hand krallt sich in den Griff der Tür, als das Fahrzeug vor uns mit hundertzwanzig die Ausfahrt runtersegelt. Das Heck bricht aus, der Fahrer fängt den Pkw wieder ab. Unten auf der Landstraße reicht es mir, ich schalte das Blaulicht an. Sofort leuchten die Bremslichter vor uns auf.

Er hält an. Wir steigen aus. Meine Knie sind wegen der rasanten Fahrt ein wenig zittrig.

»Binder, Autobahnpolizei. Führerschein, Fahrzeugschein, bitte!«

»Hab ich was falsch gemacht?«

Mir fallen fast die Augen aus dem Kopf.

»Sie sind gerade über eine total überschwemmte Autobahn mit zweihundertzwanzig Stundenkilometern gefahren. Die Schilder rechts und links, die die Höchstgeschwindigkeit auf achtzig Stundenkilometer bei Nässe reduzieren, haben Sie doch gesehen, oder?«

Er guckt betreten und zuckt die Achseln.

»Also, so wirklich gesehen, ähm, nein.«

»Also, wir haben Sie mittels Nachfahrt gemessen, da müssen

wir zwanzig Prozent, also vierundvierzig abziehen, bleiben trotzdem noch 'ne Menge Kilometer, die Sie zu schnell waren. Wollen Sie dazu irgendwas sagen? Müssen Sie nicht, Sie können auch warten, bis die Anzeige kommt, und sich dann schriftlich äußern.«

Er guckt mich an.

»Also, ich kann fahren, ehrlich. Ich mach hier grad 'ne Testfahrt.«

Ich ziehe eine Augenbraue hoch.

»Würde es Sie überraschen, wenn ich Ihnen sage, dass das jeder von sich behauptet?«

»Nein, aber also, ich bin Testfahrer für einen größeren Automobilkonzern, ich teste das Aquaplaningverhalten bei dem neuen Fahrgestell hier.«

Erst jetzt fällt mir auf, dass der Pkw abgeklebt ist und die typischen Erlkönigformen und den schwarzen Mattlack hat.

»Na ja, wenn die Ihnen so viel zahlen, dass Sie hier Ihr Leben riskieren, um ein Fahrwerk zu testen, dann ist das toll, ändert aber nichts am Tatbestand. Ich komm sofort wieder und notiere mir eben die Daten.«

Tim sitzt neben mir im Auto, wir sind beide sprachlos, dass jemand bei dem Wetter so fährt. Als ich alles notiert hab, gehe ich wieder zu dem Fahrzeug.

»Also, jetzt, wo ich ja sowieso die Anzeige bekomme, da darf ich doch dann einfach weiter schnell fahren. Oder?«

Ich beherrsche mich, ihn nicht anzuschreien und zu fragen, ob er denn eigentlich dämlich ist. Stattdessen erkläre ich ihm noch mal, wie gefährlich es ist bei nasser Fahrbahn und dass ich ja nicht bezweifele, dass er gut fährt, aber er muss ja auch mit dem Fehlverhalten der anderen … Blablabla … Irgendwann merke ich, dass er mir eh nicht zuhört, und gebe ihm seine Papiere zurück.

Als wir wieder im Auto sitzen, fährt er mit durchdrehenden Reifen los. Ich brülle über den Außenlautsprecher: »FAHR LANGSAM!« Das »DU VOLLPFOSTEN!« kann ich mir nur haarscharf verkneifen. Er passt seine Geschwindigkeit dann tatsächlich an.

Tim und ich schütteln die Köpfe.

»Spinner gibt's. Apropos Spinner, warum fährt Jonas weg?«

»Ich will nicht drüber reden.«

»Solltest du aber!«

»Weil er NACHDENKEN muss!« Ich betone jede Silbe.

»Worüber?«

»Hab ich nicht gefragt.«

»Schatzi, das klingt nicht gut. Ihr solltet euch mal zusammensetzen und reden.«

»Weiß ich, kann ich aber nicht. Ich bin genervt, er ist genervt, und wir können es nicht ändern.«

»Soll ich mal mit ihm reden?«

»NEIN!«

»Okay … War ja nur ein Vorschlag.«

Das Handy unterbricht ihn.

»Hallo, Lucymaus …« Er flötet ins Telefon, dann herrscht Stille. Sein Gesicht wird ernst. »DANN LECK MICH DOCH!«, schnauzt er plötzlich ins Telefon und legt auf.

Ich habe den Kopf eingezogen.

Nach ein paar Minuten Stille traue ich mich zu fragen. »Was war das?«

»Die spinnt doch. Ich hab ihr Blumen gekauft und hab gekocht und dann heute Mittag noch mal auf schönere Art gefragt, ob sie mich heiraten will, und was sagt sie? Dass sie keinen Antrag will, den DU geplant hast, und dass sie genau weiß, was hier passiert, und dass ich mein schlechtes Gewissen nicht durch Blumen kompensieren soll.«

Ich atme heftig ein und schweige.

»Vielleicht solltest du ihr den Kuss beichten.«

»Quatsch, die spinnt. Ich liebe sie, aber sie spinnt. Wir beide sind Kollegen, Freunde, Partner, uns ist da einmal ein klitzekleines Ding passiert, mehr nicht. Warum macht sie alles so kompliziert?«

Er schlägt gegen das Armaturenbrett, während ich uns langsam zur Wache fahre. Auf dem Weg dahin räumen wir noch ein verlorenes Fahrrad von der Fahrbahn und rücken ein paar Baustellenbaken gerade.

Ich unterdrücke den Drang, seine Hand zu nehmen, die jetzt unruhig auf seinem Knie hin und her zappelt.

Das Feierabendbier schmeckt heute auch irgendwie nicht, ich schütte die Hälfte in den Ausguss. Astrid und Nina tauschen interessierte Blicke, weil Tim und ich gleichermaßen schlecht gelaunt scheinen.

Auf dem Flur spricht Astrid mich an. »Lucy hat heute hier auf der Wache angerufen. Ich finde, ihr solltet ihr das sagen!«

»WAS sagen?«

»Na komm, jeder hier weiß, dass bei euch was geht. Es ist unfair, wenn sie es nicht weiß.«

»Warum hat sie angerufen?«

»Wollte wissen, ob er wirklich im Dienst ist.«

»Hm … sag's ihm nicht, er rastet aus. Fühlt sich so schon ständig kontrolliert.«

»Klar, aber jetzt sei doch mal ehrlich! Ich mögt euch doch.«

»Ja, wie Freunde, Geschwister, Kollegen.«

Sie zieht die Schultern hoch. »Wenn du meinst. Ihr wirkt anders, und jetzt grade seht ihr beide nicht glücklich aus.«

Ich stehe allein auf dem Flur und frage mich kurz, ob sie nicht recht hat. Tim hat Stress mit Lucy, bei mir und Jonas rappelt es ständig. Sollten wir uns vielleicht doch zusammentun? Ist das ein Zeichen?

Ich gucke aus dem Fenster und sehe Tim, wie er mir vom Parkplatz aus zuwinkt.

Ich winke zurück. Nein, da ist nur Freundschaft, mehr nicht.

In meiner Tasche vibriert das Handy. Jonas ist in Holland an der See angekommen. Kein »Ich vermisse dich«, kein »Ich liebe dich«, nur »Angekommen, Wetter gut, bin müde, melde mich«.

Seufzend gehe ich zum Auto und fahre nach Hause.

Ich fühle mich allein in meinem auf einmal viel zu großen Bett.

Ich kann kaum einschlafen, weil draußen die Vögel zwitschern und es in meiner Wohnung dank der Dachfenster viel zu hell ist.

Als ich mittags wach werde, frühstücke ich ausgiebig fünfhundert Gramm Eis. Manchmal braucht die Seele das. Eis, Kinderriegel oder Fischstäbchen, und Fischstäbchen und Kinderriegel sind heute aus.

Ich ziehe mein Sportzeug an, als es auch schon an der Tür klingelt. Tim steht da, er sieht übel aus. Ringe unter den Augen, sein Veilchen leuchtet in den schillerndsten Farben, und seine Haare stehen in alle Richtungen ab.

Ich nicke ihm zu, und ohne ein Wort zu wechseln, joggen wir los. Tim bremst sich ein bisschen, und ich laufe wie immer zu schnell, damit er nicht merkt, dass ich eigentlich eine Schnecke bin.

Wir stoppen kurz, um zu dehnen, immer noch herrscht Schweigen zwischen uns, aber ein angenehmes Schweigen.

Als wir nach zehn Kilometern wieder bei mir vor der Tür stehen, öffnet er den Mund. »Bekomm ich einen Kaffee?«

Ich winke ihn hinter mir her, und sofort wird er lautstark von den Katzen begrüßt. Jedes Tier mag Tim. Er scheint so eine Aura zu haben, der nicht mal die Viecher widerstehen können. Im Gegensatz zu Jonas, wenn der ankommt, sind die Katzen immer erst mal unterm Sofa, er mag sie nicht, und sie hüten sich, ihm zu nahe zu kommen.

Als Tim am Tisch sitzt, redet er auf einmal.

»Lucy ist bei ihrer Mutter, sie muss darüber nachdenken, ob sie mit dir als meiner besten Freundin leben kann.«

Ich nicke, schweige aber. »Hat Jonas sich schon gemeldet?«

Ich schiebe ihm das Handy hin und gehe Kaffee holen.

»Nicht sehr aussagekräftig, die SMS!«, ruft er mir hinterher.

»Er ist sauer, weil ich nicht zu ihm komme, weil ich arbeiten muss.«

»Aber das kannst du nicht ändern.«

»Das weißt du, das weiß ich, aber er will das nicht einsehen, obwohl er es auch weiß. Außerdem könnte er seine Dienste ja auch mal ein wenig anpassen. Das tut er aber nicht, weil er ja immer verfügbar sein will, damit er der ist, der immer Dienst versieht und der immer brav und nett ist, und damit seine Karriere sich steil nach oben schraubt.«

»Du bist gereizt und unfair …«

»Klar bin ich gereizt. Unsere Beziehung geht den Bach runter, und ich bin zu stolz, was zu tun, und er zu stur.«

Mir laufen die Tränen über die Wangen.

Still trinken wir unseren Kaffee.

Irgendwann steht Tim auf und nimmt mich in den Arm.

»Wird schon alles, Kleines.«

Dann geht er.

Ich rufe Jonas an, er geht nicht ran.

Also gehe ich noch mal ins Bett, um vor dem Dienst noch eine Runde zu schlafen. Als ich wach werde, habe ich eine SMS von Tim:

»Du bist wunderschön, wein nicht mehr.«

Irritiert betrachte ich das Handy. Stecke es dann weg und düse mit dem Rennsmart zum Dienst.

»Ah, Binder, wieder pünktlich. Zweimal in Folge, soll ich mir die Tage im Kalender rot anstreichen?«

Lachend winkt der Chef mir von seinem Schreibtisch aus zu.

Paul latscht vorbei. »Des Beamten Pünktlichkeit ist zwei Minuten vor der Zeit!«

Tim hockt auf der Fensterbank und stiert Paul wütend nach.

»Irgendwann übertreibt der es mal, dann haut ihm hier irgendwer eine rein.«

»Tim? Was hast du gesagt?«, schallt es aus dem Chefbüro.

»Nix!«, flötet er und stupst mich dann an. »Mir ist jetzt schon langweilig, lass uns 'ne Kontrolle irgendwo machen.«

Ich folge ihm zum Streifenwagen, und wir stellen uns zusammen mit ein paar anderen Kollegen auf, um ein wenig die Alkoholsünder herauszufischen. Am Funk ist es auch heute Nacht wieder ruhig.

Nina und Astrid stehen ein Stück von uns entfernt und beobachten uns. Ziemlich offensichtlich sind wir wieder Gesprächsthema, ich fühl mich unwohl und zappele herum.

Wir stehen kaum an der Kontrollstelle, als auch schon das erste Auto näher kommt. Tim springt auf die Fahrbahn, winkt mit der Kelle, der Pkw wird langsamer. Ich habe ein komisches Gefühl im Bauch, und anstatt stehen zu bleiben, bis er anhält, gehe ich langsam rückwärts auf unseren Streifenwagen zu. Manchmal hab ich so was, leicht ungute Gefühle, weibliche Intuition würde man das wohl nennen. Jonas nennt es Spinnerei.

Tim winkt weiter mit der Kelle und macht eindeutige Zeichen, dass der Wagen anhalten soll. Tut er aber nicht, im Gegenteil, kurz vor Tim beschleunigt er. Tim springt in den Graben, rappelt sich hoch, und ich sitze schon im Auto, als er aufspringt und rennend den Streifenwagen erreicht.

Gas und hinterher! Die anderen haben so schnell nicht geschaltet und brauchen einen Moment, bis auch sie in den Autos sitzen und uns hinterherfahren. Der Kombi vor uns gibt Gas und fährt, als wäre der Teufel persönlich hinter ihm her.

Tim fährt souverän, und wir bleiben an ihm dran. Ich mag es, wenn ich bei Nachfahrten auf dem Beifahrersitz sitze und weiß, dass ich mich auf meinen Fahrer verlassen kann. Am liebsten fahre ich natürlich selbst, da muss ich dann, wenn was schiefläuft, auch nur mir selbst Vorwürfe machen. Aber Tim fährt gut, ich lehne mich zurück und gebe über Funk unseren Standort durch, außerdem das Kennzeichen. Die Karre ist schon mal nicht gestohlen, oder zumindest hat das noch niemand angezeigt.

Der Flüchtende verlässt die Autobahn, wir segeln hinter ihm her durch die Nacht über eine Landstraße. Plötzlich reißt er das Steuer rum und biegt in letzter Sekunde in ein Wohngebiet ein. Die Straßen sind hier nicht beleuchtet, und er schaltet das Licht aus.

Ich greife zum Lautsprecher. Scheißegal, wie spät es ist.

»STOPPEN SIE IHR FAHRZEUG!«, brülle ich über Martinshorn und quietschende Reifen hinweg.

»STOPPEN SIE SOFORT IHR FAHRZEUG!«

Die einzige Reaktion ist, dass er noch schneller fährt. In einem der Kreisverkehre kommt er ins Schlingern, fährt über den Bordstein, fängt sich aber wieder und gibt neu Gas.

Ich sehe, dass Tim sein ganzes Können aufbringen muss, um ihn nicht zu verlieren. Plötzlich sind Leute auf der Straße, eine Gruppe Jugendlicher steht um ein Auto herum. Der Fliehende weicht ihnen gerade noch aus. Ich brülle neben meiner Durchsage »STOPPEN SIE IHR FAHRZEUG!« auch noch ein »WEG DA!« über den Außenlautsprecher. Die Jungs und Mädels springen nach rechts und links, Tim läuft der Schweiß über die Stirn. Von hinten höre ich die Martinshörner der Kollegen.

Ich gebe die mir total unbekannten Straßennamen über Funk durch. Ich war hier noch nie, keine Ahnung, wann die nächste Kurve kommt. Tim scheint es ähnlich zu gehen. Der Kombi biegt wieder mit ausbrechendem Heck um eine Ecke und ist aus unserem Blickfeld heraus, direkt im Anschluss scheppert es vor uns.

Tim bremst und segelt ebenfalls um die Kurve.

Da steht der Kombi, total zerdeppert entgegen der Fahrtrichtung, er hat einen Glascontainer gerammt und über die Fahrbahn geschoben.

Wir springen raus, ich gebe noch schnell durch, dass es zum Unfall gekommen ist.

Mit gezogenen Waffen laufen wir auf den Wagen zu. Keine Ahnung, was uns erwartet. Als ich an der Fahrertür ankomme, stecke ich die Waffe weg. Der Fahrer liegt bewusstlos auf seinem Sitz. Selbst wenn er wollte, könnte er sich nicht bewegen, so sehr ist der Innenraum verformt. Ich spreche ihn an und merke selbst, wie meine Stimme vor Aufregung schrill wird. Tim steht immer noch mit der Waffe im Anschlag da.

Der Kerl macht die Augen auf, sieht mich an, zuckt zusammen. »Scheiße!«

»Ja, Scheiße ist der richtige Ausdruck! Was machen Sie denn für einen Mist?« Was Intelligenteres fällt mir leider nicht ein.

Er versucht sich zu bewegen. »Keine BEWEGUNG!« Tims Stimme.

»Scheiße, ich hab bisschen getrunken, dachte, ich häng euch ab. Guter Fahrer.« Er nickt Tim zu und grinst unpassenderweise.

Tim schiebt die Waffe weg. »Du Spinner. Nur weil du gesoffen hast, riskierst du hier deinen Arsch und wir unseren?«

Tims Ader am Hals pocht. Ich versuche die Tür des Kombis zu öffnen, geht nicht. Dem Kerl scheint es so weit ganz gut zu gehen. Die Kollegen treffen ein. Einer klopft Tim auf die Schulter. »Gut gemacht!«

Ein Rettungswagen ist unterwegs, und die Jugendlichen von vorhin sind uns auch hinterhergelaufen und stehen neugierig herum.

Ich packe meinen Alkotest aus.

Der Fahrer sitzt immer noch im Auto, seine Beine sind eingeklemmt, aber mehr als warten können wir auch nicht. Er pustet brav in mein Gerät. Ich schaue ungläubig auf die Anzeige. 0,6 Promille.

Tim schielt über meine Schulter und explodiert. »Mann, das wäre nur eine Ordnungswidrigkeit gewesen! Ein Monat Führerschein weg, ein bisschen Geld bezahlt und gut. Deshalb fährst du hier so einen Film. Ich glaube es nicht. Du hättest die Typen dahinten fast überfahren. Du bist gefahren wie eine Sau.«

Der Kerl zieht die Schultern hoch, und Blut rinnt ihm über die Stirn.

Ich schiebe Tim zum Streifenwagen, damit er sich runterfährt.

»Das Arschloch!«, murmelt er vor sich hin. Ich nicke nur und lege meine Hand auf seine Schulter.

»Du bist gut gefahren.«

Er lächelt mich an. »Du hast gut gefunkt, Partner!«

Er weiß, dass ich nur selten jemanden für seinen Fahrstil lobe. Ich bin da eigen.

Die Feuerwehr ist mittlerweile da und holt den Typ aus dem Auto raus. Sein Bein ist gebrochen, und auch sonst ist er ziemlich lädiert.

Wir werden zur Wache geschickt, unseren Bericht schreiben, während die Kollegen auf den Abschlepper warten.

Viel zu tun, wenig Zeit für persönliche Gespräche, dabei brauchte ich dringend Tims Rat und wüsste zu gern, was ich von seiner SMS halten soll.

Kaum sind wir fertig, lehnt der Funker in der Tür. »Ihr müsst noch mal. Die Gänse wieder.«

Tim kichert. »Ja, wir fahren, wir wissen ja jetzt, was wir tun müssen.«

Ich folge ihm zum Streifenwagen.

Wir brausen los. Seit ein paar Wochen büxen von einem Bauernhof ständig ein paar Gänse aus und latschen munter über die Autobahn. Ewig haben wir gebraucht, bis wir raushatten, wie man die Viecher wieder in ihren Hof bekommt.

Auch heute Nacht stehen zehn Gänse auf dem Standstreifen und gucken interessiert dem Verkehr zu.

Tim hält an, und wir steigen aus. Die Gänse gucken uns erwartungsvoll an und schnattern blöde.

»AAAAAB NACH HAUSE!« Tim hört sich an wie ein Jahrmarktschreier.

Aber die Viecher reagieren, brav bilden sie eine Reihe und watscheln die Auffahrt der Autobahn runter. Ich laufe vorneweg, brülle immer mal wieder »AAAAAb nach Hause!«, und Tim rollt langsam mit dem Streifenwagen hinter uns her. Die Gänse schnattern und scheinen ihren Ausflug genossen zu haben.

Der Bauer steht schon im Hoftor, als wir vorgewatschelt und angefahren kommen. Zerknirscht guckt er zu Boden.

»Tut mir leid, die buddeln den Zaun ständig aus.«

Ich nicke. »Wissen wir, aber so geht's nicht. Was machen Sie denn, wenn die Viecher mal auf die Fahrbahn laufen und es passiert was?«

Er sagt nichts.

Tim zuckt mit den Achseln. »Na, wenigstens wissen wir mittlerweile, wie wir die Viecher dazu bewegen, uns hinterherzurennen.«

Der Bauer grinst. »Ja, da hat meine Frau für gesorgt, hören tun die Biester. Ich lass mir mit dem Zaun was einfallen.«

»Gut, aber nächstes Mal gibt's Ärger, noch mal latsch ich mit denen nicht über die Autobahn.«

Er nickt. »Danke noch mal.«

Wir fahren.

»Was willst du denn nächstes Mal tun?«

»Keine Ahnung. Bericht ans Ordnungsamt oder so. Irgendwas fällt mir schon ein. So geht's jedenfalls nicht.«

Tim lächelt, dann sagt er unvermittelt: »Sorry wegen der SMS!«

Ich sehe ihn an. »Schon okay, wir haben alle unsere schwachen Momente.«

»Ziege!«

»Hm … ich weiß.« Sofort ist die Stimmung am Boden.

»Hast du was von Jonas gehört?«

»Geht nicht ans Telefon.«

»Vermisst du ihn?«

»Schrecklich, wie immer.«

Tims Hand legt sich auf meine und drückt sie kurz.

»Arme Maus.«

»Und bei dir?«, versuche ich das Thema galant zu wechseln.

»Lucy ist immer noch bei ihrer Mutter, hat sich aber beruhigt. Ich glaube, sie sieht ein, dass das alles Quatsch ist…« Er macht eine Pause. »Ihre Eifersucht auf dich ist doch Quatsch, oder?«

Ich sehe ihn überrascht an, blicke dann aus dem Fenster.

»He, der telefoniert!«

»Ich hab dich was gefragt.«

»Lass uns den mal anhalten!« Ich wibbele auf meinem Sitz herum und ignoriere seinen genervten Blick.

Wir halten den Pkw an. Der Fahrer weiß direkt, was los ist, und wedelt schon mit seinen Papieren, als ich auf ihn zukomme.

»Ich hab telefoniert, tut mir leid.« Er lächelt nett. Kurz bin ich versucht, ihn einfach fahren zu lassen. Eine gute Tat am Tag … Dann sehe ich seinen abgelaufenen TÜV und das kaputte Rücklicht und entschließe mich, dort Milde walten zu lassen. Einfach nur, weil ich mich freue, ausnahmsweise mal einen netten Menschen vor mir zu haben, der mich nicht anschnauzt, weil ich ihn bei einem Fehler erwischt habe.

Ich notiere seine Daten und gebe ihm eine Mängelkarte mit, so hat er Zeit, den TÜV machen zu lassen und sein Rücklicht zu reparieren, und eine Anzeige wegen des Telefonierens tut ja auch schon ordentlich weh, da brauch ich nicht auch noch den TÜV mit reinzubringen.

Tim beobachtet mich schweigend.

Als wir weiterfahren, sagt er: »Okay, du willst über das Thema nicht reden.«

»Gut erkannt.«

»Zicke!«

»Noch mal gut erkannt.«

Wieder kommen wir nicht dazu, zur Wache zu fahren und eine Kleinigkeit zu essen. Der Funk knistert: »Edwin 12/31, fahren Sie bitte auf die A4, da sollen mehrere Kanaldeckel offen sein.«

Wir gucken uns an. Kanaldeckel? Offen?

Sehr seltsam. Tim macht das Blaulicht an und gibt Gas. Kann ja einiges passieren, wenn jemand mit dem Reifen in so ein Loch gerät.

Wir fahren wieder schlangenlinienförmig über die Autobahn, die Autos hinter uns werden langsamer. Am ersten Kanaldeckel halten wir an. Ich springe raus. Tatsache, der Deckel liegt neben dem Gully, und das Loch ist offen.

Lässig greife ich nach dem Deckel und versuche ihn wieder auf die Öffnung zu schieben. Nichts. Das Ding bewegt sich nicht. Ich trete dagegen. Kein Erfolg, der Deckel ist so schwer, dass ich ihn keinen Zentimeter bewegen kann.

Tim schiebt mich zur Seite. »Lass den starken Mann mal ran!«

Er hakt unsere Brechstange in den Deckel ein und zieht ihn mit enormer Anstrengung auf den Schacht. Wir steigen ein und fahren zum nächsten Deckel. Ich steig erst gar nicht mit aus, sondern versuche meine schändliche Niederlage gegenüber dem Gullydeckel zu verarbeiten. Tim schuftet, ich sitze im Auto und schwöre mir, wieder mehr Bizeps zu trainieren.

Vier weitere Deckel rückt er zurecht. Die Fahrzeuge hinter uns werden ungeduldig, aber ändern kann ich es nun auch nicht. Als er fertig ist und einsteigt, ist er nass geschwitzt.

»Scheißdinger!«

Wir fahren in Richtung Wache.

Kurz bevor wir auf den Parkplatz rollen, bleibt Tim stehen.

»Was machst du gleich nach dem Dienst?«

»Schlafen.«

»Hm … Lust auf Frühstück?«

Ich nicke. »Gerne!«

Wir parken und räumen unser Auto aus. Das Feierabendbier wird in Tims Wohnung verlagert. Wir holen auf dem Weg noch Brötchen und liegen dann futternd auf seinem Sofa.

Ich trinke das vierte Bier.

»Du fährst aber nicht mehr, gleich!«

»Waruuum nisch?« Mist, ich merke selbst, dass ich lalle.

Er zieht eine Augenbraue hoch, und ich bin still.

»Gut, schlaf ich halt auf'm Sofa.« Ich klopfe auf die Polster und rolle mich zusammen.

Tim streicht mir über die Haare, wir haben in der letzten Stunde noch mal über unsere Beziehungsprobleme gesprochen, ohne Ergebnis oder Verbesserungsvorschläge, aber es tat gut, einfach zuzuhören oder zu reden.

Er steht auf und geht ins Bad.

Ich döse vor mich hin, und bald fallen mir die Augen komplett zu.

Wie immer nach einem Feierabendbier werd ich um zehn wach und torkele ins Bad.

Lucys Sachen stehen überall herum.

Als ich wieder rauskomme, werfe ich einen Blick ins Schlafzimmer. Er liegt da, wach, und starrt an die Decke.

Als er mich sieht, lächelt er.

Ich gehe zu ihm und roll mich neben ihm zusammen. Er legt seinen Arm um mich, und ich schmiege mich an ihn.

Sein Atem an meinem Ohr. Seine Finger auf meinem Bauch. Ich fühle mich wohl und schlafe wieder ein.

Wir werden gleichzeitig wach. Ich drehe den Kopf und blicke in seine Augen direkt vor meiner Nase. Vorsichtig berühren sich unsere Lippen. Ich schließe die Augen und sehe Jonas vor mir. Tim scheint es ähnlich zu gehen, fast gleichzeitig schieben wir uns voneinander weg und lächeln verlegen.

»Ich fahr dann mal!«

Ich ordne meine Kleider, hauche ihm einen Kuss auf die Wange.

»Bis heute Abend.«

Zu Hause angekommen, weine ich, weil ich verwirrt bin, rufe meine Freundin Nele an und beichte, obwohl es ja wenig zu beichten gibt. Nele ist wie immer locker, meint, ich solle das nicht so eng sehen und mich einfach mal gehen lassen. Ich will mich aber nicht gehen lassen. Ich will Jonas. Jetzt und sofort.

Das Handy klingelt, noch während ich Nele am anderen Telefon habe.

Jonas. Ich lege Nele auf und begrüße ihn.

»Ich komme morgen wieder. Du bist zu Hause, hoffe ich.«

Ich nicke, merke dann, dass er mich nicht sieht, und sage: »Ja, ich freu mich auf dich.«

Er antwortet nicht, sondern legt auf.

Wieder weine ich … Mist, Mist, Mist.

Die Katzen stromern um mich herum, bleiben aber auf Abstand, so als wüssten sie, dass heute kein guter Tag zum Schmusen ist.

Ich wusele ein wenig herum, räume für Jonas auf und sauge Staub, dann gehe ich einkaufen. Das schlechte Gewissen treibt mich sogar dazu, seinen grünen Lieblingswackelpudding zu kaufen, den ich nicht riechen kann und den ich widerlich finde.

Schlechtes Gewissen, weshalb eigentlich?

Ich finde keine Antwort.

Als ich am Abend zum Nachtdienst fahre, weiß ich es immer noch nicht.

Tim steht bereits mit dem Streifenwagen vor der Wache, als ich ankomme.

»Schnell, wir haben einen Einsatz!«

Ich renne die Treppen hoch, ziehe mich um und renne wieder runter, fast vergesse ich die Waffe.

Als ich neben ihm auf den Fahrersitz plumpse, bin ich verschwitzt.

»Weshalb beeil ich mich so?«

»Liegenbleiber auf der Rheinbrücke, steht ziemlich scheiße auf der Fahrbahn, und die anderen sind noch unterwegs.«

Ich nicke. »Dann mal los, Chef!«

Wir rasen über die Bahn, der Pkw steht tatsächlich ziemlich bescheiden auf der Fahrbahn. Seitenstreifen gibt's hier keinen, und der Verkehr donnert links an uns vorbei.

Mir wird mulmig. Tim wechselt mit dem Fahrzeugführer den Reifen, während ich mit Lampen und Hütchen nach hinten renne, damit wir wenigstens eine kleine Chance haben, dass man uns sieht.

Als ich wieder zurückrenne, höre ich es hinter mir hupen und sehe vor mir Tims entsetzten Blick. Ich schaue über die Schulter, mache einen Satz nach rechts und rolle über die Motorhaube unseres Streifenwagens nach rechts auf den Asphalt. Hinter mir scheppert und knirscht es. Alle unsere Lampen sind platt gefahren.

Ein Lkw brettert mit quietschenden Reifen und schlingernd an uns vorbei, genau da, wo bis vor ein paar Zehntelsekunden noch ich gestanden habe, und kommt ein Stück weiter auf dem dort beginnenden Seitenstreifen zum Stehen.

Ich liege benommen am Boden und sortiere meine Knochen.

Tim steht sofort neben mir und hilft mir hoch. Er ist abgesehen von seinem Veilchen kreideweiß. »Knapp!«, sagt er nur.

Ich nicke, zu mehr bin ich nicht in der Lage. Ich humpele ein wenig, während wir die Reste der Lampen und Hütchen einsammeln, weil der Pkw dank Tim schon wieder flott ist.

Dann rollen wir vor zu dem Lkw.

Der Fahrer steht daneben und guckt mich an. Er sagt nichts. Ich auch nicht.

»Die Papiere, bitte!« Ich höre die unterdrückte Wut aus Tims Tonfall heraus.

Er kontrolliert die Dokumente und notiert sich alles.

Langsam komme ich wieder zu mir. Meine ganze linke Seite schmerzt.

Der Lkw-Fahrer legt mir eine seiner schmutzig-schmierigen Pranken auf die Schulter. »Alles klar, Mädchen?«

Erst will ich die Hand abschütteln und ihn anfauchen, dass ich nicht sein Mädchen bin und dass er seine Hände gefälligst woandershin packen soll. Dann sehe ich echte Besorgnis in seinen Augen, und mir wird bewusst, dass er zwar unaufmerksam war, dass er aber genauso schockiert ist wie ich.

»Ist schon okay, geht schon alles.«

Er lächelt mich vorsichtig an.

Tim notiert sich immer noch die Personalien und erklärt ihm dann die weitere Verfahrensweise bei diesem Unfall mit den kaputten Warnlampen.

Zum Abschied haut der Riese mir noch mal auf die Schulter. »Tut mir wirklich leid.«

Ich lächele gequält.

Wir fahren weiter. »Geht's?« Tim mustert mich von der Seite, als ich losfahre.

Ich schweige weiter. Als die Leitstelle uns ruft, schüttele ich nur den Kopf, und Tim reagiert nicht auf den Ruf.

Wir rollen auf der Wache vor.

Unser Chef steht auf dem Gang, guckt mich an, guckt Tim an. Fragt nichts, sondern wartet nur.

Tim atmet tief durch.

»Janine ist grad fast von einem Vierzigtonner überfahren worden, wir brauchen einen Moment, bis wir wieder klar sind.«

Der Chef zieht eine Augenbraue hoch. Deutet erst auf Tim, dann auf mich.

»Tim erzählt, und du holst dir einen Kaffee und ziehst dich um.«

Erst als er auf meine Beine deutet, fällt mir auf, dass meine Hose total zerrissen ist.

Ich gehe mich umziehen. Nina wird mir hinterhergeschickt.

»Geht's?«, fragt auch sie.

Ich nicke nur.

»Du ziehst aber auch immer die Seuche an.«

Schweigen, während sie mir hilft, in die neue Hose zu kommen. Mein rechtes Bein ist feuerrot.

»Willst du nicht lieber nach Hause?«

»Geht schon alles. Wenn ich nach Hause gehe, seid ihr nur noch ein Wagen und Paul, bisschen wenig für eine Nacht.«

Ich sehe ihr an, dass sie mehr sagen will, aber sie schweigt.

Wir gehen wieder runter.

»Hab gehört, du hast gut reagiert.« Mein Chef schiebt mir die Tasse Kaffee rüber.

»Ich häng an meinem Leben.«

Er grinst. »Na, so schlimm kann es ja nicht gewesen sein, wenn du schon wieder Witze machst. Bleibt mal einen Moment drin, bis ihr euch wieder gesammelt habt.«

Die Neuigkeit geht rum wie ein Lauffeuer, jeder, der auf die Wache kommt, wirft mir einen seltsamen Blick zu.

Ich ziehe Tim am Ärmel. »Ich muss hier weg.« Er nickt.

Im Auto fragt er, ob er fahren soll. Ich schüttele den Kopf. »Geht schon.«

»Lucy ist wieder da.«

Ich gucke nach vorne in die Nacht.

»Und?«

»Weiß nicht, ist komisch. Was war das heute Morgen mit uns?«

»Nichts, ein Unfall. Zwei gute Freunde, die sich gegenseitig Trost gespendet haben.«

Er schweigt. Ich auch. Wir fahren durch die Nacht.

Irgendwann deutet er nach draußen. »Hey, den kenn ich. Halt den mal an! Der hat immer irgendein krummes Ding laufen.«

Wir fahren mit dem tiefergelegten Opel im Schlepptau die Auffahrt runter. Auf einmal hält der Pkw an. Ich haue auch die Bremse rein, und wir sehen im Rückspiegel, wie auf der Beifahrerseite jemand aus dem Pkw springt und sich in die Büsche schlägt.

Tim ist schneller als ich. Er rennt hinter dem Kerl her. Ich stürze mich auf den auf der Fahrerseite gerade aussteigenden Typ. Mir tut von dem Sturz immer noch die Seite weh.

Im Auto sehe ich verschiedene ausgebaute Radios und Unmengen an Werkzeug.

Der Fahrer ist zum Glück so überrascht, dass ich es tatsächlich schaffe, ihn zur Motorhaube zu zerren und seine Arme zu fesseln, dabei ist er bestimmt dreißig Zentimeter größer als ich.

Tim ist im Gebüsch verschwunden. Ich höre es rascheln, dann kommt er mit hängendem Kopf wieder raus. Ich selbst habe immer noch mein Hochgefühl, weil ich – obwohl Frau und klein und schmal – den Kerl allein überwältigt habe.

Tim haut neben dem Kerl auf die Motorhaube. »WER WAR DAS? WO IST DER HIN? WARUM HAUT ER AB?«

Der Typ zittert und schweigt.

»ICH HAB DICH WAS GEFRAGT!«

Ich gehe zum Funk und bestelle Verstärkung für die Suche nach dem Flüchtigen.

Als die ersten Blaulichter auftauchen, beugt Tim sich vor. »Junge, wenn du der Kleinen auch nur ein Haar krümmst, wenn ich weg bin, dann hast du ein massives Problem, also benimm dich!«

»Tim, er ist gefesselt.«

Er wirft mir einen Blick zu. »Du kommst klar?«

»Immer, jetzt such den endlich!«

Er grinst und rennt los. Mit vier weiteren Kollegen durchsuchen sie die Büsche. Allein wäre es für Tim zu riskant gewesen, und ich hätte den anderen nicht allein lassen können. Aber der Kerl bleibt verschwunden, selbst die Hunde, die später dazukommen, finden ihn nicht mehr.

Dafür ist sein Kumpel sehr gesprächig. Sie kommen aus Köln, haben ein paar Autos geknackt, die Radios und Navis liegen noch im Auto. Wie sein Beifahrer heißt, weiß er natürlich nicht, aber auch das wird ihm bestimmt noch einfallen.

Als wir auf der Wache alles geschrieben haben, Anzeige, Bericht etc., grummelt Tim immer noch herum.

»He, man kann nicht immer gewinnen, und irgendwann kriegen wir sie alle!«

»Blöde Floskeln.« Er tritt gegen den Mülleimer.

»Apropos Floskeln, was war das eben?«

»Was?« Er guckt ehrlich überrascht.

»Na, das mit der Kleinen und dem Haarkrümmen.«

Tim guckt zerknirscht.

»Tut mir leid, ich wollte Held spielen.«

»Hab ich gemerkt. Brauchst du nicht. Ich komm schon klar, und wenn nicht, ruf ich Hilfe.«

»Ich weiß, darum tut es mir ja leid, aber du wirkst so zerbrechlich und wegen dem Unfall eben. War nicht böse gemeint. Aber wir Jungs müssen auf euch Mädels halt irgendwie aufpassen.«

Eigentlich wollte ich ihm böse sein, aber seine Worte sind schön und wohlig warm. Auch als Polizistin tut es gut zu wissen, dass jemand da ist, der ein Auge auf einen hat und auf den man sich verlassen kann.

»Nächstes Mal bleib ich dann beim Wagen, und du darfst dich durch die Büsche schlagen.« Er lacht.

»He, jeder das, was er am besten kann, und in den Büschen ruinier ich mir die Frisur.« Ich fahre mir affektiert durch die Haare.

»Du Huhn. Wie sieht's aus? Fahren wir noch ein Ründchen? Ist ja noch ein wenig Zeit bis Feierabend.«

Nina geht an uns vorbei. »Ihr fahrt nicht mehr raus, bei euch klebt heute Scheiße an den Fingern. Was sag ich heute? Den ganzen Nachtdienst über ...«

Wir rollen mit den Augen und gehen zum Streifenwagen.

»Na ja, wo sie recht hat.« Tim guckt mich an. »Was ist eigentlich mit Jonas?«

»Kommt heute vorbei. Ich hab aufgeräumt und war einkaufen.«

Stolz strecke ich meine Hühnerbrust vor.

Tim kichert. »Na, dann auf zur Versöhnung!«

Ich lache mit ihm, und wir kreisen noch ein wenig auf dem Kölner Autobahnring herum, aber niemand drängt sich zur Kontrolle auf. Alle fahren anständig, niemand rast an uns vorbei, und der Funk schweigt auch. Ich fahre in den abgelegensten Bereich unserer Wache, die A1 in die Eifel hinein, gucken, ob die Autobahn noch steht. Am Autobahnende herrschen Totenstille und totale Einsamkeit. Ich fahre auf den Standstreifen und halte an. Wir steigen beide aus und genießen die klare Nachtluft. Die Sterne schauen von oben auf uns runter.

Ich setze mich auf die Leitplanke. Tim hockt sich daneben. Aus dem Streifenwagenfenster hören wir den Funk mit. Immer noch keine Einsätze.

Tim nimmt meine Hand und guckt in den Himmel. Er drückt sie kräftig, und ich sehe ihn an.

Er räuspert sich. »Wegen Lucy und Jonas und uns … also … Freunde?«

Vorsichtig lächelt er. Ich lächele zurück.

»Ja, Freunde, nicht mehr, nicht weniger.«

»Gut!« Er atmet tief aus. Wir sitzen noch ein paar Minuten lang einfach so da. Hand in Hand auf der Leitplanke. Lieblingskollege und Lieblingskollegin, nicht mehr und niemals weniger.

Kein einziges Auto rollt an uns vorbei, und sogar der Funk schweigt andächtig.

Irgendwann geht die Sonne vor uns auf. Wir stehen auf, und die seltsame Stimmung ist verschwunden.

Lächelnd fahren wir zurück zur Wache.

Um sechs packen wir unseren Kram aus dem Wagen, ich hab es eilig, nach Hause zu kommen, und will wissen, ob Jonas schon da ist.

Tim winkt mir zu, als ich mit dem Rennsmart vom Parkplatz rase, sein Veilchen ist schon ein gutes Stück heller geworden, und an seiner Hand glitzert sein Verlobungsring.

Jonas' Wagen steht vor der Tür.

Ich renne die Treppen hoch.

Im Flur werfe ich meinen Rucksack zur Seite und stürme ins Wohnzimmer. Er liegt schlafend auf dem Sofa, die Katzen auf seinen Beinen. Ein ungewohntes Bild, hassen sie sich doch sonst wie die Pest.

Ich knie mich neben ihn und küsse ihn sanft.

Er öffnet ein Auge und zieht meinen Kopf zu sich ran.

Er braucht nichts sagen, ich weiß auch so, dass alles gut wird.

Wir klammern uns aneinander. Ein Jahr noch, dann werde ich versetzt, dann ist die schreckliche Entfernung weg. Er wird dann immer da sein, wenn ich ihn brauche, und ich immer, wenn er nach mir ruft. Ich werde ein bisschen öfter aufräumen, und er wird ein wenig lockerer werden. Vielleicht schließt er sogar mit den Katzen Frieden.

Ein Jahr noch müssen wir stark sein. Ein Jahr, das wir überstehen müssen. Wir werden das schaffen, oder?

Todessehnsucht

von Jasmin Brunner, Offenbach

»Brems!«, schreie ich Jürgen an und kralle mich in den Beifahrersitz und den Türgriff neben mir. Gerade noch können wir einem anderen Auto ausweichen, welches uns trotz des Blaulichts und Martinshorns übersehen hat. In vollem Tempo und mit quietschenden Reifen fahren wir weiter Richtung Einsatzort. Wir sind der einzige einsatzbereite Funkwagen in der Stadt.

Der Notruf lautete: »Schlägerei bei einer Cocktailbar. Eine männliche Person dreht durch und bedroht mehrere Unbeteiligte.«

Beim Eintreffen am Einsatzort sehen wir eine größere Gruppe auf der Straße stehen. An einem dunklen Fiat ist die Seitenscheibe eingeschlagen.

Zwar schlägt sich niemand, aber alle sind aufgeregt und reden auf uns ein, als wir aus dem Streifenwagen steigen.

»Stopp, nicht alle auf einmal!«

Nachdem kurz Ruhe eingetreten ist, ergreift einer das Wort und fängt zu erzählen an: »Der Typ kam aus der Cocktailbar. Also, der kam direkt auf mich zu. Ich glaube, der war besoffen. Der brüllte mich an und schlug sofort auf mich ein. Ich konnte noch abhauen. Dann ist er auf meine Kumpels losgegangen.«

»Ja, genau, der hat ein Messer gezogen und rumgeschrien, dass er uns aufschlitzt. Der hat dann mit der bloßen Faust die Scheibe am Auto eingeschlagen. Da hat er selbst ganz schön geblutet.«

»Wo ist er dann hingegangen?«, frage ich nach.

»Der ist über die Straße in das Haus dort gerannt.« Einer der Männer zeigt auf ein Mehrfamilienhaus.

»Ich hab's auch gesehen. Und kaum war er drinnen, ging im zweiten Stock das Licht an«, ergänzt ein anderer.

»Den holen wir uns!«, schreit die Meute. »Das lassen wir uns nicht bieten, wir stürmen die Bude!«

Nur mühsam können wir die Helden der Nacht davon abbringen, eine Dummheit zu begehen. Lynchjustiz steht bei allen groß auf die Stirn geschrieben.

Wir fordern umgehend Verstärkung an, doch keine weitere Streife ist frei. Als wir Schreie und lautes Brüllen aus dem Haus hören, müssen wir handeln. Die mutige Horde lassen wir mit dem Auftrag zurück, den beschädigten Fiat zu sichern und die Einweisung der nachrückenden Streifen vorzunehmen. Dass zunächst keine weiteren Streifen kommen werden, sagen wir allerdings nicht. Als die Leute mit diesen zwei wichtigen Aufträgen betraut sind, werden die Schreie nach Rache leiser.

Vorsichtig schleichen Jürgen und ich in das Treppenhaus. Eine Blutspur weist uns den Weg zur richtigen Tür im zweiten Stock.

Das Gebrüll hat aufgehört. Wir sind uns dennoch sicher, dass es die richtige Tür ist. Wir entriegeln unsere Pistolenholster, und ich nehme das Pfefferspray in die Hand. »Dragovic« steht auf der Klingel. Ich drücke auf den Knopf. Scheint nicht zu funktionieren. Mit schnell pochendem Herzen klopfen wir an die Wohnungstür.

Eine Frau Anfang dreißig öffnet uns die Tür. Sie geht mir bis unters Kinn, und so kann ich durch den Türspalt das Wohnzimmer in gedimmtem Licht erkennen. Es fallen lange Schatten in den kleinen Flur.

»Frau Dragovic?«

»Ja, was gibt's?«

»Ist Ihr Mann gerade nach Hause gekommen?«, frage ich weiter.

»Ja.«

»Ich möchte mit ihm reden.«

»Er ist schon im Bett, aber kommen Sie rein!«

Vorsichtig und in jeden Winkel spähend betreten wir den schmalen Flur.

Die zierliche Frau führt uns in das Wohnzimmer. Plötzlich taucht der Mann im Türrahmen des Schlafzimmers auf. Mit der blutigen Hand deutet er auf uns und gibt durch sein lautes Geschrei zu verstehen, dass wir hier nicht wirklich erwünscht sind.

Ich fordere ihn auf, ruhiger zu werden, da wir mit ihm nur reden wollen. Das Pfefferspray halte ich einsatzbereit in der Hand. Er tritt aus dem dunklen Schlafzimmer in das etwas hellere Wohnzimmer. Ich kann ihn beruhigen. Es klappt, und Jürgen und ich entspannen uns.

»Herr Dragovic, brauchen Sie einen Rettungswagen für die Hand?«, frage ich.

Er ignoriert meine besorgte Frage.

Nur mit hellgrauen Boxershorts bekleidet, steht er mit geballten Fäusten und angespannten Muskeln zähneknirschend vor uns. Er hat eine Fahne. Klarer Schnaps, vermute ich.

Wir versuchen zu erkunden, warum er die Leute auf der Straße angegriffen hat. Er erklärt uns, dass er das alles nicht mehr erträgt. Er sei vor ein paar Monaten aus dem Jugoslawienkrieg zurückgekommen, und er versteht das alles nicht. Er hat Freunde sterben sehen, und hier benehmen sich alle so egoistisch. Er ist wütend auf die Menschen, da sie nur an sich und nicht an die anderen denken.

Ich rede mit ihm und versuche ihn weiter zu beruhigen. Es hilft, und ich frage weiter, wie wir ihm helfen können.

Er setzt sich auf das Sofa und fängt an zu weinen. Mit den blutigen Händen fährt er sich durch die Haare. Das Blut hinterlässt einen glänzenden Schimmer in seinen kurzen dunklen Haaren.

Ich betrachte ihn genauer und sehe an seinem durchtrainierten und sehnigen Körper unzählige Narben und ungewohnte Tätowierungen. Er ist kleiner als ich, dennoch weiß ich, dass er mich mühelos überwältigen könnte. Durch den Krieg ist er sicherlich im Kampf Mann gegen Mann erfahren. Jürgen wäre eher ein Gegner. Er ist etwa zwei Köpfe größer als Herr Dragovic und auch durchtrainiert. Aber ob er es mit einem kriegserfahrenen Nahkämpfer aufnehmen könnte? Ich habe meine Zweifel. Also setze ich aufs Reden. Es scheint zu funktionieren. Er hat sich beruhigt, wir haben uns beruhigt. Trotzdem stecke ich das Pfefferspray nicht weg.

Wir finden heraus, warum er durchgedreht ist, erfahren, wer er ist, bekommen sogar den Pass von seiner Frau, die still dabeisteht und mit uns hofft und bangt.

Er erzählt von seinen Kriegserlebnissen, und ich denke, dass ich mir nicht mal annähernd seine Gefühle vorstellen kann. Zum Beispiel, wie es ist, wenn man Menschen erschießt. Er erzählt, dass er Menschen aus seinem Dorf und dem Nachbardorf erschossen hat, weil sie plötzlich Feinde waren. Monate zuvor hatten sie noch gemeinsam Hochzeit gefeiert und zusammen getrunken. Nun erschossen sie sich gegenseitig.

Er erzählt, wie man sich fühlt, wenn man neben seinem Freund im Blut kniet und den Kopf des Sterbenden in den Händen hält. Des einzigen Freunds, der noch geblieben war. Den er nicht selbst als »Feind« erschießen musste. Alle anderen waren jetzt Feinde. Der einzige Freund, dem das abgerissene Bein zum Verhängnis wurde.

Er erzählt weiter, wie es ist, wenn man durch die Straßen eines Nachbardorfes geht und die entstellten Kinderleichen auf dem Spielplatz liegen sieht und weiß, dass man dies verursacht hat. Sich dann einreden zu müssen, dass es ja Feinde waren – sechsjährige Kinder in ihrer Blutlache am Straßenrand.

Er erzählt mir davon, wie er Frauen, die den Angriff mit Granaten überlebt hatten, vor den Augen der Kinder und des Ehemannes schändete, weil alle im Krieg so handelten. Vom Zwang beseelt, die Familien der Feinde zu demütigen, zu foltern und sie zu erniedrigen.

Er versucht, sich in seinem eigenen inneren Krieg, der in ihm tobt, einzureden, dass er sich davor nicht drücken konnte, weil er sonst das Gesicht vor seinen Kameraden verloren hätte.

Wie kann man die Gräuel nachvollziehen, die er erlebt hat, wenn man nicht selbst so etwas mitmachen musste? Konnte ich ihn deswegen verurteilen? Nein, das steht mir nicht zu.

Seine Erzählungen klingen unglaublich, aber ich glaube ihm. Ich bin lange genug Polizistin und weiß, zu welchen Taten der Mensch fähig ist. Man kann leicht reden, wenn man nicht selbst betroffen ist, wenn man nicht in der Situation steckt. Wie hätte ich an seiner Stelle gehandelt? Ich weiß es nicht.

Wir hören weiter zu und versuchen unterdessen, das von den Zeugen genannte Messer zu finden. Wo hat er es hingelegt?

Mehrfach frage ich bei der Zentrale nach einer Unterstützungsstreife. Aber immer noch ist keine frei. Also weiter versuchen, ihm ruhig klarzumachen, was wir von ihm wollen. Da durch ihn mehrere Straftaten begangen wurden und er erheblich unter Alkoholeinfluss steht, kommen wir nicht umhin, ihm die Festnahme zu erklären. Damit hat er keine Probleme. Gott sei Dank!

Ich bitte ihn höflich, dass er sich eine Hose und ein Oberteil anzieht.

Anscheinend bin ich zu freundlich zu ihm. Er flippt total aus. Er hat erwartet, dass wir ihn für seine Taten bestrafen. In seinem Heimatland wäre er direkt nach seinem »Geständnis« hingerichtet worden. Verständnis für sein Handeln möchte er nicht haben.

Er schreit uns an und wird immer wütender. Will wissen, warum wir so nett zu ihm sind. Wir müssten ihn doch eigentlich aus der Wohnung prügeln. Er verlangt ständig von uns, dass wir ihn schlagen sollen, und versucht uns mit drohenden Gesten herauszufordern. Das Pfefferspray fester in der Hand, versuche ich weiter ihn zu beruhigen.

Er läuft hektisch in dem Wohnzimmer hin und her. Frau Dragovic ist hinter uns im Flur und versucht, uns nicht im Weg zu stehen.

Ich bin sehr froh, dass sie sich aus der Sache heraushält. Nicht auszudenken, wenn sie auch noch so durchdrehen würde.

Wir lassen ihn nicht aus den Augen und folgen ihm durch die Wohnung, die er wie ein wilder Tiger fluchend durchstreift. Zugreifen wäre jetzt ein Fehler, da hätten wir keine Chance, denn Unterstützung ist nicht in Sicht. Also weiter ruhig bleiben und den »wilden Tiger« wieder beruhigen.

Was genau ich zu ihm sage, weiß ich nicht. Ich erkläre ihm,

dass er mehrere Straftaten begangen hat und dafür vor Gericht kommen wird. Deshalb müsse er mit zum Revier. Es scheint zu klappen, er kommt wieder runter. Sein T-Shirt hat er jetzt wenigstens angezogen.

Ich mache ihm nochmals klar, dass wir nicht anders können und dass eine Blutprobe und eine erkennungsdienstliche Behandlung nötig sind. Er versteht dies, wird aber wieder sauer, weil wir so gut zu ihm sind.

Er ballt die Fäuste. Die Muskeln an den Armen und am Hals sind angespannt. Die Faust hat aufgehört zu bluten.

Er läuft ins Schlafzimmer und macht das Licht an, um sich eine Hose zu holen. Wir gehen hinterher. Er hat eine Jogginghose in der Hand und schreit uns weiter an, dass wir ihn doch bitte schlagen sollen.

Wir geben ihm zu verstehen, dass wir das nicht machen und er friedlich mit uns gehen soll. Er fleht uns an, dass wir ihn mit irgendwas schlagen sollen, ihn endlich totschlagen sollen.

Wir schütteln nur die Köpfe. Er wirft die Hose aufs Bett. Zu dritt stehen wir im Türrahmen. Er im Schlafzimmer, Jürgen und ich im Wohnzimmer.

Mit einem Schulterblick sehe ich, dass die Frau Tränen in den Augen hat. Sie will, dass ihm geholfen wird.

Wieder alle Muskeln angespannt, bittet er schreiend um Schläge. Dann geht sein Blick nach oben auf den schwarzen Schlafzimmerschrank, der von mir aus gesehen rechts an der Wand direkt am Türrahmen steht. Jürgen steht links von mir. Ich folge dem Blick des Mannes, und ab jetzt läuft alles in Zeitlupe.

Ich habe genügend Zeit, mir über alles klar zu werden, und kann ganze Sätze denken.

Ich schaue auch auf den Schrank und sehe einen dunklen Gegenstand. Ich denke: Das ist ein Schaft von einem Gewehr. Ein Gewehr ist gar nicht gut. Oh, oh, er greift danach. DAS ist wirklich nicht gut!

Während mir diese Gedanken durch den Kopf gehen – es scheint Minuten zu dauern –, spanne ich meinen ganzen Körper an und halte mein Pfefferspray leicht erhoben vor mir. Aber ich kann mich nicht bewegen oder reden. Meine Gedanken rasen weiter.

Jetzt hat er den Schaft in der Hand. Er holt das Gewehr vom Schrank. Jetzt hat er es in beiden Händen, und ich schaue in den Gewehrlauf. Oh! Gar nicht gut!!

Dragovic hält den Lauf des Repetiergewehres direkt von unten ungefähr zehn Zentimeter von meinem Kopf entfernt. Als ich nach unten schaue, sehe ich genau in die Mündung.

Ich blicke in einen Gewehrlauf. Kein Zweifel, das Gewehr ist echt. Mit echten Kugeln. Direkt auf mein Gesicht gerichtet. Gedanken schießen mir durch den Kopf. Was zum Teufel soll ich nur tun?

Du hattest noch so viel vor. Wer kümmert sich um deine Katzen? Mein Patenkind hat bald Geburtstag, und das Geschenk ist noch nicht eingepackt. Was passiert mit Jürgen? Schafft er es ohne Unterstützung?

Ich bin wie versteinert, erst langsam löst sich die Starre, kann ich wieder reagieren und mich bewegen. Soll ich mein Pfefferspray einsetzen oder lieber nach dem Gewehrlauf greifen, um ihn von meinem Kopf fernzuhalten?

Ich entscheide mich dafür, meinen Kopf zu retten. Wer weiß, ob er nicht gerade wegen des Pfeffersprayeinsatzes abdrückt? Also ergreife ich mit beiden Händen den Lauf. Das Pfefferspray habe ich immer noch fest in der rechten Hand. Jetzt hat sich auch Jürgen aus seiner Starre befreit. Er wirft sich auf den Mann. Ich entwinde Dragovic das Gewehr und lehne es gegen den Schlafzimmerschrank. Wir rangeln mit ihm, und meine Vermutung bezüglich der Nahkampfausbildung des Mannes bestätigt sich – er hat Bärenkräfte.

Durch die Kämpferei sind wir wieder im Wohnzimmer angelangt. Frau Dragovic schnappt währenddessen das Gewehr und versteckt es irgendwo. (O Gott, was hätte da alles schiefgehen können …)

Wir liegen auf ihm. Ich rede auf ihn ein. Er beruhigt sich.

Ich versuche ihm klarzumachen, dass wir nicht seine Feinde

und jetzt ganz und gar nicht egoistisch sind. Was für eine Lüge, ich will doch nur, dass wir alle unbeschadet hier herauskommen.

Verzweifelt fordert Jürgen über Funk dringend Unterstützung bei der Zentrale an. Doch im ganzen Stadtgebiet und in den angrenzenden Stationen gibt es keinen freien Streifenwagen. Also sind wir weiterhin auf unser Glück und unsere strapazierten Schutzengel angewiesen.

Wir haben ihn wieder so weit, dass er sich die Jogginghose anziehen will. Ich hole ihm die Hose aus dem Schlafzimmer und reiche sie ihm.

Wild brüllend stürzt er sich auf mich, ich kann mich gerade noch wegdrehen, und er taumelt durch die Tür ins Schlafzimmer. Wir wieder hinterher, und ich frage ihn, was denn jetzt schon wieder ist. Er schreit uns an, dass er woanders schon längst erschossen worden wäre und wir dies doch bitte jetzt auch tun sollen. Wir wiegeln ab und versuchen ihm zu erklären, dass wir gemeinsam eine Lösung finden können, wenn er sich wieder beruhigen würde. Er fleht mich an, dass ich ihn auf der Stelle endlich erschießen solle. Er möchte endlich bestraft werden. Wütend darüber, dass wir seiner doch leicht zu erfüllenden Bitte nicht nachkommen, rennt er durch das Schlafzimmer. Wir dicht auf den Fersen.

Als er hinter den Schlafzimmerschrank greift und das Gewehr wieder rausholen will (jetzt weiß ich, wo die Frau es versteckt hat!), packen wir beide zu. Mit festem Griff und das Pfefferspray ihm direkt vor die Nase haltend, bekommen wir ihn unter Kontrolle und können ihm Handfesseln anlegen. Zum Glück wehrt er sich nicht so heftig.

Als die Handschließe einrastet, beruhigt er sich schlagartig und winselt um eine sofortige Bestrafung.

Ich erkläre ihm, dass wir ihm weiterhin nichts tun werden. Er schüttelt nur den Kopf und sagt, dass er die Welt nicht mehr versteht.

Während Jürgen dem Mann die Jogginghose anzieht, erkläre ich seiner Frau, was jetzt weiter passieren wird.

Das Gewehr in der einen und den Mann an der anderen Hand, gehe ich mit Jürgen zum Streifenwagen.

Auf der Straße ist die Menschenmenge größer geworden, und der Besitzer des beschädigten Fiat hat sich mittlerweile eingefunden.

Ich setze Dragovic hinter den Beifahrersitz und lege das Gewehr in den Kofferraum. Ich setze mich neben ihn.

Unterstützung ist immer noch nicht da. Also nimmt Jürgen noch »schnell« die Daten der Geschädigten für die Anzeige auf. Der Besitzer des beschädigten Pkw möchte selbstverständlich auch Anzeige gegen den Mann erstatten. Also schnell noch einen Strafantrag aus dem Koffer gekramt und auch dessen Daten festgehalten.

Währenddessen fleht mich der Festgenommene an, dass ich ihn erschießen oder zumindest schlagen soll. Es kann doch nicht sein, dass er so viel anstellt und dafür nicht bestraft wird.

Ich erkläre ihm, dass wir ihm nicht wehtun werden und dass er sich nicht mehr aufregen möge.

Er fängt an, mit seinem Kopf gegen die Seitenscheibe zu schlagen. Ich versuche, ihn davon abzuhalten. Halte seinen Kopf fest, rede weiter auf ihn ein. Versuche, ihn in ein Gespräch zu verwickeln. Frage nach Einzelheiten über den Krieg und seine Erlebnisse.

Nein, eigentlich möchte ich es nicht hören, aber ich merke, dass er beim Erzählen nicht mehr so aggressiv ist. Er erzählt wieder von »seinem« Krieg.

Ich erkläre ihm, dass er wegen seiner Erfahrungen von uns nichts zu befürchten hat. Er fängt an zu weinen und fleht wieder, dass ich ihn endlich erschießen soll. Häufig stellt er die Frage: »Warum seid ihr so gut zu mir?«

Mein Antwort: »Weil Sie ein Mensch sind und auch so von uns behandelt werden. Egal, was Sie getan haben.«

Er will nicht mehr leben. Sein Leben hat keinen Sinn mehr, er kann nicht mehr mit seinen Taten und Erinnerungen leben.

Er schlägt wieder fester mit dem Kopf an die Scheibe. Ich habe Angst, dass sie kaputtgeht und er sich verletzt.

Ich steige aus und suche Jürgen. Die Leute starren verwirrt in den Streifenwagen. Sie dachten wohl, dass ich ihn mit dem Kopf gegen die Scheibe schlagen würde.

Jürgen signalisiert mir, dass er noch zwei Minuten benötigt. Ich setze mich wieder in den Streifenwagen, nehme meine Lederjacke von dem Beifahrersitz und klemme sie zwischen die Scheibe und Dragovics Kopf. Er sackt zusammen und weint nur noch.

Jürgen ist fertig und steigt ein. Sein Blick fragt mich, ob bei mir alles in Ordnung ist. Ich nicke, und wir fahren zurück auf die Wache.

Das Gewehr drücken wir unserem Dienstgruppenleiter in die Hand. Schweigend führen wir den Mann durch die Wache in die Zelle im Keller. Wir erklären ihm noch mal, welche Maßnahmen durch uns beabsichtigt sind, und fragen, ob er mit diesen einverstanden ist. Er nickt nur und lässt sich die Handfesseln ohne Probleme abnehmen. Alles Weitere lässt er ruhig über sich ergehen. Er hat den Kampf aufgegeben.

Unseren Dienstgruppenleiter unterrichten wir über das Geschehene. Obwohl Jürgen und ich keine Anzeige wegen Bedrohung mit der scharfen Waffe fertigen wollen, besteht der Chef darauf.

Bis heute weiß ich nicht, was aus dem Mann geworden ist. Zu einem Gerichtstermin musste ich nicht erscheinen. Wir sind uns nie wieder begegnet. Wurde seine Todessehnsucht am Ende doch noch gestillt?

Mir wurde klar: Für viele Täter ist wohl das Weiterleben mit der Erinnerung an ihre Taten, mit ihrem inneren Krieg eine größere Bestrafung als der Tod.

Versteckspiel

von Kathrin Jahn, Nienburg

Die Alarmauslösung kommt gegen 03.00 Uhr am Sonntagmorgen.

Das Autohaus mit dem großen Außengelände war schon häufiger von Einbrechern und Pkw-Dieben angegangen worden. Mit drei Funkstreifenwagen fahren wir von unterschiedlichen Orten aus zum Einsatzort. Kurze Absprachen über Funk mit den Kollegen. Für die anderen Routine, für mich bisher nur im Lehrbuch vorgekommen.

Spannend. Räuber und Gendarm. Kinderspiel.

Mein Herz beginnt etwas schneller zu klopfen. Kurz gehen mir ein paar Theorien aus der Einsatzlehre durch den Kopf. 12 Punkte habe ich da in der Prüfungsklausur geschrieben.

Keine Angst, du bist gut! Und außerdem nicht allein, sage ich mir. Woher kommt nur diese plötzliche Nervosität? Na ja, merkt ja keiner …

Wir kommen auf der Rückseite des Autohauses an.

»Hier sind bei drei Pkws die Scheiben eingeschlagen! Mehr sehe ich im Moment nicht. Keine Personen. Alles klar bei euch?«, hör ich den Kollegen über Funk.

Die Rückseite des Geländes ist unbeleuchtet. Unsere Taschenlampen bilden helle Lichtkreise an der Gebäudewand. Um uns herum ist es dunkel, der Ausbilder neben mir steht breitbeinig da, ganz cool, in einer Hand die Lampe, die andere an der Seite am Holster.

Ganz ruhig.

Meine Schutzweste fühlt sich plötzlich sehr schwer an. Unbequem.

Was tue ich eigentlich hier? Als Kind hatte ich Angst vor der Dunkelheit, bin nicht mal zu den Nachbarn allein gegangen im Dunkeln. Jetzt stehe ich hier.

Die Taschenlampe liegt schwer in meiner Hand. Die zittert etwas.

»Kalt?«, fragt der Ausbilder. »Bisschen«, gebe ich zurück. Blödmann!

Der Blödmann geht am Rand des Geländes entlang und leuchtet die Büsche ab.

Wie jetzt? Ich dachte, man trennt sich in einer solchen Situation nicht, bleibt mindestens zu zweit? Hitze kriecht meinen Hals hoch. Unter dem Kragen der Lederjacke und des Hemdes beginne ich zu schwitzen. Mist.

Komm zurück, Blödmann!, schreit es in meinen Gedanken.

»Hier läuft einer weg … Scheiße … Zum Auewald … Verdammt!«, krächzt das Funkgerät in der Halterung am Koppel. Die Stimme des Kollegen aufgeregt, kurzatmig. Der rennt schon.

Wie mit feinen Nadelstichen fährt mir das Adrenalin von innen durch die Haut. O Gott.

»Komm schon! Hier lang!« Der Ausbilder neben mir läuft in Richtung Auewald. Sein Bierbauch wippt, und die Ledersohle der Halbschuhe klackt hart auf dem Asphalt.

Ich renne. Na klar, ist mein Beruf. Vorwärts!, schreit mein Verstand. RÜCKWÄRTS!!!, schreit mein Bauch.

Räuber und Gendarm. Ein Kinderspiel. Was für eine verdammte Scheiße.

Am Waldrand angekommen. Außer Atem.

Ein kleines Wäldchen nur. Die Waffe in meiner schwitzigen rechten Hand, links die Lampe. Fünf Meter bis zu dem Kollegen links, fünf bis zu dem Blödmann rechts. Und los.

Stockdunkel im Wald. Ich denke an meine zweijährige Tochter zu Hause. Daran, was passieren kann, wenn hier in dem Wald plötzlich der Mann vor mir steht, den ich suche … und nicht finden will.

Ich habe Angst. Und sie schnürt mir den Hals zu, bis ich beinahe keine Luft mehr bekomme. *Mädchen oder Memme?*, höre ich meine Großmutter fragen. Wie früher, wenn ich beim Spielen gestürzt war und weinend heimkam.

Schritt für Schritt vorwärts. Die Lichtkegel der Taschenlampen treffen sich. Das Hemd unter meiner Lederjacke kriegt kreisrunde Flecken unter den Achseln.

1, 2, 3, 4 … Eckstein … Eckstein … Alles muss versteckt sein … Ein Kinderspiel.

Ich höre die Kollegen atmen. Die Zweige unter unseren Füßen brechen und knacken dabei zu laut. Die Anspannung ist fühlbar. Keiner spricht. Rascheln im Unterholz und in den Baumkronen. Hoffentlich hört niemand, wie meine Zähne klappern.

Nach unten schauen. Nach oben schauen. Nichts übersehen. Auf der Hut sein.

Zehn Minuten, gefühlt wie eine Stunde, bis wir auf der anderen Seite des Waldes auf eine Wiese hinaustreten.

Nichts gefunden.

»Das hat so keinen Sinn«, sagt der Einsatzführer, drei Mann weiter links. »Wir brechen hier ab. Keine Hunde im Dienst heute. Der ist längst über alle Berge!«

Murmeln der Kollegen. Ich atme zischend aus. Bemerke erst jetzt, dass ich die Luft angehalten hatte.

Zurück zum Funkstreifenwagen. Diesmal außen um den Wald herum.

Doof. Im Fernsehen tragen die Kommissarinnen Röcke und Hackenschuhe. Nehmen die Täter ganz allein fest, kämpfen mit ihnen, wie es sich für gute Polizistinnen gehört, und zerreißen dabei nicht mal ihre Perlonstrümpfe.

Die Muskeln in meinem Nacken entspannen sich langsam. Die Erleichterung schießt Tränen in meine Augen.

»Was'n los? Hosen voll?«, fragt der Blödmann.

»Heuschnupfen!«, sage ich, die Stimme eine Nuance zu laut, und: »Scheiße, dass der entwischt ist!«

»Mal gewinnt man, mal verliert man. So läuft das nun mal in unsrem Beruf«, meint er darauf betont locker.

Verstecken. Ein Kinderspiel.

Koma

von Katrin Röhr, Berlin

Wir ließen den Montag zu Beginn des Jahrhundertsommers 2003 geruhsam angehen. Ich hatte dienstfrei, und Jürgen, mein Mann, musste erst zum Spätdienst am Nachmittag antreten.

Nino, unser Jüngster, war schon in der Schule. Die Ferien standen vor der Tür, und seine ältere Schwester Luisa freute sich auf den Schüleraustausch mit Kanada.

Jürgen und ich schliefen länger, frühstückten gemeinsam und ließen die Familienfeier vom Wochenende nochmals Revue passieren.

Am Nachmittag fuhr ich mit Luisa zu einer Besprechung wegen des Schüleraustausches.

Danach trafen wir Papa zwischen zwei Einsätzen vor seinem Dienstgebäude. Wir haben flüchtig miteinander geschwatzt und uns verabredet, nach seinem Feierabend gemeinsam nach Hause zu fahren.

Dann musste Jürgen mit Blaulicht los zum nächsten Einsatz.

Luisa setzte ich bei einer Freundin ab.

Auf der Weiterfahrt brannte sich eine Radiomeldung in mein Gedächtnis ein:

»... Schießerei in Berlin-Kreuzberg ... Tote und Verletzte ... darunter auch Polizisten ...«

Bloß nicht Jürgen!, schoss es mir durch Mark und Bein.

Ich war etwas früher als verabredet an der Dienststelle, um Jürgen abzuholen. Komisch, nicht ein Funkwagen auf dem Parkplatz. Klar, die sind im Einsatz, wie in der Radiomeldung angekündigt!

Soll ich mal reingehen und fragen, ob Jürgen pünktlich zum Feierabend gehen kann?

Den Kollegen am Tresen kannte ich. Doch warum verschwand der plötzlich?

Zwei Herren kamen zum Tresen: unser Polizeiseelsorger und Jürgens Chef. In mir schrillten alle Alarmglocken.

»Was ist mit Jürgen?«, fragte ich mit bebender Stimme.

»Lassen Sie uns zum Krankenhaus fahren!«, schlug Jürgens Chef vor.

Krankenhaus beruhigte mich. Da ist Hilfe, da gibt es Hoffnung.

Wir saßen in einem Warteraum in der Notaufnahme. Nur mühsam kam ein Gespräch in Gang. Ich erfuhr, dass Jürgen zu einem Einsatz gerufen wurde, bei dem auf ihn geschossen wurde. Er sei schwer verletzt.

Die Krankenschwestern in der Notaufnahme brachten uns Kaffee. Der Chef musste per Handy mehrmals seinen Vorgesetzten berichten.

Jürgens Streifenpartnerin kam völlig in Tränen aufgelöst und übergab mir Jürgens Handy …

Ich erlebte alles wie durch eine dicke Watteschicht. Ich musste Nino informieren. Er wartete doch auf uns! Das Angebot, ihn ins Krankenhaus zu holen, nahm ich an.

Irgendwann gegen 23.00 Uhr konnte ich auf die Intensivstation, Jürgen sehen. Ein Arzt fing mich auf dem Weg in das Krankenzimmer ab. Er war gerade aus dem OP-Saal gekommen und erklärte mir, bei Jürgens Operation dabei gewesen zu sein. Ihm sei in den Bauch geschossen worden. Für heute sei der Eingriff unterbrochen worden. Man habe den Bauch offen gelassen und die Leber in einem sogenannten Package stabilisiert, da sie durchschossen worden sei und einen erheblichen Blutverlust verursacht habe. Der Magen sei perforiert und der Darm abgerissen …

Wahrscheinlich hat er noch vieles erklärt, aber seine Worte rauschten wie ein Wasserfall an mir vorbei. Nur ein einziger Wunsch überflutete mich – ich wollte meinen Mann endlich sehen.

Er lag schlafend da, mit einem grünen Tuch fest über dem aufgequollen wirkenden Bauch. Ein unerklärliches Meer an Geräten war mit ihm verbunden. Ich streichelte ihm über die eiskalte Haut, sprach mit ihm, doch er reagierte nicht.

Als der Morgen bereits graute, wurden Nino und ich nach Hause gefahren.

Ich fragte Nino, was er dachte.

»Papa schafft das!«

Diese Zuversicht hielt mich aufrecht.

Ich begann wieder zu funktionieren. Programmierte den Videorekorder für die Nachrichten. Bestimmt wollte Jürgen später sehen, was über das Geschehene berichtet wurde.

Ich stellte den Wecker, um auf meiner Dienststelle Bescheid zu sagen, dass ich erst einmal für drei Tage nicht arbeiten kommen konnte. Wie ein Stein fiel ich ins Bett und schlief fest und traumlos.

Der nächste Tag wurde der erste in einer langen Kette, die ich in einem tranceartigen Zustand verbrachte.

Fünfundachtzig Tage lang lag mein Mann im Koma.

Fünfundachtzigmal telefonierte ich jeden Morgen mit dem Arzt, um etwas über den neuesten Zustand von Jürgen zu erfahren.

Fünfundachtzigmal gab ich diese Information an Jürgens Chef weiter. Ich beruhigte mich und bewirtete die Familie, Freunde und Kollegen, die kamen und wissen wollten, wie es Jürgen ging. Noch häufiger tröstete ich andere am Telefon …

Fünfundachtzigmal fuhr ich nach dem Mittagessen los, um pünktlich zur Besuchszeit auf der Intensivstation zu sein. Häufig musste ich lange warten, weil irgendeine Spezialbehandlung, eine Untersuchung, eine Operation noch nicht abgeschlossen waren. Immer wieder gab es Tiefschläge – Entzündungen, Komplikationen, Schwierigkeiten.

Fünfundachtzig Tage, an denen ich kaum eine Träne vergoss. Ich funktionierte und rotierte wie ein Hamster im Rad; putzte die Wohnung, backte Kuchen für die Krankenschwestern, bereitete alles für Luisas Aufenthalt in Kanada vor. Nur ständig in Bewegung bleiben, um nicht nachdenken zu müssen.

An die Apparaturen, die Jürgen zum Überleben brauchte, hatte ich mich irgendwann gewöhnt, nicht aber an den Anblick dieses hilflosen, verletzten und verletzlichen Häufchens Mensch. Nicht an seinem Äußeren, sondern an den Einstellungen und Anzeigen der Geräte versuchte ich den Zustand meines Mannes positiv einzuschätzen.

Diese Geräte waren mir zwischenzeitlich so vertraut, dass ich Aushilfsschwestern Tipps zur Bedienung geben konnte.

Doch der Anblick von Jürgen erschreckte mich so oft: sein Gesicht aufgequollen von den Medikamenten, schief hängende Gesichtszüge durch die wechselnde Lagerung, zitternd, fiebrig, blutunterlaufen …

An fünfundachtzig Tagen saß ich an seiner Seite und erzählte ihm, was tagsüber alles passiert war. Ich spielte ihm seine Lieblingsmusik vor, machte Wadenwickel und eiskalte Umschläge, um überhaupt etwas tun zu können, fünfundachtzig Tage lang.

Die Schwestern und Pfleger ermutigten mich, nicht aufzugeben, meinten, sein Blutdruck und Puls würden ruhiger, wenn ich da sei.

Mit dem Personal der Intensivstation habe ich geweint, wenn es wieder Komplikationen gab, und gelacht, wenn es aufwärtsging. Sie gratulierten mir zu unserem zwanzigsten Hochzeitstag und zu meinem vierzigsten Geburtstag.

Eine Krankenschwester hatte ich nach den ersten Operationen gefragt, ob Jürgen denn eine Überlebenschance habe.

Ihre Antwort – »Glauben Sie denn an den Weihnachtsmann …?« – hallte lange Tage in mir nach.

Am sechsundachtzigsten Tag erwachte Jürgen aus dem Koma. Es dauerte noch einige Tage, bis wir miteinander kommunizieren konnten. Aufgrund des Luftröhrenschnittes war Sprechen für ihn nicht möglich. Schreiben ging nicht, weil sämtliche Muskulatur zu schwach war, er konnte nicht mal den Kopf selbst halten, geschweige denn einen Stift.

Auch nach Tagen war das Sprechen kaum möglich, weil die Speicheldrüsen nicht mehr funktionierten. Wir verständigten uns nur durch Blicke und indem ich versuchte, von seinen Lippen abzulesen.

Jürgen konnte sich daran erinnern, was passiert war: Er wurde zur Unterstützung der Kollegen zu einer Schießerei nach Kreuzberg gerufen. Diese hatten einen Täter gestellt, der geschossen hatte. Mehr wusste Jürgen nicht. Als Jürgen mit seiner Streifenpartnerin dazukam, standen zwei Kollegen mit gezogenen Waffen vor dem Täter. Deshalb versuchte er, außerhalb dessen Blickfeldes an ihn heranzukommen, um ihn zu überwältigen. Doch der Täter wurde auf Jürgen aufmerksam, griff blitzschnell nach hinten in den Hosenbund und schoss aus etwa sechzig Zentimeter Entfernung auf Jürgen. Er traf ihn seitlich in den Bauch. Ein- und Ausschuss sind heute als zwei von unzähligen OP-Narben zu sehen.

Kollegen hatten mir erzählt, dass der Täter zuvor seine ehemalige Lebenspartnerin mit einem Kopfschuss getötet hatte und einem zufällig vorbeikommenden Radfahrer in den Kopf schoss. Dieser überlebte schwer verletzt. Nach dem Schuss auf Jürgen und dem anschließenden Schusswechsel mit den Kollegen richtete er sich selbst.

Mich hatten diese Details nicht interessiert. Mir ging es in den fünfundachtzig Tagen nur darum, dass Jürgen überlebte.

Während für die beteiligten Kollegen nach so langer Zeit der Alltag wieder die Oberhand gewonnen hatte, begann nun für Jürgen die Zeit des Hinterfragens. Und wenn ich es genau betrachte, dauert es heute noch an.

Nach langem, zähem Ringen, nach Rückschlägen und Hoffnungslosigkeit hat mein Mann es geschafft – er ist am Leben.

Und deshalb glaube ich an die Hoffnung, glaube an die Erfüllung meiner dringendsten Wünsche. Ich glaube an das Leben. Und deshalb glaube ich wieder an den Weihnachtsmann.

Wir mussten beide lernen, mit der Erkenntnis fertig zu werden, dass Jürgen ein schwerbehinderter Mensch bleiben wird. Jürgen ist heute zwar aufgrund seines Gesundheitszustandes im Ruhestand, doch er bietet seine Hilfe und Unterstützung für Kolleginnen und Kollegen mit Schusswaffenerlebnissen an: *www.schusswaffenerlebnis.de*

Ich versehe wieder meinen normalen Dienst. Vielleicht bin ich heute etwas vorsichtiger und nachdenklicher, aber inzwischen habe ich auch gerne wieder montags dienstfrei.

Eine Zeitreise

von Wiltrud Wehner-Davin, Düsseldorf, und Volker Uhl, Freiburg

Sie hatte mich neugierig gemacht, als sie schrieb, dass sie *aus einem vergangenen Zeitalter zu mir spreche, ihr aber die Entwicklung der Polizei nicht entgangen sei.* Das Grundproblem des einzelnen Beamten schien ihr das gleiche geblieben zu sein: *das permanente Erleben menschlicher Extremsituationen, das Mit- und Nachempfinden von Not, Elend, Gewalt und Perversität und die Notwendigkeit, dabei emotional den professionellen Abstand zu wahren, den gute Polizeiarbeit erfordert.* Dieser Beschreibung konnte ich nur zustimmen sowie auch ihrer Beobachtung: *Manche von uns sind daran gescheitert.*

Ihrem Schreiben hatte sie Texte beigelegt mit Titeln wie »Mord an einer Schülerin«, »Ich hasse ihn!« oder »Blut tropfte von der Zimmerdecke«. Auch die Texte hatten mich neugierig gemacht.

Nehmen Sie die 76 oder 78 vom Hauptbahnhof. Beide gehen direkt nach Lörick. Mit dieser Anweisung machte ich mich auf den Weg nach Düsseldorf, gespannt darauf, was eine vierundachtzigjährige ehemalige Kriminalhauptkommissarin mir zu erzählen hätte.

Im roten Wagen der Düsseldorfer Straßenbahn passierte ich die Rheinbrücke und tauchte in Oberkassel ein. Gegenüber saß eine junge Frau mit ihrem etwa vierjährigen Sohn. Der Kleine wälzte sich schreiend am Boden, nörgelte vor sich hin und brachte seine Mutter schier zur Verzweiflung. Ihre Androhungen, dass er gleich aussteigen müsse, wenn er keine Ruhe gebe, fruchteten teilweise. Er setzte sich auf den Sitz und nestelte schimpfend an seiner Papiertüte herum. Ab und zu legte er den Kopf zur Seite und schielte durch die leicht getönte Nickelbrille zu mir rüber. Dann widmete er sich wieder seiner Papiertüte. Seine Milchschnitte hatte sich in der Tüte mit dem Brötchen verklebt. Er leckte die weiße Schaummasse vom Brötchen, schien zufrieden.

Ich war angekommen. Ein älterer Mann stieg mit mir aus und lächelte zufrieden, als er aus dem Papierkorb eine leere Pfandflasche fischen konnte. Er steckte diese in seinen bereits gefüllten fleckigen Baumwollbeutel.

Eine Frau kam mir auf Höhe des Sonnenstudios auf dem Bürgersteig entgegen. Der Bund der Jeans konnte den hochschwangeren Bauch nur noch mühsam oben halten.

Am Ende der Straße kam mein Ziel in Sicht. Zwei große Wohnblöcke. Wie nennt man solche Einrichtungen, in denen alte Menschen ihren Lebensabend verbringen, am besten: Altersheim, Pflegeheim, Seniorenheim? Soll die Endung das Gefühl Heimat vermitteln? Jedenfalls belehrte mich eine Tafel auf dem Grundstück, dass dieses Haus ein Wohnstift sei.

Am Empfang, der die Atmosphäre eines gut geführten Hotels vermittelte, fragte ich nach Frau Wehner-Davin.

Telefonisch angekündigt, erwartete sie mich im ersten Stock vor ihrem Appartement mit der Zimmernummer 110. Stets auf Empfang, stets Polizistin, selbst im Alter von vierundachtzig noch?

»War Zufall, hab ich nicht ausgewählt«, kürzte sie meine sich auf den Polizeinotruf beziehende Interpretation ab und lächelte dabei.

Sie trug ein beigefarbenes Kostüm, ihre vollen grauen Haare waren perfekt frisiert, die Fingernägel manikürt. Der Tisch für den Nachmittagskaffee war bereits gedeckt.

Wir kamen ins Gespräch. Mehr ein erstes Beschnuppern, ehe uns die Mittagszeit ins Restaurant holte. Für uns war der beste Tisch am Fenster reserviert, mit Blick über die Gärten zu den hinter den Pappeln zu vermutenden Rheinauen. Es gab Gemüseeintopf.

Zurück im Appartement, begann die Zeitreise. Sie führte uns zunächst ins Jahr 1952.

◇

Der Not gehorchend, kurz entschlossen
von Wiltrud Wehner-Davin

Die leitende Fürsorgerin des Pflegeamtes Düsseldorf, Helene Paas, war seit einigen Wochen meine »Lehrmeisterin«. Am frühen Montagmorgen zu ihr zitiert zu werden irritierte mich. Auf dem Weg zu ihr versuchte ich, meine Taten und Untaten zu rekapitulieren. Wenn die »Leitende« mit mir auch nicht in allem einig sein mochte, außer an dem Hauch von Rouge auf meinen Lippen und meinen flotten Sprüchen war an meiner Arbeit und Arbeitshaltung nichts auszusetzen.

Es ging um meine vorzeitige staatliche Anerkennung als Fürsorgerin. Ich war in den Maitagen des Jahres 1952 schon fast neunundzwanzig Jahre alt und hatte durch den Krieg und seine Folgen nicht nur Zeit, sondern auch jeden finanziellen Rückhalt verloren. Deshalb hatte ich beantragt, meine Anerkennungszeit zu verkürzen. Während unseres Gespräches merkte ich, dass mein Antrag eine Nebensächlichkeit war. Natürlich würde Frau Paas ihn befürworten.

»Aber was wird es Ihnen helfen, staatlich anerkannt zu sein?«, fragte sie mich fast aggressiv. »Wie viele Anerkannte, ja sogar Berufserprobte gibt es in den Karteikästen der Arbeitsämter! Und wie viele Fürsorgerinnen sind trotz staatlicher Anerkennung unterbezahlt, arbeiten auf Praktikantenstellen oder sogar als Schreibhilfen? Warum bewerben Sie sich nicht bei der Weiblichen Kriminalpolizei? Die braucht doch Frauen wie Sie!«

Frau Paas kürzte mein Nachdenken ab, ergriff meine Hand, zog mich aus ihrem Zimmer zum Paternoster und brachte mich zu Grete Gipkens, der Leiterin der Düsseldorfer »Weiblichen Kriminalpolizei (WKP), die ihr Büro genau über dem Pflegeamt hatte.

Kriminaloberkommissarin Gipkens hatte ich schon kennengelernt; Pflegeamt und WKP waren bei ihren Aufgaben in vielfältiger Weise aufeinander angewiesen, weshalb das Pflegeamt als eine Abteilung des Gesundheitsamtes im Polizeipräsidium untergebracht war.

Grete Gipkens hatte selbst als Fürsorgerin gearbeitet, ehe sie Ende der Zwanzigerjahre zur WKP wechselte. Wir waren uns schnell einig.

»Bringen Sie mir Ihre Bewerbungsunterlagen. Ich habe Ihnen doch schon lange gesagt, dass Sie zu uns kommen sollten. Sie können in vierzehn Tagen Ihren Dienst als Kriminalwachtmeisterin auf Probe antreten, vorausgesetzt, dass Sie polizeidiensttauglich sind. Das entscheidet der Polizeiarzt. Die Eignungsprüfung werden Sie bestehen. Am achten Juli beginnt in der Polizeischule ein Anwärterlehrgang; unsere Frau Keller, die Sie schon kennen, geht auch hin. Da schicken wir Sie gleich mit.«

Kaum ein halbes Jahr nachdem ich die Höhere Fachschule (später Fachhochschule) für Sozialarbeit verlassen hatte, sollte ich schon wieder die Schulbank drücken. Und wofür? Für ein Beamtenverhältnis auf Widerruf und 150 DM brutto monatlich, allerdings mit der Aussicht, bei Bewährung nach Jahren Beamtin auf Lebenszeit zu werden.

Ich – eine Polizistin? Noch hatte ich erhebliche Identifikationsschwierigkeiten. Aber gab es eine Alternative? Also denn: Der Not gehorchend, kurz entschlossen. Zwei Tage später hatte Frau Gipkens meine Bewerbungsunterlagen auf ihrem Schreibtisch.

In Düsseldorf war ich die erste Frau, die nach dem Kriege wieder bei der Kriminalpolizei eingestellt werden sollte, weshalb erst einmal neue Prüfungsbedingungen und -aufgaben formuliert werden mussten. Mein Hauptprüfungsthema war die Abschaffung der Todesstrafe. Das Thema lag mir. Seite um Seite füllte ich mit meinen Argumenten.

Die Arbeit war gelungen. Sie sicherte mir für immer die Bewunderung meines Prüfers, des Kriminaloberkommissars Drews, der noch lange Zeit immer wieder darauf zurückkam: »Mädchen, das war klasse!« Er wollte mir schon sehr früh eine Zukunft als Oberbeamtin voraussagen.

Die Prüfung ging weiter. Die Wiedergabe verschiedener Sachverhalte schaffte ich problemlos. Auch die Rechenaufgaben –

Zinseszins und Dreisatz – löste ich, obwohl seit meinen letzten mathematischen Prüfungsaufgaben Jahre ins Land gegangen waren.

Der nächste Abschnitt, die nächste Frage. »Was verrät den Dieb? Hören Sie gut zu!«, sagte der Kriminaloberkommissar. »Am Hotelzimmer klopft es. Ein Mann erscheint im Türrahmen, gut aussehend, korrekt gekleidet, der verbindlich lächelnd beim Anblick einer jungen Frau im Zimmer sagt: Pardon, Madame, ich habe mich im Zimmer geirrt, ich glaubte, es sei meins.«

Der Blackout war damals noch nicht im Sprachgebrauch. Aber ich hatte ihn. Kein Grübeln half. War das schon das Ende meiner Laufbahn? Das beklemmende Schweigen wurde durch die Frage des Oberkommissars unterbrochen: »Klopfen Sie an, wenn Sie in Ihr eigenes Zimmer gehen?« Und er lachte sogar dabei.

Frau Gipkens ging zum sozialpädagogischen Fragenkomplex über. Auf diese Themen war ich spezialisiert. Das wohlwollende Nicken der Prüfenden nach jeder gegebenen Antwort ließ erkennen, dass sie mit meinen Ausführungen zufrieden waren. Ich hatte bestanden.

Beim Polizeiarzt

Was Christa Keller mir auf dem Weg zur Sanitätsstelle vom Untersuchungsritual erzählte, erweckte bei mir gemischte Gefühle. Sollte die Untersuchung wirklich so ablaufen? Noch vermochte ich die Kollegin nicht einzuschätzen. Sie sah aus wie eine wohlgenährte Jungbäuerin, frisch gewaschen mit sauberem Hauskleid. Die dunklen Haare trug sie streng zurückgekämmt, hinten in einem kleinen Knoten zusammengehalten. Sie blinzelte verschmitzt, als habe sie sich in Erinnerung an ihre gute Erziehung gerade noch einer deftigen Beschreibung enthalten können.

Die Polizeischule würde uns Gelegenheit zum ausgiebigen Kennenlernen bieten. So viel wussten wir schon: Wir würden nicht nur die Tage miteinander verbringen. Einzelzimmer waren auch für die Frauen nicht vorgesehen.

Auf dem Weg zur Sanitätsstelle gesellten sich noch drei junge

Männer zu uns, die mir Christa als Kollegen vorstellte. Auch sie mussten zur ärztlichen Untersuchung. Ihnen stand der Anstellungslehrgang bevor. Sie hatten eine Zeit bei der Schutzpolizei gedient und schon die Durchlaufzeit bei der Kriminalpolizei absolviert. Für die Männer war die ärztliche Untersuchung Routine. Schon sehr früh hatte der Krieg sie zu Soldaten gemacht. Heimgekehrt, waren ihre einstigen Berufswünsche nicht realisierbar gewesen. Die Alternative hieß Bergbau oder Polizei. So hatten sie das Soldatspielen bei der Polizei fortgesetzt, aber die erste Gelegenheit wahrgenommen, sich wenigstens der Uniform zu entledigen.

Die Sanitätsstelle war im Keller einer Ruine untergebracht. Der Herrschaftsbereich des Polizeiarztes Dr. Stöcker, eines Facharztes für Haut- und Harnleiden, hatte etwas von einem Krankenrevier in der Etappe. Es roch muffig. Die Räume waren feucht, und kein Sonnenstrahl war je in ihr Inneres vorgedrungen. Was dort ablief, war mit einem Bühnenstück zu vergleichen, in dem der »Brave Soldat Schwejk« die Hauptrolle spielte. Wir Frauen, als eine absolute Minderheit, hatten kaum Privilegien und auch keine ausgeprägten Emanzipationsbestrebungen. Trotzdem schienen wir die Mächtigen der Polizeihierarchie zu verunsichern, was bei diesen zu besonders forschem Verhalten führte.

So fiel denn auch meine Untersuchung in der von Christa Keller angedeuteten Art aus. In schnarrendem Befehlston hörte ich knappe, eindeutige Anweisungen. Markanter Unterschied war die Anwesenheit einer »Anstandsdame«, einer ehemaligen Fürsorgerin, die auf der Sanitätsstelle einen Unterschlupf gefunden hatte. Fragt sich, wen sie vor wem schützen sollte. Jedenfalls verdankte ich ihr eine Fußmatte, die sie mir diensteifrig unter meine nackten Fußsohlen schob, sodass ich nicht länger barfuß auf dem feuchten Kellerfußboden zu stehen brauchte.

Da ich weder Plattfüße noch Hämorrhoiden und auch keine Tuberkulose hatte, stand meiner Karriere bei der Düsseldorfer Stadtkreis-Polizei wirklich nichts mehr im Wege.

Polizeischule Tannenstraße

Mitte Juli 1952 begann mein Anwärterlehrgang in der Polizeischule Tannenstraße. Die Schule war in den geschichtsträchtigen roten Klinkerbauten einer ehemaligen Kaserne untergebracht. Am Haupteingang stand in einem Schilderhäuschen ein uniformierter Polizeibeamter, der den Dienstausweis überprüfte, ehe er mich passieren ließ.

Der Geist preußischer Militärtradition grüßte aus allen Ecken. Hier wurden aus Männern und Frauen Rekruten.

Mit Christa Keller und zwei Dortmunder Kriminalwachtmeisterinnen zog ich im Parterre des Liszthauses – das den Frauen vorbehalten war und von keinen Männern betreten werden durfte – in einen großen Raum, der bis zur Augenhöhe dunkelgrün gestrichen und dann weiß getüncht war. Die Fenster in den tief eingelassenen Mauernischen lagen so hoch, dass man nur die Kronen der Bäume und ein Stückchen Himmel sehen konnte. Die unteren Hälften der Fenster hatten dichte Spanngardinen. Auch die Glühbirne, die hoch oben unter der Decke des Raumes hing, vermochte kein ausreichendes Licht zu spenden.

An drei Wänden standen vier Feldbetten mit blau-weiß karierter Bettwäsche und kratzigen grauen Wolldecken. Das durchhängende Drahtgitter der Betten ließ darauf schließen, dass sie schon Generationen von Polizisten oder Soldaten als Liegestatt gedient hatten. An der vierten Wand standen Spinde aus grauem Blech. Die Raummitte nahm ein großer Tisch ein, dessen Gravuren ebenfalls von unseren Vorgängern berichteten. Um den Tisch standen vier Stühle.

Die Neulinge, die sich hier im nächsten halben Jahr die Sporen verdienen sollten, gehörten noch zu der Generation, die sich Hitler »hart wie Kruppstahl« gewünscht hatte und die in den Kriegsjahren entsprechend geschmiedet worden waren. Sie hatten die Bombennächte erlebt, Arbeitsdienst und Kriegshilfsdienst durchgestanden, in Munitionsfabriken gearbeitet und bei der Flak gedient. Manche hatten lange Märsche auf der Flucht hinter sich gebracht, erst vom Westen in den Osten und schließlich vom Osten nach dem Westen. So nahmen sie die vorgefundenen

Gegebenheiten mit Humor und schworen sich, auch diese Zumutung zu überstehen.

Als Kontrast zum übrigen Ambiente stellte sich uns noch am ersten Tag unsere »Gouvernante« vor: eine sehr gepflegte Dame mittleren Alters, die in Art und Auftreten keinem höheren Mädchenpensionat Schande gemacht hätte.

»Ich bin Frau Siedel, meine Damen. Während der Monate Ihres Aufenthaltes an dieser Schule bin ich Ihre Ansprechpartnerin bei allen Anlässen delikaterer Art, bei denen Sie es vorziehen sollten, mit einer Frau zu sprechen. Sie sind hier eine Minderheit, was nicht heißt, dass Sie als Besonderheit behandelt werden können.«

Frau Siedel machte eine Pause und setzte ihre Rede danach besonders bedächtig fort:

»Mit Ihnen sind achthundert Polizeibeamte an dieser Schule. Sie sollten nie vergessen, dass die Männer durch die Bank verheiratet sind und – was mir besonders wichtig erscheint – nicht Ihrem Stande entsprechen. Es liegt somit in Ihrem Interesse, den Kollegen gegenüber den gebührenden Abstand zu wahren.«

Unser Kichern war kaum zu überhören. Waren wir doch wirklich alt und erfahren genug – manche hatten als Krankenschwestern in Feldlazaretten gearbeitet und die Kriegsgefangenschaft überlebt –, ohne Nachhilfestunden in Lebenskunde unseren Weg zu gehen.

Wie wenig die mahnenden Worte unserer Frau Siedel nachwirkten, zeigte sich nach wenigen Wochen, als die erste Kollegin ihren Lehrgang abbrach, um einen »Ausbilder« zu heiraten. Neben dem Ehemann warteten auf sie Zwillinge im Kleinkindalter, die ihre Mutter bei der Geburt verloren hatten.

Aber auch sonst hielten sich unsere Männerfeindlichkeit und unser Standesbewusstsein in Grenzen, ohne dass wir Schaden genommen hätten. Im Gegenteil, unsere Kollegen sind uns gute Kumpel gewesen, manche sind sogar Freunde fürs Leben geworden.

◇

Volker Uhl: *In Ihren Texten beschreiben Sie sehr anschaulich, wie nach dem Zweiten Weltkrieg die Weibliche Kriminalpolizei (WKP) wiederaufgebaut wurde. Dabei ist die WKP als Institution schon viel älter. Sie wurde in den Zwanzigerjahren als Ergebnis einer Reformbestrebung in der Polizei gegründet. Zusätzlich zur traditionellen Polizeiarbeit des Verfolgens und Strafens sollte die Polizei sich fortan auch um Helfen, Vorbeugen und Fördern kümmern. Hierfür hielt man Frauen für geeigneter.*

Wie ist es Ihnen bei der WKP ergangen? War es schwierig, als Frau in diesem Umfeld zu arbeiten?

Wiltrud Wehner-Davin: Das Beamtenverhältnis bedeutete für meine Zukunft kein lukratives, aber ein sicheres Einkommen. Ich war neunundzwanzig Jahre alt und keine Tochter reicher Eltern. Ich musste Geld verdienen. Die Arbeit war vielfältig, manchmal sehr aufregend, oft anstrengend, aber immer befriedigend. Es war die Konfrontation mit der Vielfalt des Lebens, kein routiniert verlaufender Bürojob.

Die Besonderheit der Arbeit prägte auch das Miteinander der Frauen, das, nicht zuletzt dank der Führungspersönlichkeit von Grete Gipkens, solidarisch war.

Auch die Zusammenarbeit mit den Kollegen war gut. Die WKP hatte im Wesentlichen den Part, in Strafsachen Kinder und Jugendliche als Geschädigte und Zeugen zu vernehmen und Strafsachen gegen Kinder und weibliche Jugendliche federführend zu bearbeiten. Besonders bei Sittensachen, bei Kindesvernachlässigung und -misshandlung hing der Erfolg von dem ergänzenden Miteinander der Sachbearbeiter ab, die als Team ein Ziel hatten.

◇

Aller Anfang ist schwer – die ersten Festnahmen

von Wiltrud Wehner-Davin

Auf den Schreibtischen der Kriminalmeister Kruchen und Langner häuften sich die Anzeigen wegen Beischlafdiebstahls. Ein Delikt, das den Beischlaf zum Rahmenprogramm hat und den Diebstahl ermöglicht.

In der Mehrzahl der angezeigten Fälle wurde Gertraud verdächtigt, eine ehemalige Gewerbsmäßige, die im fortgeschrittenen Alter und Verwahrlosungszustand schwer an Freier und noch schwerer an Geld für ihren zunehmenden Alkoholkonsum kam.

Gertraud, für Kruchen und Langner eine alte Bekannte, war derzeit ohne feste Bleibe. Aber bald bekamen die Kollegen einen Hinweis aus dem Milieu, wo Gertraud zu finden sei.

Die beiden Kollegen freuten sich, mir – der Durchläuferin der Weiblichen Kriminalpolizei (WKP) – ihre Arbeit vor Ort vorstellen zu können. Frühmorgens, lange vor Dienstbeginn, bestellten sie mich zum Altstadtrevier. Sie wollten Gertraud holen.

Aus Trümmergrundstücken ragte ein fünfstöckiges, fast unbeschädigtes Haus hervor. Die Haustür stand offen. Wir erklommen das oberste Stockwerk, wo Gertraud nach unseren Informationen bei einer Familie Klapp Unterschlupf gefunden haben sollte. Frau Klapp empfing uns mürrisch, aber nicht sehr verwundert.

»Wir möchten Gertraud sprechen«, erklärte Kruchen, nachdem er der Frau seine Kripomarke gezeigt hatte.

»Da drin.« Frau Klapp machte eine Kopfbewegung zu einem Durchgang, vor dem ein Vorhang hing.

»Frau Kollegin, Ihr Part!«, ermunterte mich Kriminalmeister Langner, während er und Kruchen sich in zwei Korbsesseln am Küchenfenster niederließen.

Ich schob den Vorhang zur Seite, betrat den Raum, in dem gerade ein Bett und ein Stuhl Platz hatten. Über dem Stuhl hingen unordentlich hingeschmissen einige Kleidungsstücke. Die Alkohol-Nikotin-Mischung nahm mir fast den Atem. Im Bett schnarchte eine ältere Frau vor sich hin.

Ich rief: »Gertraud!« Und noch einmal lauter: »Gertraud!!«

Die Frau reagierte nicht. Ich schüttelte sie erst leicht, dann energischer an den Schultern. Jetzt öffnete sie die Augen. Sekunden Stille.

Dann ging es los: »Raus aus meinem Zimmer! Das is Hausfriedensbruch! Du wirst mich nicht nackig sehn! Hau ab!«

Weitere Ausbrüche ergänzten meinen noch dürftigen Wortschatz szenespezifischer Ausdrücke um ein Wesentliches. Ich hoffte, dass meine Kollegen eingreifen würden. Aber die hatten sich hinter Zeitungen verschanzt. Ihre feixenden Gesichter konnte ich nur erahnen.

Plötzlich sprang Gertraud splitternackt, wie sie tatsächlich war, aus dem Bett, rannte in die Küche und dort weiter schimpfend um den Küchentisch herum. Immer noch keine Reaktion meiner Mitstreiter. Ich sah diesem Gerenne etwas sprach- und hilflos zu, als Gertraud plötzlich spontan ihre Aktion abbrach, sich anzog und einige Utensilien in eine Tasche packte.

Dann bat sie, verbindlich lächelnd, die Kollegen: »Geht vor. Ich mache keine Schwierigkeiten mehr. Ich komme mit der Wachtmeisterin nach. Es müssen ja nicht gleich alle wissen, dass ich von der Schmiere abgeholt worden bin.«

Als ich mit Gertraud das Haus verließ, hingen die Schaulustigen an den Fenstern und standen auf der Straße. Man hatte in dieser Gegend einen Riecher dafür, wann es spannend wurde. Gertraud focht das nicht mehr an. Sie nahm mich am Arm und redete auf mich ein, ganz so, als ob sie mit einer guten Freundin zu einem Stadtbummel ging.

In den folgenden Tagen wurden bei den Kollegen weitere Anzeigen gegen Gertraud erstattet. Aber nun hatte Gertraud einen festen Wohnsitz – im Frauengefängnis.

Peter Kruchen und ich fuhren zu ihr. Es erwartete uns eine Überraschung: Gertraud war kaum wiederzuerkennen. In dem dunklen Kleid mit weißem Kragen, eine Strickarbeit in der Hand, sah sie aus wie eine biedere Großmutter.

Sie empfing uns wie gute alte Bekannte. Mit Stolz zeigte sie mir das Zopfmuster ihrer Strickarbeit, das ich gebührend bewunderte.

Anerkennend sagte ich zu ihr: »Gertraud, wenn Sie so gut stricken können, könnten Sie doch Geld damit verdienen – das wäre nicht so anstrengend.«

Frech grinsend erwiderte Gertraud: »Strengd dich dadd suh ahn, wenn de mohl ein Kähl häsd?«

Das Blut stieg mir in den Kopf, und bestimmt dachte mein Kollege: Die kann doch das Missionieren nicht lassen.

◇

Volker Uhl: *Wie ging Ihr Weg dann weiter?*

Wiltrud Wehner-Davin: Im Zuge der Verstaatlichung der Polizei in Nordrhein-Westfalen kam es zu zahlreichen Versetzungen von den Präsidien zu den Kreispolizeibehörden. Ich wurde 1954 in den Landkreis Kleve versetzt. Am neuen Einsatzort fehlten Zimmer, Schreibmaschine und Fahrzeuge. Teilweise fuhr mich ein uniformierter Kollege mit dem Motorrad zu den Außenstellen. Privat sah es nicht besser aus. Ich hauste in einer Dachkammer, meine Kleider hingen auf den Wäscheleinen des anschließenden Speichers, und die Toilette war drei Etagen tiefer in der Wohnung des Vermieters. Aber es fehlten auch die Fälle, für die ich zuständig gewesen wäre.

Als ich erfuhr, dass die WKP-Stelle in Grevenbroich noch nicht besetzt war, bat ich um Versetzung zu dieser Dienststelle. Fälle fand ich dort mehr als genug. Zuerst musste ich dreißig Sittensachen aufarbeiten, die die Kripo in Erwartung einer WKP-Beamtin seit Monaten gehortet hatte.

Über Arbeitsmangel brauchte ich mich während der zwölf Jahre in Grevenbroich nie zu beklagen, darunter gravierende und erschütternde Fälle.

◇

Ich hasse ihn

von Wiltrud Wehner-Davin

An einem drückend heißen Sommernachmittag kam ich von einer langwierigen Vernehmung aus Stürzelberg zurück. Ein sprachgestörtes zehnjähriges Mädchen hatte mir mühsam verdeutlicht, was Onkel Franz mit ihm gemacht hatte.

Da sah ich den Bauer Wenzel vor meiner Tür stehen. Unwillig ging ich auf ihn zu.

»Ich habe Ihnen doch gesagt, dass ich Ihnen nicht helfen kann. Sie müssen die Alimente zahlen, wenn Sie nicht wegen Unterhaltsentziehung drankommen wollen. Bei der Abtreibungsgeschichte ist nichts herausgekommen. Und selbst wenn, hätte es Ihnen nicht geholfen.«

»Annemarie war wieder schwanger. Man konnte es schon sehen. Aber seit Tagen ist sie schlank wie vorher. Das ganze Dorf tuschelt darüber«, erwiderte Wenzel höchst erregt.

Was tun? Wenzel war in den letzten Monaten immer wieder bei mir gewesen, um mich zu überzeugen, dass er nicht der Vater des Kindes sein könne, für das er Unterhalt zahlen müsse.

»Dadd Mensch hädd en Meineid geschwore. Isch gewe jo zoh, dadd isch off der Rewekah (Rübenkarre) meddem rommgeschmusd hann.«

In der Aufregung war Wenzel in seine rheinische Mundart verfallen. Hochdeutsch fuhr er fort: »Aber das war auch alles, vom Schmusen hat noch keiner ein Kind bekommen. Mit ihrem Stiefvater treibt sie es!«

Wenzel gegenüber war ich ebenso skeptisch, wie ich Annemarie gegenüber misstrauisch war. Ich ging zu Werner Fischer, meinem Mitstreiter in Sittensachen, um mich mit ihm zu besprechen. Sollte stimmen, was Wenzel schilderte, hätten wir die Chance, einer Kurpfuscherin ihr gefährliches Handwerk zu legen. Aus den vorausgegangenen Ermittlungen wussten wir, dass man uns gelinkt hatte. Wir hatten der mehrfach einschlägig vorbestraften ehemaligen Hebamme nichts nachweisen können. Von dieser Sorte Täterin war kein Geständnis zu erwarten, dafür lebte sie zu gut von ihren dunklen Geschäften.

Fischer erinnerte mich: »Denk auch an unseren ungeklärten Abtreibungsfall. Eine junge Frau hatte sich noch ins Krankenhaus schleppen können, war aber dort an den Folgen des unerlaubten Eingriffes gestorben.«

»Und wenn der Stiefvater wirklich der Erzeuger ist, kommt auch noch Blutschande dazu.«

»Los, wir fahren!« Fischer und ich sagten es fast gleichzeitig.

Annemarie wohnte mit ihren beiden unehelichen Kindern im Hause der Eltern. Das weiß getünchte Gebäude mit Hof, Stallungen und angrenzendem Garten gehörte zum Gutshof Gönnern. Der Gutsbesitzer, mit dem wir schon vorher gesprochen hatten, schätzte Annemarie als tüchtige Arbeiterin, aber ebenso Mutter und Stiefvater, die ebenfalls bei ihm beschäftigt waren.

»Fleißige Leute, die können anpacken!« Das zählte für ihn.

Im Dorf wurde Annemaries Familie gemieden. Oder hielt sie sich selbst zurück? Annemarie sah man jedenfalls nie im Ort. Weder mit gleichaltrigen Mädchen noch mit jungen Burschen, auch nicht beim Tanzen.

Der Stiefvater, ein verschlossener Mann, war kurz nach dem Krieg im Dorf aufgetaucht, aber nie heimisch geworden. Nicht mal mit seinen Arbeitskollegen sprach er mehr als unbedingt nötig. Aber wie gesagt – Arbeitskräfte ohne Tadel!

In Annemaries Elternhaus spürten Fischer und ich, dass wir zur rechten Zeit gekommen waren. Annemaries Aussehen, noch mehr ihr Verhalten signalisierten es uns. Sie war gleich bereit, mit uns zu kommen. Wie renitent war sie dagegen bei unserem ersten Besuch gewesen! Fast schien es, als ob sie diesmal auf uns gewartet hätte. Ohne Zögern, ohne eine Frage oder einen Einwand nahm sie eine Jacke vom Haken und folgte uns. Das Aufbegehren ihrer Mutter wehrte sie mit einer müden Handbewegung ab.

Als mir Annemarie an meinem Schreibtisch gegenübersaß, mit gesenktem Kopf anhörte, was ich ihr vorhielt, ging nach einer Zeit des Schweigens plötzlich ein Ruck durch ihren Körper – fast schrie sie es heraus: »Ja, ich war schwanger!«

Und wieder ruhiger fuhr sie fort: »Vor vier Tagen habe ich ein Kind geboren. Es ist alles so schnell gegangen. Ich war auf dem Rübenacker, fuhr meinen Traktor, als die ersten Wehen kamen. Ich stieg vom Traktor runter, rannte nach Hause. Die Wehen wiederholten sich. Kaum im Schlafzimmer, war das Kind schon da. Es hatte die Nabelschnur um den Hals. Mir fehlte die Kraft, es von der Schnur zu befreien. Es blieb zwischen meinen Beinen liegen.«

Pause.

»Und dann?«, fragte ich, um Annemarie zum Weitersprechen zu animieren. Es herrschte die sensible Vernehmungsatmosphäre, der oft Stunden des Abschätzens und Herantastens vorausgehen, ehe sich die Vertrautheit entwickelt, die das Geständnis ermöglicht.

Annemarie atmete tief durch, dann erzählte sie weiter.

»Als ich mich etwas erholt hatte, mir das Kind ansah, lebte es nicht mehr. Ich machte, was notwendig war. Das tote Kind ließ ich im Bett liegen. Ich deckte mein Plumeau darüber. Dann ging ich aufs Feld zurück, auf meinen Traktor. Erst am späten Abend, nachdem es dunkel geworden war, packte ich das Kind in einen Karton und brachte es mit dem Fahrrad zum Friedhof, aufs Grab meiner Großeltern. Dort grub ich es ein.«

Die vorgerückte Stunde zwang mich, die Vernehmung abzubrechen. Annemarie, noch Wöchnerin, musste dem Amtsarzt vorgestellt werden. Sie hatte die Geburt gut überstanden, war haftfähig. Ich brachte sie in ihre Zelle. Sie schien dankbar zu sein, zur Ruhe zu kommen.

Am nächsten Morgen stand uns die Ausgrabung der Kindesleiche bevor. Es regnete, als wir uns zum Friedhof aufmachten. Zur frühen Morgenstunde war es dort menschenleer. Nur ein mürrisch dreinblickender Friedhofsarbeiter erwartete uns.

Annemarie zeigte auf ein Grab.

Angespannt verfolgten Werner Fischer und ich das Wegschaufeln der Erde. Annemaries Gesichtszüge blieben ohne Regung, auch dann noch, als feststand, dass wir vergeblich gegraben hatten.

»Ich habe mich geirrt, das nächste Grab muss es sein – es war ja dunkel.«

Die Gräber sahen sich in dieser Grabreihe zum Verwechseln ähnlich. Aber Fischer und ich ahnten schon, dass wir die Kindesleiche hier nicht finden würden.

Als der Arbeiter beim dritten Grab die Erde abzutragen begann, zog mich Annemarie zur Seite.

»Das Kind ist im Hühnerpferch hinter unserem Haus begraben«, flüsterte sie. »Die Mutter hat's gemacht.«

Wir fuhren zu Annemaries Elternhaus. Ihre Mutter fragte unfreundlich, was los sei, worauf Annemarie schulterzuckend antwortete: »Ich musste es sagen.«

Werner Fischer forderte die Mutter auf, uns zum Grab des Kindes zu führen. Wortlos ging die Frau vor uns her über den Hof, zum Hühnerstall. Sie scheuchte die Hühner weg und zeigte auf eine kaum quadratmetergroße Bodenfläche, die sich vom übrigen Erdreich dunkel abhob.

Erst die Obduktion der Kindesleiche durch den Gerichtsmediziner brachte die ganze Wahrheit an den Tag. Annemaries Kind war ertränkt worden. Als ich Annemarie dies mitteilte, gab sie es zu.

»Ja, das Kind hat gelebt. Es hat geschrien, als ich es in meinen Händen hielt. Aber es war doch von meinem Vater. Diesmal wäre das rausgekommen. Ich ließ das Kind aus meinen Händen in den Eimer gleiten, der unter mir stand, gefüllt mit Urin und Fruchtwasser.«

Ich machte meinen Job nicht erst seit gestern, hatte gelernt, betrachtete Annemarie, wie sie mit hängenden Schultern vor mir saß. Ich konnte nicht begreifen, warum sie mir die Geschichte mit der Nabelschnur erzählt hatte. Ich fragte weiter.

»Das mit der Nabelschnur war beim zweiten Kind, einem Mädchen. Ob es gelebt hat, weiß ich nicht. Als ich es von der Nabelschnur befreit hatte, war es jedenfalls tot. Damals hatte ich erst ein Kind, für das bis heute von einem früheren Knecht vom Gutshof noch Alimente gezahlt werden. Ich hatte ihn beim Jugendamt als Vater angegeben, obwohl ich wusste, dass er es nicht war.«

Jetzt brauchte ich keine Zwischenfragen mehr zu stellen. Es drängte Annemarie, alles zu erzählen.

»Als Sie mich damals geholt haben, hatte ich vier Wochen zuvor auch ein Kind geboren. Ich wollte es abtreiben. Eine Cousine hatte mir die Adresse von der Frau gegeben, die so was machte. Mein ganzes Erspartes wollte ich ihr geben. Aber sie hat mich abgewiesen. ›Das ist zu gefährlich für mich‹, hat sie gesagt. ›Du bist schon im vierten Monat.‹ Als dann das Kind gekommen ist, habe ich wie unter Zwang gehandelt, dem Kind – noch ehe es abgenabelt war – ganz langsam das Federkissen aufs Gesicht gedrückt. Es ist erstickt.«

Annemarie wurde zum Schluss hin immer leiser. Sie sprach vor sich hin, als rede sie mit sich selbst. Nach dem letzten Satz fuhr sie sich mit der Hand über die Stirn und atmete hörbar auf. Dann sagte sie noch: »Und alle Kinder, alle, sind vom Stiefvater.«

Ich ließ Annemarie etwas Zeit, ehe ich sie fragte, ob sie denn den Stiefvater liebe oder geliebt habe.

»Ich hasse ihn«, antwortete sie spontan. »Alles hat er kaputtgemacht, die ganze Familie. Zuerst hat er sich jahrelang an meiner älteren Schwester vergangen. Sie ist nicht schwanger geworden. Mit vierzehn ging sie aus dem Haus. Dann war ich dran. Ich war gerade zehn Jahre alt.«

Meine Frage, ob der Stiefvater von ihren Schwangerschaften gewusst habe, bejahte Annemarie mit heftigem Kopfnicken.

»Und alles andere auch! Das war dem doch egal. Der hat nur gedroht, wenn es rauskäme, passiere Schlimmes. Schließlich habe ich gar nicht mehr mit ihm gesprochen, nur noch mit der Mutter. Auch sie hat alles gewusst, von Anfang an, auch von meiner Schwester. Sie dachte nur an die Schande, wenn es im Dorf bekannt würde. Und wovon wir denn leben sollten, wenn der Vater ins Zuchthaus ginge.«

Bei der Gerichtsverhandlung saß eine blasse, schlicht gekleidete junge Frau auf der Anklagebank.

Wer wusste wirklich, was in Annemarie vorging? Wer konnte nachvollziehen, was sie in all den Jahren ihrer Kindheit und Jugend erlebt und erlitten hatte?

Mit leiser Stimme beantwortete sie die Fragen von Staatsanwalt und Richter. Fast unbeteiligt, als ob sie über ein fremdes Schicksal berichtete.

◇

Mord an einer Schülerin

von Wiltrud Wehner-Davin

Es war – wie so oft – an einem Wochenende, als der Beamte vom Dienst an meiner Wohnungstür klingelte und mich bat, sofort mitzukommen. In Waldhausen werde seit drei Tagen ein achtjähriges Kind vermisst. Der Roller, mit dem das Mädchen am Donnerstag fröhlich losgefahren war, wurde am Haus der Schulfreundin gefunden. Darüber hinaus sei bisher alles Nachfragen und -suchen vergeblich gewesen. Die Mutter des vermissten Kindes befürchtete eine Entführung.

Bei meiner Ankunft in Waldhausen waren schon alle Kripobeamten versammelt. Der Leiter der Kriminalpolizei fasste die bisher bekannten Fakten zusammen: Die Eltern des vermissten Kindes waren geschieden. Die Mutter lebte mit ihrer Tochter Helga im Haus der Großeltern. Die Familie war bisher nicht in Erscheinung getreten, es sei denn durch die Eheschließung der Tochter mit einem Gastarbeiter und die spätere Scheidung. So befürchtete nicht nur Frau Stankowski, Helgas Mutter, sondern auch viele Dorfbewohner eine Entführung des Kindes durch den vermutlich im Ausland lebenden Vater.

Vor dem Haus Dorfstraße 6 war Helgas Roller gefunden worden. Hier wohnte der Maurer Jan Knut mit Frau und acht Kindern. Das Fachwerkhäuschen hatte Frau Knut von ihren Eltern geerbt. Sie galt im Dorf als fleißige Frau, die sich sehr bemühte, die große Kinderschar ordentlich zu erziehen. Jan Knut war Niederländer, lebte aber schon mehr als fünfzehn Jahre lang in Waldhausen. Die Dorfbewohner schilderten ihn als etwas verschlossen, aber sonst unauffällig. Er ging fleißig seiner Arbeit nach.

Bei den Knuts erfuhren wir, dass Frau Knut an dem Nachmittag, seit dem Helga vermisst wurde, mit ihren Kindern zum Zirkus in die Nachbarstadt gefahren war. Herr Knut bestätigte auch, dass Helga an diesem Nachmittag noch kurz bei ihm im Hause gewesen sei, um nach seiner Tochter Maria zu fragen, mit der sie ja befreundet war. Als sie hörte, dass Maria mit ihrer Mutter und den Geschwistern zum Zirkus gefahren waren, sei sie gleich wieder gegangen.

Im Dorf wurde uns zugetragen, dass auf einem Gut in der Nachbarschaft das Antönchen arbeite. Anton sei schon einige Jahre lang dort beschäftigt. Er sei nicht ganz richtig im Kopf. Vor dem hätten die Kinder Angst, weil er sie immer necke. Ob er auch schon ein Kind angefasst oder richtig belästigt habe – Achselzucken –, das könne man nicht sagen. Der Dorfpolizist – allgemein der Kripo wichtigster Helfer im Landkreis – wusste allerdings, dass Antönchen vor Jahren mal in einem Nachbarbezirk als Exhibitionist aufgefallen war.

Mehreren Dorfbewohnern war ein roter Pkw mit ortsfremdem Kennzeichen aufgefallen. Ob das vielleicht der Vater gewesen war oder ein von ihm Beauftragter, der das Kind verschleppt hatte?

Der Tag ging zu Ende, ohne dass wir weitergekommen wären.

Meine Aufgabe war es, am nächsten Morgen in die Schule zu gehen, mit den Lehrern und vor allem mit Helgas Mitschülern zu sprechen. Besonders intensiv unterhielt ich mich mit Maria Knut, die nicht nur eine Mitschülerin, sondern Helgas beste Freundin war. Die beiden Mädchen verbrachten fast täglich ihre freie Zeit miteinander. Maria hatte Helga auch zum Zirkus mitnehmen wollen. Aber Helgas Mutter hatte es nicht erlaubt.

Es vergingen weitere Tage, ohne dass sich eine brauchbare Spur herauskristallisiert hätte. Einige Kollegen neigten dazu, an die Entführung durch den Vater zu glauben. Allzu viel sprach nicht dafür. Warum sollte er nach Jahren plötzlich auftauchen und die Tochter kidnappen? Wir baten die Presse um Mithilfe. Der Fahrer des roten Autos möge sich melden. Wir waren an einem Punkt, wo wir das Schlimmste nicht mehr ausschließen konnten.

Unser Chef wollte sich das Antönchen noch einmal vornehmen. Gleichzeitig sollte der Teich am Gut ausgepumpt werden. Das Kind konnte hineingefallen oder auch hineingestoßen worden sein.

Ich wollte weitere Gespräche in der Schule führen, während die Kollegen sich weiter im Dorf umhören sollten. Die Erfahrung lehrt, dass erneute Befragungen unerwartet den entscheidenden Hinweis bringen können.

Als ich mich in einem Klassenzimmer mit einem Kind unterhielt, wurde plötzlich die Tür aufgerissen. Im Türrahmen stand Kollege Ballach und rief sehr aufgeregt: »Ich muss Sie sofort sprechen!«

So hatte ich diesen Mann bisher nicht kennengelernt. Er war zwar erst kürzlich zur Kripo gewechselt, aber als alter Schutzmann und erprobter Gewerkschaftsfunktionär nicht unerfahren. Sein Zustand erklärte sich schnell – er hatte Helga gefunden.

Kollege Ballach wusste nicht zu sagen, was ihn zum Haus Knut getrieben hatte. Es gab keinen konkreten Verdacht gegen Jan Knut. Aber am Haus Knut endete für uns der nachvollziehbare Weg, den Helga genommen hatte. Ballach hatte mit Frau Knut ein paar Worte gewechselt. Dann war er durch die Futterküche in den kleinen Hof gegangen, der von Schuppen und Stallungen umbaut war, auf deren Dächern Reisig und Bohnenstangen lagen. Ballach hatte eine Bohnenstange genommen und die Jauchegrube geöffnet. Als er mit der Stange in der Jauche gerührt hatte, war ihm ein Kinderarm entgegengekommen.

Ich ging mit Ballach zum Anwesen Knut, wo die Kindesleiche inzwischen geborgen worden war. Auch die anderen Kollegen waren eingetroffen. Wir standen stumm, wie gelähmt, manche um Fassung ringend, um den feingliedrigen Körper des achtjährigen Mädchens. Die meisten Kollegen waren erfahrene und erprobte Beamte, alle Väter, manche von gleichaltrigen Kindern.

Die Gefühle und die Betroffenheit solcher Momente lassen sich nicht beschreiben – auch nicht nach männlich oder weiblich aufgliedern. Ich habe das Bild heute noch im Kopf.

Mein Chef und ich führten die Vernehmung von Jan Knut durch. Er legte ein Geständnis ab. Jan Knut, der Vater von acht Kindern, hatte die Freundin seiner Tochter missbraucht und ermordet. Er hatte das Vertrauen des Kindes ausgenutzt. Die Obduktion bestätigte erhebliche Verletzungen im Schambereich. Nach dem sexuellen Missbrauch hatte Knut das Kind mit einem Kartoffelhäufler erschlagen.

Jan Knut erhängte sich im Polizeigewahrsam.

Erst nach seinem Geständnis erfuhr ich von der Ehefrau, wie sehr sie in der Ehe gelitten hatte, welchen Abartigkeiten sie ausgesetzt gewesen war, welcher Gewalt. Sie hatte es ihrer Kinder wegen ertragen, denen sie den Vater erhalten wollte. Leider ein weitverbreitetes Verhalten von Müttern, das Täter schützt und Taten ermöglicht.

◇

Volker Uhl: *Das Stillschweigen der Frauen scheint ein zeitloses Phänomen zu sein ...*

Wiltrud Wehner-Davin: Das war bei den damaligen Verhältnissen verständlicher. Die Frauen waren in der Regel vom Einkommen des Mannes abhängig. Was sollte aus einer Frau mit acht Kindern werden, wenn der einzige Verdiener wegfiel? Es gab noch keine Frauenhäuser. Die Abhängigkeit machte die Frauen blind.

Volker Uhl: *War es nicht belastend für Sie, solchen Verhältnissen hilflos gegenüberzustehen?*

Wiltrud Wehner-Davin: In meiner Arbeit als Sozialarbeiterin (Fürsorgerin) hatte ich vieles schon erlebt, ehe ich zur Polizei kam. Ich fühlte mich nicht hilflos. Mein Eingreifen beendete manchen Zustand, half den Opfern und manchmal auch den Tätern.

Volker Uhl: *Sie haben es bis zu Ihrem Ausscheiden 1973 zur Kriminalhauptkommissarin gebracht. Wie sahen Sie Ihre Rolle als Frau in der Polizei?*

Wiltrud Wehner-Davin: Mit Auflösung der Weiblichen Kriminalpolizei (WKP) in den Siebzigerjahren wurden die ersten WKP-Frauen offiziell zur allgemeinen Kripo versetzt und nahmen entsprechend ihrem Dienstrang Führungsaufgaben wahr. Vorausgegangen war eine allgemeine Entwicklung. Aus Höheren Fachschulen waren Fachhochschulen geworden, aus Fürsorgerinnen Sozialarbeiterinnen, die nach dem »Studium« bei den Behörden in den gehobenen Dienst übernommen wurden. Welche Frau sollte sich mit dieser Qualifikation noch für die Einheitslaufbahn der Polizei interessieren? Der dem geltenden Laufbahnrecht der Polizei entsprechende Nachwuchs blieb aus. So tendierten einzelne Länderpolizeien – auch NRW – dazu, das unterschiedliche Laufbahnrecht von Männern und Frauen und damit auch die Differenzierung ihrer Aufgaben zu beenden.

Nun probten wir Frauen, von denen man das Staatsexamen als Fürsorgerinnen oder Jugendleiterinnen bei der Einstellung zur Polizei verlangt hatte und die in der Regel im Mittleren Dienst ohne Aufstiegsmöglichkeiten arbeiteten, den Aufstand. Wir erreichten schließlich, trotz überschrittener Altersbegrenzung, zum Vorbereitungslehrgang für den Gehobenen Dienst einberufen zu werden. (Die älteste Lehrgangsteilnehmerin war vierundfünfzig Jahre alt; viele Kolleginnen dieser Altersgruppe trauten sich die Belastung nicht mehr zu und verzichteten auf die späte Möglichkeit des Weiterkommens.)

Ich wurde nach diesem Lehrgang mit zwei Kolleginnen auf Männer-Planstellen befördert und bei der allgemeinen Kripo eingesetzt.

Dafür gab es damals noch keine gesetzliche Grundlage. Mein Kripo-Leiter argumentierte: »Wenn ihr Frauen auf Männerstellen befördert werden wollt, dann müsst ihr auch Männerarbeit machen.«

Entsprechend meiner langjährigen Erfahrung sah ich kein Problem darin. Allerdings war es doch nicht so einfach. Vorurteile, wie z.B. Frauen könnten keine Männer vernehmen, verschleierten die Empfindlichkeit mancher Kollegen, Frauen als

Vorgesetzte zu akzeptieren. Vielleicht aber auch die Furcht, das Ansehen der Männlichkeit könne gefährdet werden.

Korrekterweise muss auch gesagt werden, dass viele WKP-Frauen sich gegen die Entwicklung stemmten und ihren Frauenverein erhalten wollten.

Männer und Frauen haben zwar eine unterschiedliche Sozialisation, aber trotzdem auch übereinstimmende Wesensmerkmale. Die Gefühlsduselei ist uns Frauen ebenso angedichtet worden wie den Männern ihr Heldsein.

Volker Uhl: *Was zeichnete Polizistinnen und Polizisten im Miteinander aus?*

Wiltrud Wehner-Davin: Das wortlose Verstehen in Extremsituationen, das eine Atmosphäre schafft, die in dieser Form anderen Mann/Frau-Verbindungen selten vergleichbar ist. Ich denke zum Beispiel an den zuvor geschilderten Fall Knut. Da hockt man physisch und psychisch erschöpft zusammen, versucht, das Erlebte abklingen zu lassen, will nicht beschreiben, nicht erklären, nicht reden. Da muss eine Barriere überwunden werden, ehe der Einzelne wieder in die normale Welt der eigenen Familie zurückkehren kann.

Volker Uhl: *Würden Sie sagen, dass Ihnen trotz dieser Ereignisse die Arbeit Spaß gemacht hat?*

Wiltrud Wehner-Davin: Spaß ist das falsche Wort. Ich habe es nie bereut, Polizistin geworden zu sein. Ich hatte immer den Eindruck, hier ist was zu tun, meine Arbeit macht einen Sinn.

Ich war sehr mit meiner Arbeit verbunden. Und dies blieb auch nach meiner Heirat 1973 so, obwohl ich die Polizei verließ und mit meinem Mann nach Bayern zog. Mein Mann war als Kriminalbeamter in Düsseldorf 1970 in Pension gegangen. Unser gemeinsamer Beruf blieb ein starkes Bindeglied, wenn auch der Umgang mit dem Thema Polizei jetzt auf einer anderen Ebene stattfand. Mein Mann war Schriftleiter einer international bekannten Fachzeitschrift; er äußerte sich immer wieder zu aktuellen Diskussionen und schrieb u. a. ein Buch über die Geschichte der deutschen Kriminalpolizei. Auch ich schrieb für Presse und Rundfunk, besprach und redigierte Bücher. Gemeinsam nahmen wir an Fachtagungen teil und trafen uns mit Kollegen und Kolleginnen.

Volker Uhl: *Haben Sie zu Ihren Kolleginnen und Kollegen noch Kontakt?*

Wiltrud Wehner-Davin: Von meinen engeren Mitarbeitern lebt keiner mehr. Die »alten Düsseldorfer WKP-Frauen« haben sich noch viele Jahre lang monatlich getroffen. (Mein Mann und ich waren 1979 wieder nach Düsseldorf gezogen.) Geblieben sind drei Ehemalige, die noch in der Lage sind, zu einem Treffen zu kommen. Ich bin jetzt vierundachtzig Jahre alt. In dem Alter werden die Menschen, mit denen man verbunden war, immer weniger. Die Erinnerungen sind das Einzige, was bleibt.

Wir waren am Ende unserer Zeitreise angekommen. Vom Balkon aus beobachten wir die Sonne, die langsam hinter den Pappeln versank.

Ich gebe ihr zum Abschied die Hand. »Frau Wehner-Davin, vielen Dank für Ihr Vertrauen und Ihre Offenheit!«

»Keine Ursache, wir sind doch Kollegen.«

Freier Fall

von Beatrice Schreiber, Ravensburg

Meine Eltern waren nicht besonders begeistert, als ich ihnen nach meiner Ausbildung als Technische Zeichnerin eröffnete, dass ich Polizistin werden wolle. Ich hatte zwar ein loses Mundwerk, aber mit meinen einsvierundsechzig stelle ich nicht gerade eine imposante Person dar.

Ich wollte zur Polizei, weil ich überzeugt war, dass man mich dort als Frau braucht. Die meisten Frauen haben eine andere Art, mit Menschen und Situationen umzugehen. Wir versuchen mit dem Gegenüber ins Gespräch zu kommen, hören zu und fühlen uns so in ihn ein, ehe wir zur Tat schreiten. Vielleicht machen wir dies aber nur, um unsere fehlende körperliche Kraft auszugleichen.

Übermotiviert trat ich nach zweieinhalbjähriger Ausbildung meinen Dienst an. Die Straßen des Schwarzwaldes waren mein Revier. Dort, wo die Welt noch in Ordnung ist und das Highlight des Nachtdienstes im Aufklappen der Schneewarntafeln auf dem Feldberg besteht, wenn dieser durch den Schnee nahezu unpassierbar wurde. Doch wo blieben meine Herausforderungen?

Kurz nach zwanzig Uhr klingelte der Notruf. Mein Nachtdienst an diesem Gründonnerstag hatte gerade begonnen.

»Kommen Sie schnell, auf der Gutachtalbrücke ist einer auf das Gitter geklettert. Der will bestimmt runterspringen! Kommen Sie schnell!«

Zusammen mit Klaus, meinem Bärenführer, raste ich zur Brücke.

»Oje, das wäre dann der Zwanzigste!«, seufzte Klaus. Er war mit seinen fünfundvierzig Jahren schon lange beim Revier. Ich wurde ihm als erfahrenem Beamten zugeteilt, als ich vor zwei Monaten zum Revier kam.

»Wie lange steht die Brücke denn schon?«, fragte ich nach.

»Zehn Jahre, schätze ich. Ja, ich bin mir sicher, dass die Einweihung 1987 war. Seither ist ein regelrechter Suizidtourismus entstanden. Die kommen von überall her«, erklärte er mir und drückte dabei das Gaspedal durch, um einen Laster zu überholen. »Solange der noch oben steht, können wir was machen. Danach ist es zu spät.«

Wir passierten das grüne Hinweisschild mit der gelben Schrift: Gutachtalbrücke, Höhe: 97 Meter.

Es dämmerte.

Wir entdeckten die Person am höchsten Punkt der Brücke hinter dem zwei Meter hohen Stahlgitterzaun.

Klaus parkte den Streifenwagen in etwa zehn Meter Entfernung auf der Fahrbahn. Einen Standstreifen gab es nicht. Klaus ließ Blaulicht und Warnblinkanlage zur Absicherung eingeschaltet.

An der Fahrbahn entlang verlief in Höhe eines halben Meters ein Betonsockel. Dahinter befand sich gleich das hüfthohe Brückengeländer. Der Zaun war an der Talseite des Geländers auf einer Länge von dreißig Metern angebracht. Er verhinderte, dass die vom Schneepflug zur Seite geräumten Schneemassen auf die im Tal verlaufende Straße fielen.

Der junge Mann war bereits über den Gitterzaun geklettert. Mit seinen braunschwarzen Turnschuhen schien er einen einigermaßen sicheren Stand zu haben. Er hielt sich an den Querstreben des Stahlgitters fest, klammerte sich noch ans Leben.

»Hey, ich bin die Beatrice Schreiber! Willst du mir vielleicht deinen Namen sagen?« Ich hielt es für eine Chance, ihn mit seinem Namen ansprechen zu können. Klaus stellte sich ebenso vor.

»Ich heiße Merde«, antwortete er.

Ich schmunzelte.

»Ja, ja, ich weiß«, fuhr er fort, »das heißt Scheiße auf Französisch.«

»Wie alt bist du?«, fragte ich weiter.

»Ich bin neunzehn.«

Mittlerweile waren noch zwei Rettungssanitäter und ein Notarzt eingetroffen. Er redete weiter, schaute dabei nur mich an.

»Ich hab mir heute von einem Kumpel sein Auto geliehen, um einen Ort zum Sterben zu finden. Da hab ich die Brücke entdeckt. Jetzt war ich noch 'ne Pizza essen. Das Auto hab ich unten auf dem Parkplatz hingestellt. Ihr könnt es meinem Kumpel zurückbringen, wenn ich gesprungen bin.«

Ich griff in meine Anoraktasche und holte die Packung Gauloises heraus, die ich mir auf dem Weg zum Nachtdienst gekauft hatte. Ich riss die Packung auf, holte eine Zigarette raus und zündete sie an. Das Zellophanpapier steckte ich in die Tasche.

»Möchtest du auch eine?« Bestimmt schafft das eine bessere Gesprächsbasis. Wenn er sie annimmt, fühlt er sich vielleicht verpflichtet, mit mir zu reden. Ich hab ihm dann ja einen Gefallen getan. Gedanken der Hoffnung.

»Ja, gib mir auch eine!«, bat er mich.

Er kam mit seinem Gesicht dicht ans Gitter. Ich steckte ihm die Zigarette in den Mund und zündete sie an.

»Ich hab noch eine Schachtel Marlboro im Auto. Wenn ich gesprungen bin, kannst du die nehmen.«

»Warum willst du springen?«, fragte ich weiter. Ich hatte Sorge, dass er sprang, sobald unser Gespräch ins Stocken geriet.

Keine Antwort.

»Hast du 'ne Krankheit, oder hat dich deine Freundin sitzen lassen?« Ich stocherte herum. Fragte nach Schulden, Arbeitsplatz, Eltern. Eben nach all den Gründen, die mir einfielen, weshalb ein Mensch sich umbringen könnte. Nichts. Er wich mir aus.

»Bist du besonders ausgebildet, um mit so 'nem Typ wie mir zu sprechen?«, fragte er.

»Weißt du, ich bin erst seit Kurzem mit meiner Ausbildung fertig. Mir fehlt da noch die Erfahrung. Das wäre echt tragisch für mich, wenn du springst. Komm doch rüber und lass uns in aller Ruhe reden!«

»Kann ich noch eine Zigarette haben?«

Wieder kam er mit seinem Gesicht dicht an das Gitter. Wir kamen uns wieder sehr nahe. Hätte ich den Arm ganz ausgestreckt, hätte ich den Flaum an seiner Wange berühren können. Wenn er doch nur auf einem Dach gestanden hätte, dann hätten Klaus und ich jetzt zugreifen und ihn mit einem Ruck von der Todeskante wegziehen können. Doch uns blieb nur die Chance, ihn zum Klettern über den Zaun zu bewegen.

Er ließ seine rechte Hand los, griff durchs Gitter nach der Zigarette und steckte sie in den Mund. Ich gab ihm mein Feuerzeug. Er zündete die Zigarette an und gab mir das Feuerzeug zurück. Er hielt sich wieder mit beiden Händen fest. Die Arme hatte er angewinkelt.

Ich merkte, dass er in seinem dünnen Sweatshirt fror.

»Willst du nicht rüberklettern? Dann können wir im warmen Streifenwagen eine rauchen«, bat ich, flehte ihn fast an.

Es war frustrierend, dass uns sonst keine Möglichkeit blieb. Aber ich gab die Hoffnung nicht auf. Schweigend rauchten wir die Zigarette.

»Du bist nett, aber ich bin ein serbischer Dickschädel, und ich werde springen.«

Im Licht der Scheinwerfer konnte ich sein kurzes Lächeln in der inzwischen stockfinsteren Nacht erkennen.

Klaus hatte schon vor einiger Zeit über Funk versucht, Verstärkung zur Absperrung und einen Psychologen oder einen besonders ausgebildeten Beamten für solche Lebensmüde zu erreichen. Beides hatte nicht geklappt.

Die Rettungssanitäter und der Notarzt warteten einige Meter neben uns.

Ich redete weiter. Suchte nach den Worten, die ihn zum Aufgeben bewegen könnten.

»Komm, jetzt mach keinen Mist und klettere wieder zu uns rüber. Ich möchte nicht, dass du springst. Du bist doch noch so jung.«

»Gib mir lieber noch eine Zigarette!« Wir rauchten gemeinsam noch eine. Wir redeten, wir rauchten, wir schwiegen, ich hoffte, aber er blieb jenseits des Gitterzauns.

Dann fragte er mich: »Wie spät ist es jetzt?«

Ich schaute auf meine Armbanduhr.

»Halb elf«, antwortete ich.

»Dann wird es Zeit, dass ich springe.«

Er schaute mich dabei an. Er hatte dunkle Augen. Er lächelte, streckte die Arme durch, sein Oberkörper bewegte sich von der Brücke weg, und dann ließ er los.

Ich drehte mich sofort um und rannte mit Klaus zum Streifenwagen. Wir wendeten und rasten ins Tal. Falls er auf die Straße gefallen war, wollten wir verhindern, dass Autofahrer gefährdet würden.

»Da kannst du nichts machen, Bea«, zerstreute Klaus meine Gedanken. »Du hast dir wirklich alle Mühe gegeben.«

»Ich hatte so gehofft, dass er noch rüberklettert …«

Er lag auf dem Rücken mitten auf dem Asphalt. Ich leuchtete ihn mit meiner Taschenlampe ab. Äußerliche Verletzungen konnte ich nicht sehen. Nur seine Gürtelschnalle war durch den Aufprall weggebrochen und lag neben ihm. Klaus suchte am Hals nach seinem Puls. Wie erwartet war er tot.

Wir sperrten die Straße und ließen über Funk die Kripo verständigen.

Klaus durchsuchte ihn nach einem Ausweis. In seiner Hosentasche fand er eine Klassenarbeit, unter der mit Rot eine 6+ stand. Muss denn ein Ungenügend für eine Klausur gleich ein Ungenügend fürs Leben bedeuten?

Ich griff in meinen Anorak und holte die Zigaretten raus. Es waren noch drei in der Schachtel. Ich zündete mir eine an.

Ich leuchtete ihm nochmals ins Gesicht. In seinen gebrochenen Augen erkannte ich meine Hilflosigkeit. Erkannte, dass es für mich als Polizistin Herausforderungen gibt, die mir, ebenso wie den Kollegen, meine Grenzen aufzeigen.

Merde!

Berliner Luft

von Ann-Katrin Hansen, Berlin

Anfang November 2003, ich hatte vor knapp einem Monat meine Ausbildung bei der Berliner Polizei beendet, wurde ich aus der sicheren Polizeiunterkunft auf mein erstes Polizeirevier versetzt. Alles war neu für mich, und ich war gerade dabei, mich an die Kollegen der Dienstgruppe, an den aufreibenden Schichtdienst und an meine Arbeit mit den Menschen auf der Straße zu gewöhnen. Noch war ich polizeilich unerfahren und rein wie ein unbeschriebenes weißes Blatt, hatte weder Ahnung von den Brennpunkten in meinem neuen Abschnitt noch von den Problemen der Menschen, die in meinem Zuständigkeitsbereich wohnten. Aber eines war ich ganz gewiss: motiviert bis in die Haarspitzen!!!

Ich wollte alles sehen, alles wissen, wollte bei jedem Einsatz dabei sein, deshalb versuchte ich auch jeden zusätzlichen Dienst zu besetzen, der anfiel. Nach zwei Jahren theoretischer Polizeiarbeit auf der Polizeischule wollte ich endlich selbst meine Erfahrungen machen und wissen, wie es ist, mit »echten« Menschen zu arbeiten, anstatt sich in langweiligen Rollenspielen in der Lehrabteilung zum Gespött der Kollegen zu machen.

An einem verregneten und verdammt kalten Abend besetzte ich mit Ecki eine Zusatzstreife. Ecki hatte ich erst an diesem Abend kennengelernt, aber er war mir sofort sympathisch, denn er wollte nicht (wie so viele andere Kollegen) ständig den Lehrmeister für mich mimen – nein, er war sofort Kumpel und gab mir das Gefühl einer gleichberechtigten Partnerin.

Es gab nicht besonders viel zu tun, und so widmeten wir uns ein paar falsch geparkten Autos. Als der Feierabend näher rückte, wurde es noch ungemütlicher draußen, und wir beschlossen, den Rest der Zeit auf der Dienststelle zu verbringen. Wir setzten uns in unseren Funkwagen, und Ecki zündete sich genüsslich eine

Zigarette an. Dazu gab er einen Abriss seiner komischsten Einsätze zum Besten. Wir lachten herzhaft, als wir langsam an eine rote Ampel heranfuhren. Ecki blies, noch immer lachend, den Qualm seiner Zigarette aus dem leicht geöffneten Fenster, während es draußen unaufhörlich weiterregnete.

Plötzlich gab es einen lauten Knall. Irgendwas muss unser Auto getroffen haben, war mein erster Gedanke. Instinktiv duckte ich mich und blickte dann rüber zu Ecki. Er saß auf dem Fahrersitz, den Blick nach vorn gerichtet, ohne etwas zu sagen. Und plötzlich sah ich das zersprungene Seitenfenster neben ihm. Wie war das möglich? Was war überhaupt passiert?

Unfähig, einen klaren Gedanken zu fassen, gelähmt und außerstande, auch nur ein Wort zu sagen, durchfuhr es mich plötzlich: Wir müssen weg hier, verdammt, wir müssen weg hier! Irgendwie waren die Worte doch noch über meine Lippen gerutscht, und Ecki brauste los, achtete nicht auf die rote Ampel, fuhr einfach los, nur weg von hier. Nach ein paar hundert Metern brachte er unseren Funkwagen zum Stehen und sah mich mit leerem Blick an.

Erst jetzt bemerkte ich, dass sein Hemd nicht mehr beige war, nein, es hatte sich fast völlig zu tiefem Rot verfärbt. Gedanken rasten durch meinen Kopf, Verzweiflung, Angst und Wut, und wie in Trance griff ich nach dem Funkgerät. Ich forderte einen Rettungswagen und Unterstützungskräfte an. Die Antwort auf die Frage nach dem Warum blieb ich schuldig. »Ich weiß es nicht, aber bitte schicken Sie Verstärkung!« Das war alles, was ich noch sagen konnte. Dann sah ich Ecki an. Er saß zusammengesunken neben mir, sein Blick schien sich immer weiter von mir zu entfernen. Fast wie in Zeitlupe lief die Szene an mir vorbei. Immer wieder sah ich auf das zersprungene Fenster, auf meinen Kollegen Ecki, auf das ganze Blut und fühlte mich selbst so wahnsinnig hilflos. Mein Instinkt sagte mir, ich solle besser nicht aussteigen.

Die Minuten verrannen, und während ich noch darüber nachdachte, was zu tun sei, tauchte ein Rettungswagen auf. Ein Sanitäter öffnete die Fahrertür und redete auf Ecki und mich ein.

In düstere Gedanken versunken, nahm ich seine Worte nicht wahr.

Weitere Sanitäter erschienen, sprachen mit mir, doch ich konnte sie nicht hören. Sie zogen Ecki aus dem Wagen und brachten ihn fort. Plötzlich war ich allein im Wagen – ganz allein in der Dunkelheit. Ewigkeiten später erschien wieder ein Sanitäter und drückte mir Eckis Waffe und das Ersatzmagazin in die Hand. Er fragte, ob alles okay mit mir sei, und wie in einem Traumzustand nickte ich einfach. Dann verschwand er, und der Rettungswagen fuhr davon.

So saß ich nun, Eckis Waffe in den Händen haltend, allein in dem kaputten Auto, und tausend Gedanken rasten durch meinen Kopf. Wie viel Zeit verging, weiß ich heute nicht mehr, aber plötzlich bemerkte ich, dass viele Schaulustige um den Funkwagen herumstanden und mich und das Auto betrachteten. Mir wurde mulmig, eine Mischung aus Angst, Hilflosigkeit und Wut machte sich in mir breit und löste den Schock und meine Starre, in die ich verfallen war. Ich schrie die Leute an, sie sollten abhauen, hier gebe es nichts zu sehen, und erreichte damit nur, dass sich noch mehr Neugierige um meinen Wagen versammelten. Ich betete, die angeforderte Unterstützung möge schnell kommen. Ich hatte Angst. Verdammt noch mal, sie sollten endlich kommen!

Dann endlich erschien ein Funkwagen vom Nachbarabschnitt, Kollegen, die ich noch nie in meinem Leben gesehen hatte. Ich dachte nur: Endlich! Endlich nicht mehr allein!

Doch die von mir so dringend erwarteten Kollegen schlenderten lässig, fast gemütlich zu mir herüber, und mit einem breiten Grinsen im Gesicht fragte einer der beiden: »Na, alles klar mit dir? Was'n los hier, Kleene?«

Was ich jetzt überhaupt nicht gebrauchen konnte, waren selbstgefällige, obercoole Kollegen, die sich offensichtlich des Ernstes der Lage nicht bewusst waren. Ich war zwar inzwischen den Tränen nahe, konnte sie aber noch zurückhalten. Nein, vor diesen Idioten würde ich mir nicht die Blöße geben! Ich nickte nur und gab den beiden Kollegen Eckis Waffe. Dann deutete ich auf das kaputte Seitenfenster, und beide traten an den Funkwagen. Erst als sie den Fahrersitz und den Fußraum mit ihren Taschenlampen ausleuchteten, sahen sie mich plötzlich mit kalkweißen Gesichtern an. Der zuvor schwarze Stoff des Fahrersitzes war durch und durch mit Blut getränkt, und eine große Blutlache hatte sich im Fußraum ausgebreitet.

Einer schob mir dann eine brennende Zigarette zu und fragte, plötzlich immer hektischer werdend, was passiert sei. Wie, wann, warum, wer …?

»Ich weiß es doch nicht!«, schrie ich ihn an. Tränen liefen mir über die Wangen. Es kam einfach über mich, ich verlor die Beherrschung.

Der Kollege telefonierte, und während er wild mit den Armen in der Luft herumfuchtelte, färbte sich die Strasse blau. Ein Meer aus Blaulichtern. Innerhalb von Sekunden, so kam es mir vor, tauchten weitere Streifen auf. Kollegen in Uniform oder auch in Zivil mit ihren Polizeiarmbinden bevölkerten die Straße, rannten aufgeregt umher, sperrten die Straße ab und schoben die Schaulustigen weg.

Niemand kam zu mir, niemand redete mit mir, es war, als wäre ich überhaupt nicht vorhanden, niemand, der mich aus meinem bösen Traum erlöste. Ich gab mir Mühe, nicht den Verstand zu verlieren.

Die Zeit verging, bis endlich ein in Zivil gekleideter Mann sich als Kollege des Landeskriminalamtes vorstellte und mich aus meiner Erstarrung befreite, mit sich nahm und in einen Gruppenwagen zur Vernehmung schob. Jedes Gefühl für Raum und Zeit war in mir verloren. Immer wieder fragte er mich, doch ich konnte ihm keine neuen Erkenntnisse liefern. Schließlich brachte man mich auf mein Revier, doch meine eigene Dienstgruppe war inzwischen nicht mehr im Dienst. Wieder hatte ich nur fremde Gesichter um mich herum. Ich wollte nur noch nach Hause, weg hier, wollte duschen, noch mehr Zigaretten rauchen, vergessen, aber der Wachleiter erklärte mir, ich müsse unbedingt sofort einen schriftlichen Bericht fertigen, und so tippte ich alles, was mir in diesem Moment noch einfallen wollte, auf das leere Blatt Papier.

Ich muss zugeben, auch wenn ich die Kollegen aus dieser Dienstgruppe nicht kannte, kümmerten sie sich rührend um mich. Sie versorgten mich mit Kaffee, Zigaretten und waren einfach da. Und zum ersten Mal an diesem Abend hatte ich das Gefühl, nicht mehr allein zu sein und langsam wieder in die Normalität zurückzufinden.

Als ich den Bericht schloss, war es weit nach Mitternacht, und ich sehnte mich nach meinem Bett. Der Wachleiter verbot mir, selbst mit dem Auto nach Hause zu fahren, und alleine sollte ich besser auch nicht bleiben. So ließ ich mich zu meinem Exfreund fahren, der sich erst ein paar Tage zuvor von mir getrennt hatte, und hoffte, dass er mich aufnahm. Wo sollte ich denn sonst auch hin?

Er war lieb zu mir, kochte mir die ganze Nacht hindurch einen Tee nach dem anderen, hörte sich hundertmal die Geschichte an, und endlich konnte ich auch meinen Tränen freien Lauf lassen. Am nächsten Morgen fuhr er mich zu mir nach Hause. Dann war ich wieder allein. Allein mit meinen Gedanken. Allein mit der Angst, die sich tief in mir eingegraben hatte.

Ein paar Tage später stellte sich heraus, dass ein achtzehnjähriger irakischer Junge eine knapp dreißig Zentimeter lange, angespitzte Eisenstange auf den Funkwagen geworfen hatte. Diese hatte die Seitenscheibe der Fahrertür durchbohrt und Eckis Hals erwischt, bevor sie in den dunklen Fußraum unseres Streifenwagens gefallen war. Ich war viel zu schockiert gewesen, um die Stange zu bemerken. Sie wurde erst bei der Untersuchung der Kriminaltechnik im Wagen aufgefunden. Die Eisenstange hatte Eckis Halsschlagader und den Kehlkopf nur um Millimeter verfehlt – ein Wunder, hatten die Ärzte im Krankenhaus zu Ecki gesagt.

Der Täter wurde eine Woche später festgenommen, nachdem er im Kiez mit seiner Tat geprahlt hatte. Im folgenden Gerichtsverfahren gab er an, es lediglich auf das Blaulicht des Streifenwagens abgesehen zu haben. Ein Spaß, mehr nicht.

Der Richter glaubte ihm, und so wurde aus einem versuchten Tötungsdelikt eine fahrlässige Körperverletzung und ein gefährlicher Eingriff in den Straßenverkehr. Zwei Jahre Jugendstrafe schienen dem Gericht hierfür angemessen.

Ecki fährt heute nur noch selten Funkwagen, meist versieht er seinen Dienst auf der Wache. Wir aber haben seitdem ein ganz besonderes Verhältnis zueinander.

Auf dem Kriegspfad

von Regina Conrad, Köln

»Wir wollten keine Frau und vor allem nicht so eine kleine.«

Komisch, Sabine hatte mir erzählt, dass ihr der Kaffee eingeschenkt wird, sie ab und zu sogar eine Rose bekommt und nach dem Spätdienst nach Hause geleitet wird.

Meine Jungs waren da einfach eine Spur härter mit mir, einer der ersten Frauen auf ihrer Wache. Mit einem hatten sie recht: Ich bin klein, und deshalb backte ich erst einmal kleine Brötchen.

Nach dieser Begrüßung konnte ich noch nicht erahnen, dass wir zu einem eingeschworenen Team zusammenwachsen würden.

Franz konnte ich anfangs gar nicht leiden. Er saß immer auf der Polizeitheke, ließ die Füße baumeln und schmiss Stichworte in den Raum, woraufhin die Kollegen in Erinnerungen an alte Polizeieinsätze schwelgten.

Nach einigen Wochen glaubte ich alle Geschichten zu kennen. Doch als der Einsatz »Mann läuft mit einer Axt hinter seiner Frau her« hektisch gemeldet wurde, fiel mir dazu keine Story meiner Jungs ein.

Franz hüpfte gelassen von seinem Tresen und nickte mir zu, dass dies unser Einsatz sei. Auf der Fahrt schimpfte er, dass der Notruf leider nicht mehr auf unserer Wache auflief, sondern jetzt alles über die Leitstelle verteilt wurde und die dort gern mal die Welle machten.

»Mach dir keinen Kopf wegen dem Einsatz, ich kenne das Paar, denen ist nur langweilig, die sind völlig harmlos.«

Die Gegend war sehr schön, am Waldrand direkt an mehreren Seen gelegen. Mittenrein hatte die Stadt Sozialwohnungen gebaut. Neben den liebevoll gepflegten Eigenheimen wohnten jetzt Arbeitslose und viele Alkoholkranke. Die feierten am liebsten im

Garten unter ihren selbst aufgestellten Pavillons, und das bereits ab zwölf Uhr mittags.

Vorbei am letzten Haus mit blühenden Kletterrosen und Tulpen im Vorgarten tauchten wir in den sozialen Brennpunkt ein. Ich traute meinen Augen nicht, als eine zierliche Frau zunächst über die Straße in einen der Sozialbauten flitzte und kurz darauf wieder im Freien erschien, verfolgt von einem Mann mit einer erhobenen Axt. Dann drehte die Frau um und verschwand erneut im Haus.

»Das sieht aber gar nicht harmlos aus, Franz!« Ich tastete nach meiner Waffe und dem Reizstoffsprühgerät.

»Vertrau mir, lass mich nur machen!«, sagte Franz und ging gemächlich schlendernd den beiden in die Wohnung hinterher.

»Herr Metteler, wo ist der Hund?«

Ich stand höchst angespannt hinter Franz in der winzigen Wohnung: zwei Zimmer, kleine Küche mit Essplatz und Wohn- und Schlafzimmer. Alles irgendwie düster. Der Fernseher hing in der Küche in Kopfhöhe an der Wand. Es lief irgendeine Talkshow.

Meine Gedanken überschlugen sich: Wie weit ist der Abstand zu dem Mann mit der Axt, und was hatte da mein Kollege gerade gefragt? Wo ist der Hund? Was? Franz spinnt, wir stehen in einem winzigen Raum einem Mann mit einer Axt in der Hand gegenüber, und seine einzige Sorge gilt einem Hund.

»Der ist im Keller eingesperrt.«

»Alles klar, die Gefahr ist gebannt«, sagte Franz.

Herr Metteler schrie laut in der Wohnung rum und unterstrich seine Drohungen ständig mit einem Hochheben der Axt, als würde er sich gleich auf den Kriegspfad begeben.

Seine Frau saß auf der Couch und schien von der Axt in der Hand ihres Mannes nicht sonderlich beeindruckt.

Franz zeigte auf eine kleine Rötung an Frau Mettelers Hand.

»Herr Metteler, waren Sie das?« Franz machte ein absolut vorwurfsvolles Gesicht und blickte Herrn Metteler an.

»Nein, ehrlich nicht«, kam es samtweich von gegenüber. Herr Metteler legte die Axt zur Seite und kam zu seiner Frau, schaute sie an und fragte: »Tut das weh, Schatz, ist noch vom blöden Bügeleisen?«

»Ja, tut noch was weh«, sagte sie und schluchzte ein wenig.

Herr Metteler setzte sich zu seiner Frau auf die Couch und legte den Arm um sie. Die beiden kuschelten sich aneinander und schauten sich verliebt in die Augen. Herr Metteler streichelte dabei die kleine rote Stelle auf ihrer Hand.

Franz ging zur Axt, nahm sie an sich und fragte: »Ist wieder alles in Ordnung?«

Dankbar schaute das Paar uns an und nickte einträchtig.

Völlig verdattert stolperte ich hinter Franz her und versuchte aus seiner Mimik Antworten auf all meine Fragen herauszulesen. Er stoppte kurz am Abgang zum Keller, der mit einer Holzlattentür bis auf Hüfthöhe verschlossen war. Dahinter hockte ein alter, schwarzer, zerzauster Hund, Marke Wadenbeißer, der schon halb blind zu sein schien und uns unentwegt anknurrte.

»Das ist immer das Wichtigste, zuerst muss der Hund eingesperrt sein, der beißt nämlich.«

Dieser Köter, den man mit einem Fußtritt ins All befördern könnte? Ich konnte es nicht fassen.

Auf der Rückfahrt platzte mir der Kragen. »Was war das denn? Hättest du mir nicht mal was dazu erzählen können?«

»Ich hab dir doch gesagt, dass die harmlos sind.« Wir schwiegen uns an.

»Die beiden sind Alkoholiker, lieben sich abgöttisch, und er würde ihr niemals nur ein Haar krümmen. Einmal im Monat, wenn sämtliche Sendungen im Fernsehen geguckt sind und sie sich langweilen, holte er halt die Axt raus, und sie läuft über die Straße, damit die Nachbarn sie sehen. Die rufen dann die Polizei, wir fahren hin, reden ein bisschen mit denen, und das bringt für sie die Abwechslung in ihrer Beziehung. Wir nehmen die Axt mit, und morgen holt er sie wieder auf der Wache ab. Das passiert einmal im Monat, da kannste dich drauf verlassen.«

Franz behielt recht, einmal im Monat fuhr eine Streife dorthin.

Einige Monate später hatten wir einen Tag zur Förderung der Betriebsgemeinschaft. Der Dienstbetrieb wurde komplett von den Kollegen der Hauptwache übernommen. Und ausgerechnet an dem Tag hatte Familie Metteler wieder Langeweile und spielte ihr Ich-fang-dich-mit-der-Axt-Spiel.

Die Kollegen wussten nichts über unser Paar und griffen hart durch, um die gefährlich wirkende Situation zu bereinigen. Herr Metteler erlitt hierbei einen Bruch des Armes. Sie steckten ihn in eine unserer Zellen.

Wie ein Häufchen Elend saß Herr Metteler auf der Pritsche, als ich den Riegel zur Seite schob und die Zellentür öffnete. Er hatte Tränen in den Augen, als er in die Gesichter »seiner Polizisten« blickte.

Wir waren betroffen, dass die Sache so böse für Herrn Metteler ausging. Wir ärgerten uns, dass wir den Kollegen nichts von dem Axtspiel erzählt hatten. Aber wer konnte denn ahnen, dass der Monat schon wieder rum war?

Ein paar Monate später war ich mal wieder im Dienst, als der Einsatz »Mann läuft mit einer Axt hinter seiner Frau her« auflief.

»Mach dir keinen Kopf wegen dem Einsatz, ich kenne das Paar, denen ist nur langweilig, die sind völlig harmlos«, sagte ich zum Kollegen der Hauptwache, der unser Revier an diesem Tag unterstützte.

Meine erste Frage an Metteler war natürlich: »Wo ist der Hund?«

Während mein Kollege die ganze Zeit die Hand an der Waffe hatte, nahm ich Herrn Metteler in den Arm und flüsterte ihm zu, dass mein Kollege Angst vor der Axt habe.

Herr Metteler lachte und schaute mich fragend an: »Wirklich?«

»Ja, wirklich.« Im stillen Einvernehmen wechselte die Axt ihren Besitzer, und ich fuhr mit meinem fassungslosen Kollegen und der Axt zur Wache.

Danach bin ich keinen Axt-Einsatz mehr gefahren. Herrn Metteler habe ich noch öfter auf Streife getroffen. Hand in Hand mit seiner Frau. Jedes Mal gab es einen freundschaftlichen Plausch, und wer weiß, vielleicht reichte ihnen das alleine schon aus.

Glück im Leben

von Janine Binder, Köln

»Jugendliche Ladendiebe im Kaufhof.« Ich bestätige per Knopfdruck, mein Kollege rollt mit den Augen, und wir brausen los. Immer wieder werden Kids beim Klauen im Kaufhaus erwischt. Ein Standardeinsatz. Hinfahren, die meist schon fertige Anzeige des Ladendetektivs entgegennehmen, die Kinder in den Streifenwagen packen und zu ihren Eltern bringen. Bei den einen weiß man genau, die kriegen jetzt ordentlich 'ne Tracht Prügel, und insgeheim denkt man: Geschieht ihnen recht so. Bei den anderen weiß man genau, dass es ebenfalls 'ne Tracht Prügel setzt, aber nicht wegen des Diebstahls, sondern weil sie sich haben erwischen lassen. Die dritte Gruppe Ladendiebe ist die, bei denen man genau weiß, dass es den Eltern total egal ist, was ihre Kinder so treiben. Diese Kids tun mir einfach nur leid, und hin und wieder erübrige ich einen meiner Schokoriegel für eins von ihnen.

Diesmal kommen wir beim Kaufhof an, und die Tudols sitzen im Büro des Marktleiters. Was nicht ganz richtig ist, denn Tudol heißen nur die älteren Kinder der Familie, die jüngeren haben jeweils andere Nachnamen, die ich mir leider nie merken kann.

»Mandy, Ronny, was habt ihr wieder angestellt?« Betretene Blicke und Schweigen, auf dem Tisch liegen Süßigkeiten, die sie geklaut haben. Die Kids gehören zur letzten Kategorie der Ladendiebe. Ronny ist elf und seine kleine Schwester neun Jahre alt.

Wir packen sie in den Streifenwagen und fahren zur Wohnung, der Weg ist bekannt. Das Wohnhaus ziemlich unschön. Die Haustür lässt sich nicht schließen, im Flur liegen lose Müll und Abfall herum. Wenn ich am Treppengeländer runter in den Keller schaue, sehe ich schimmliges altes Gerümpel herumliegen. Überall riecht es nach Pisse.

Die zwei Tudols laufen vor mir her die Treppe hoch. Der

Ältere schließt die Tür auf. Niemand da. Wir spähen in alle Zimmer, im Wohnzimmer sitzt der kleine sechsjährige Bruder alleine vorm TV.

»Ist deine Mutter da?« Er antwortet nicht.

»Ey, Pissnase, is die Mama da?« Ronny schubst ihn leicht.

»Is weg«, kommt die zögerliche Antwort.

Keiner weiß, wohin oder wie lange. Wir entscheiden uns also, alle Tudol-Kinder mitzunehmen, alleine in der Wohnung lassen können wir sie nicht. Der Kleine baut sich im Sessel auf. »Ich geh nicht mit den Bullen mit.«

Ich packe ihn am Arm, doch er reißt sich los und flitzt hinter einen Sessel. Ich fange ihn ein und trage den zappelnden Zwerg hinter meinem Kollegen und den anderen beiden Kids her zum Streifenwagen. Er schreit, als wollte ich ihn umbringen, während ich ihn anschnalle.

»Halt die Fresse!« Seine Schwester rammt ihm einen Ellbogen in die Seite, und der Wurm verstummt.

Die Eltern sind telefonisch nicht zu erreichen. Zwei Stunden lang hocken die drei Kinder auf der Wache herum. Irgendwann kommt ein Kollege rein. »He, die kenn ich! Ruf mal den älteren Bruder an, der hat sie auch beim letzten Mal abgeholt. Der ist achtzehn.«

Ich tippe die Nummer, die er mir diktiert, ins Telefon. Sofort geht wer ran. Ich erkläre, was los ist, und bekomme zur Antwort: »Verfickte Scheiße, die doofen Wichsblagen! Ich komm sofort.«

Ich angele mir drei Schokoriegel aus der Tasche und gehe zurück zu den Kids.

»Du willst denen doch wohl nicht noch Schokolade geben für die Scheiße, die sie immer bauen?« Ich hebe die Schultern und schiebe stumm jedem einen Riegel hin. Sechs große Augen gucken mich an und beäugen dann die Schokoriegel. Vorsichtig schiebt sich der Kleinste den Riegel in den Mund und lässt mich nicht aus den Augen. Dann grinst er mich an.

Im Türrahmen erscheint mein Kollege mit einem Kerl neben sich. Kapuzensweater, weite, in den Kniekehlen hängende Jeans, Goldkette.

Er zeigt mir seinen Ausweis und unterschreibt die Übergabe seiner Geschwister mit Enrico Tudol. Im Rausgehen langt er seinem kleinen Bruder eine und zischt: »Ich hab gesagt, ihr sollt nicht mit die Zigeuner klauen gehen!«

Dann schubst er die Kinder vor sich her aus der Wache. Ich gucke ihnen einen Moment lang nach und zucke dann die Achseln.

Zwei Wochen später, wir werden zu einer Streitigkeit gerufen.

Vier Jugendliche stehen auf einem Parkplatz und brüllen sich an. Als wir dazukommen, wollen sich erst mal alle aus dem Staub machen. Bleiben dann aber doch zögerlich stehen.

»Verpisst euch, wir kommen auch so klar!« Enrico Tudol steht vor mir.

Gleiches Outfit wie letztes Mal. Kapuzenjacke, Jeans und Goldkette. Wir diskutieren ein bisschen, aber keiner rückt mit der Sprache raus. Zu Straftaten ist es wohl nicht gekommen, und so geben wir uns zufrieden, als sie in unterschiedliche Richtungen auseinanderstreben.

Ich tippe Tudol auf die Schulter: »Was machen deine Geschwister?«

»Was geht dir das an?«

Ich sehe ihn schweigend an. Er macht eine ausholende Geste mit der Hand und deutet auf die Hochhäuser, den Müll auf der Straße.

»Schlagen uns durch. Wir kommen klar. Ich pass auf die Blagen schon auf.« Dann geht er.

Ich sehe ihm nach, dann kicke ich eine der auf dem Boden liegenden Coladosen zur Seite und steige in den Streifenwagen.

Mein Kollege grinst. »Kleiner Assi, aber ungefährlich.«

Schweigend hänge ich meinen Gedanken nach. Denke an meine Kindheit. Ein Einfamilienhaus, meine Geschwister, eine kirchliche Schule, Hobbys und der Reitstall. Dann sehe ich zu den Wohnbunkern hoch. Dreißig Stockwerke, bepisste Treppenhäuser, Graffiti im Hausflur, Glasscherben im Eingang, aufgebrochene Briefkästen, defekte Aufzüge.

Wohnt irgendwer wirklich freiwillig hier?

Unwillkürlich schüttele ich mich – keine Zeit, drüber nachzudenken, der nächste Einsatz ruft.

Wieder ein paar Tage später, der Dienst tröpfelt so vor sich hin. Wir fahren zu einigen kleinen Einsätzen, aber alles eher unspektakulär. Unfälle, eine Streitigkeit, Kleinigkeiten.

Dann der nächste Einsatz: »Kind wurde mit Totschläger geschlagen. Befindet sich nun in der elterlichen Wohnung.«

Die Leitstelle gibt die Adresse durch. Ich denke kurz daran, dass die Tudols dort wohnen. Dann braust der Kollege auch schon los. Am Hauseingang bietet sich uns das gleiche Bild wie immer. Dreck, Müll, verrostete Fahrräder. Die Haustür steht offen. Sie hängt so schief in den Angeln, dass sie sich nicht mehr schließen lässt. Es stinkt nach Fäkalien. Über den Boden krabbeln irgendwelche Käfer. Wir steigen die Stufen hoch. Auf der Treppe schon höre ich ein Kind weinen. Ich atme flach durch den Mund, um den Pissegeruch nicht so wahrzunehmen. Die Wohnungstür der Tudols steht offen, Enrico hockt im Flur auf dem Boden und bindet sich die Turnschuhe.

»Wo willst du hin?« Ich spare mir die Begrüßung.

»Den kauf ich mir, das Schwein!« Wir schütteln die Köpfe. Er lässt die Schultern hängen und trottet hinter uns her in die Wohnung, ohne dass ich oder mein Kollege mehr sagen müssten.

Die Wohnung ist ordentlich, kleine Lampen verbreiten ein schummriges Licht, man sieht den Dreck nicht so. Es ist gemütlich. Im Wohnzimmer sitzen Mandy und der Kleinste, Kevin, verstört auf dem Sofa. Als sie mich sehen, lächeln sie schüchtern. Ronny liegt neben dem Sofa am Boden und weint. Er hat ein fieses Veilchen, und Blut läuft aus seinem Mundwinkel. Neben ihm kniet eine Frau. Mit fahrigen Bewegungen versucht sie, ihn zu beruhigen.

»Frau Tudol?« Sie sieht mich an. Sie ist sehr dünn, und ihr Gesicht wirkt ausgemergelt. Dunkle Ringe hat sie um die Augen, und eine Augenbraue zuckt in einem Tic immer wieder in die Höhe.

»Mickartz. Tudol hieß ich früher mal.« Sie reicht mir vorsichtig die Hand. Ronny heult immer noch. Langsam bringen wir in Erfahrung, was passiert ist. Die Kinder waren wohl auf der Straße und haben an einem Kiosk herumgelungert. Wie immer. Irgendwie ist es mit einem der Erwachsenen zum Streit gekommen, und der hat dann mit einer Eisenstange um sich geschlagen.

Der kleine Kevin sagt: »Ich bin weggerannt, wie als du mich mitnehmen wolltest.« Er zeigt auf mich.

»Na, das kannst du ja ziemlich gut.« Ich zerwuschele ihm die Haare.

Er grinst von einem Ohr zum anderen und schielt auf meine Tasche. »Hast du wieder Schokolade dabei?«

Ich zaubere ein Päckchen Kaugummis hervor und gebe es ihm.

»Wie sagt man?«, kommt es von seiner Mutter.

»Danke schön. Der Mann hatte übrigens lange Haare und 'ne weiße Jacke an …« Der Rest geht im Geschmatze des Kaugummis unter.

Enrico tigert in der Wohnung auf und ab. »DEN HAU ICH UM, DIE SAU!« Dann rauscht er zur Tür raus.

Ronny hat aufgehört zu weinen und sieht mich an. Seine Unterlippe zittert. »Wir haben nix gemacht, der hat fiese Ausdrücke zu uns gesagt. Ich hab so Kopfweh.« Er weint wieder.

Ich notiere alles und rate Frau Mickartz, mit ihm ins Krankenhaus zu fahren, das Veilchen gefällt mir nicht.

Ich sehe mich noch mal in der Wohnung um. Eine Welle von Mitleid wallt in mir auf, und ich muss schlucken und meine eigentlich nicht vorhandenen mütterlichen Instinkte unterdrücken. Im Rausgehen streiche ich dem Kleinsten über den Kopf.

»Ihr sperrt den doch ein, oder?« Seine großen Augen blicken mich an, und er schmatzt mit dem Kaugummi.

Ich lächele ihm zu und weiß, dass wir uns Mühe geben werden, auch wenn seine Beschreibung etwas dürftig ist.

Vorm Haus lungert Enrico rum. »Nun zu dir.«

Er sieht mich an wie ein bockiges Kind.

»Wenn du rausfindest, wer das war, kommst du zu uns. Wenn du jetzt schon weißt, wer es war, dann sagst du es mir.«

Er stiert weiter zu Boden.

Ich stoße ihn leicht mit der Hand an. »Enrico, du bist auf Bewährung draußen. Wenn du dem Kerl was tust, gehst du in den Bau, und deine Geschwister sind alleine. Deine Mutter ist arbeiten oder tut sonst was, du hast Verantwortung. Wir machen das für dich. Komm zu uns, wenn du rausfinden solltest, wer es war!«

Er spuckt vor mir auf den Boden. »Jaja …«

Er denkt kurz nach und sieht mir zum ersten Mal in die Augen. »Meine Mutter ist 'ne gute Mutter.«

Ich nicke und gehe zum Streifenwagen.

Wieder denke ich an meine Kindheit. Ich sehe mich unbeschwert lachen, unseren Garten, mein Zimmer, das genauso groß ist wie die ganze Wohnung, in der die Tudols wohnen. Ich sehe mein Kindermädchen, das für mich da war, wenn meine Mutter arbeitete, und meine Mutter, wie sie meine Lieblingsspeise kocht. Ich sehe meinen Vater, wie er mit uns zu Reitturnieren fährt.

Ich erkenne all das Glück, das ich hatte.

Mein Leben, ihr Leben

von Moni Zygmann, Brühl

Als einzige Frau in der Dienstgruppe hatte ich mich irgendwann daran gewöhnt, bei jedem Sittendelikt an vorderster Front mitzukämpfen und die entsprechende Anzeige aufzunehmen. Und bei jeder Tat stellte ich mir die Frage, weshalb die Geschädigten ausschließlich mit einer weiblichen Beamtin sprechen wollten. Ich täte dies jedenfalls nicht, respektiere aber den Wunsch der Frauen.

Ich habe sie alle erlebt. Sei es das eingeschüchterte Mädchen, das mit ihrer Mutter zur Wache kommt und Anzeige erstattet. Dabei stellt sich heraus, dass die Mutter das Mädchen dazu zwang. Sie zwang ihre Tochter, mir alles zu erzählen, was ihr angetan wurde. Und dabei wird sie ganz rot und stotterte vor sich hin. Es ist ihr peinlich, vor ihrer Mutter darüber zu reden. Trotz meiner Bitte wollte diese nicht den Raum verlassen.

Sei es das Partygirl, das nach einer durchzechten Nacht in der Innenstadt angetroffen wird und noch nicht einmal den vollständigen Namen ihres Begleiters nennen kann. Man verbrachte den Abend gemeinsam und ließ alles mit Einverständnis über sich ergehen. Und nach vollzogenem Akt fiel dem Partygirl dann ein, dass sie doch nicht so gewollt hatte wie er. Und es erschallt der Ruf nach der Polizei.

Sei es die Ehefrau, die von ihrem eigenen Ehemann vergewaltigt wird und unter Tränen zur Wache kommt, um ihn schließlich anzuzeigen. Bei allem, was sie zu verlieren hat.

Oder das junge Mädchen, das einfach nur Angst vor der Reaktion ihres Freundes hat und deshalb aus einem Abenteuer eine Vergewaltigung machen will. Sie stellte das Geschehene zunächst so glaubhaft dar, dass wir alle auf sie hereinfielen. Selbst ein erfahrener Kriminalbeamter beschrieb in seinem Eindrucksvermerk die Glaubwürdigkeit des Mädchens. Als dieses zwei

Tage später ein Geständnis ablegte, waren wir alle überrascht. Wie auch immer – wenn solche Taten vonstattengehen, welche Opfertypen sie betreffen, die beteiligten Frauen sind meist für ihr weiteres Leben gezeichnet.

Eine Antwort auf meine immer wiederkehrende Frage fand ich bislang nicht: Weshalb tun Männer den Frauen so etwas an?

Wir haben mal wieder Nachtdienst und bestreifen unsere schöne Stadt, als uns ein Funkspruch ereilt: »Fahrt mal zügig zur Bahnhaltestelle Mitte, dort erwartet euch eine Frau, die angibt, gerade vergewaltigt worden zu sein. Der Täter ist in Richtung Nord flüchtig und ist mit Jeans, T-Shirt und Turnschuhen bekleidet.«

Klasse Beschreibung! So sieht doch jeder Dritte aus, der nachts durch die Stadt läuft. Wie sollen wir denn da den Richtigen erwischen? Doch das ist vorerst zweitrangig, wir fahren zu der Geschädigten, während die anderen Kollegen nach dem Tatverdächtigen fahnden.

Meine Gedanken kreisen, ich bereite mich auf den Einsatz vor. War es eine klassische Vergewaltigung? War es eine Beziehungstat? Oder war es mal wieder so, dass der Mann mehr wollte als die Frau und diese nicht klar und deutlich Nein gesagt hat?

Der Bahnsteig ist leer. Nirgendwo ist eine Frau zu sehen, die Hilfe benötigt. Überhaupt ist weit und breit keine Menschenseele. Mein Kollege und ich laufen über die Bahnsteige und in die angrenzende Unterführung, als ich plötzlich eine Frau entdecke, die sich in einer Ecke zusammengekauert hat. Sie hat ihr Handy noch am Ohr und weint. Nein, sie weint nicht, sie schluchzt. Ich knie mich zu ihr nieder und spreche sie an. Sie fällt mir in die Arme und ist nicht in der Lage, mit mir zu reden. Trotzdem muss ich für die Fahndung möglichst schnell eine genauere Täterbeschreibung aus ihr herausbekommen.

Ich schiebe den Oberkörper der Frau ein Stückchen von mir weg und blicke in ihr Gesicht. Sie sieht mich kaum an, und ich stelle Fragen nach dem äußeren Erscheinungsbild des Tatverdächtigen. Erstaunlicherweise ist sie in der Lage, mir eine sehr gute Beschreibung zu geben. Somit steigen unsere Chancen auf die Ergreifung des Tatverdächtigen.

Sie erzählt mir, dass sie in der Innenstadt einen Mann kennengelernt und mit diesem den Abend verbracht habe. Gemeinsam sei man später am Bahnhof über einen abgelegenen Weg gegangen, als der Mann plötzlich über sie hergefallen sei, sie zu Boden gestoßen und vergewaltigt habe. Da die Frau sich selbst zu schwach fühlte, den Mann zu überwältigen, habe sie alles über sich ergehen lassen. Nach vollzogenem Akt sei der Mann in Richtung Nord weggelaufen.

Aufgrund der bis jetzt gewonnenen Informationen ergänzt mein Kollege die Fahndung über Funk.

Mittlerweile bin ich mit der Frau an unserem Streifenwagen angekommen. Ich setze sie auf die Rückbank. Ich selbst sitze vorne, drehe mich aber zu ihr um und spreche weiterhin mit ihr über das Geschehene. Sie weint immer noch fürchterlich und kann das Erlebte nur schwer in Worte fassen.

Plötzlich stoppt das Weinen. Mit immer klareren Worten erzählt sie:

»Ich bin Prostituierte. Der Mann war ein Freier von mir. Ich habe ihn heute Abend kennengelernt. Wir hatten vereinbart, dass er mich zurück nach Köln fährt und ich ihm dafür in seinem Auto einen blase. Wir waren zu Fuß auf dem Weg zu seinem Auto. Ich habe ihn immer wieder gefragt, wo sein Auto sei, da mir der Weg so weit vorkam. Er sagte mehrfach ›Da lang‹ oder ›Es ist nicht mehr weit‹. Als wir auf dem abgelegenen Weg waren, hielt mich der Mann plötzlich fest und stieß mich zu Boden. Er hat mir einfach die Klamotten heruntergerissen und ist gewaltsam in mich eingedrungen. Ich wusste, dass ich keine Chance gegen den Mann hatte, und habe es einfach über mich ergehen lassen.«

Ich bin ein wenig geschockt. Ich finde es schlimm, dass die Frau es in der Hoffnung über sich ergehen lässt, dass es möglichst schnell vorbeigeht. Vielleicht war es das Beste, was sie machen konnte, um sich selbst vor weiteren Verletzungen oder Schlimmerem zu schützen.

Ich hänge kurz meinen Gedanken nach. Eine Vergewaltigung

ist für Frauen immer etwas sehr Verletzendes. Für viele ändert sich nach solch einer Tat das Leben, da die Situation nicht verarbeitet werden kann. Bestimmt ist es aber für die Frau in meinem Streifenwagen nicht ganz so schlimm. Sie hat ja mehrere Freier jeden Tag, und irgendwie ist es halt ihr Job. Ist halt nur blöd gelaufen, dass sie jetzt keine Gegenleistung bekommen hat. Diesen Gedanken verwerfe ich schnell wieder. Immerhin ist und bleibt es ein Sittendelikt, ein Verbrechen, das hier passiert ist.

Wir fahren zur Wache. Die Frau hat Vertrauen zu mir gefasst und möchte reden. Das ist sehr gut, da wir noch weitere Informationen brauchen. Als die Frau mir auf der Wache ihren Ausweis gibt, bleibt mir die Luft weg. Sie heißt Anna. Sie ist im Dezember 1980 geboren – genau wie ich.

Ich bin richtig geschockt. Zwei Frauen, gleich alt, doch wie ungleich deren Leben! Ich bin in einer Bilderbuchfamilie aufgewachsen und nutzte die Möglichkeit, meinen Traumberuf zu erlernen und auszuüben. Ich habe eine Familie und Freunde und kannte Alkohol, Drogen und Prostitution zunächst nur aus dem Fernsehen.

Mein Leben ist bis jetzt ganz gut gelaufen. Auf dem Strich mein Geld zu verdienen kann ich mir überhaupt nicht vorstellen. Ehe ich in meinen Gedanken versinke, spricht Anna mit mir. Sie erzählt mir, wie ihr Leben so läuft.

»Ich bin Anna. Ich bin Prostituierte am Güterbahnhof. Ich stehe dort und warte auf meine Freier. Da die Konkurrenz sehr hart ist, bin ich um jeden froh, den ich bekomme. Obwohl ich es total widerlich finde, mit den fremden Männern zu schlafen, mache ich es immer wieder. Ich brauche das Geld. Entschuldigung, wenn ich jetzt hier Dinge zweimal erzähle, aber ich bin betrunken und habe Drogen genommen. Nüchtern kann ich den Job nicht machen. Ich trinke jeden Tag und brauche den Drogenrausch, um mit den Männern zu schlafen. Obwohl ich zugedröhnt bin, finde ich es furchtbar, das alles machen zu müssen. Aber es ist schnell verdientes Geld. Da beiße ich eben die Zähne zusammen und lasse die Männer über mich ergehen.«

Anna verliert mehr und mehr die Fassung und wirkt immer aufgelöster. Sie neigt den Kopf mehrfach auf die Knie und verdeckt ihr Gesicht. Ich habe das Gefühl, sie ist mit ihren Nerven am Ende.

»Ich will das eigentlich alles nicht mehr machen. Ich will eine eigene Wohnung und einen normalen Job. Irgendetwas im Büro oder so. Ist mir egal, was. Aber wenn ich keinen festen Job habe, bekomme ich keine Wohnung. Und ohne die bekomme ich auch keinen Job. Ich habe ja auch nichts gelernt. Mit vierzehn Jahren war ich das erste Mal auf dem Strich. Meine Mutter hatte mich dorthin mitgenommen. Sie musste mich alleine durchbringen und hat mir immer erzählt, wie einfach es sei, auf diese Art und Weise schnell und ohne viel Arbeit an Geld zu kommen. Wie ekelhaft es ist, mit fremden Männern zu schlafen, hat sie mir nie erzählt. Sie verlangte damals, dass ich zum Lebensunterhalt beitrage, und hat mich einfach ihren Freiern angeboten. Irgendwann bin ich dann abgehauen, weil ich das nie wieder machen wollte. Ich merkte aber ziemlich schnell, dass ich auf andere Art und Weise nicht genügend Geld verdienen kann. Seitdem gehe ich fast jeden Tag anschaffen.

Mittlerweile habe ich einen Wohnwagen, den ich mir mit einer anderen Frau teile. Wir leben dort und befriedigen dort auch unsere Freier. Manchmal liege ich abends im Bett und denke darüber nach, ob neben mir ein Freier liegt oder ob ich beruhigt einschlafen kann. Ich finde es so widerlich, dass ich das alles mache, aber ich weiß echt nicht, wie ich da wieder rauskommen soll. Ich will die ganzen Drogen und den Alkohol nicht mehr, aber ohne kann ich kein Geld verdienen.«

Anna tut mir leid. Unbewusst ziehe ich wieder Vergleiche mit meinem Leben. Irgendwie habe ich Anna schon viel näher an mich herangelassen, als es üblich ist. Aber was heißt schon üblich? Was ist normal? Hier geht es einem Menschen schlecht.

Ich denke über ihre Worte nach, mit denen sie den Ekel beschrieb. Ich könnte es definitiv nicht. Ich wollte es auch nicht. Das habe ich mit Anna gemeinsam. Sie will es auch nicht mehr. Doch wie soll sie dem Teufelskreis entfliehen?

Ich will es mir noch nicht einmal vorstellen, wie ein fremder Mann in meinem Bett liegt und etwas von mir erwartet, das zu geben ich nicht bereit bin. Er winkt mit seinen Geldscheinen, und ich muss, weil ich sonst kein Geld zum Leben habe.

Der eingetroffene Kollege der Kriminalpolizei reißt mich aus meinen Gedanken. Er will die Kleidung von Anna sicherstellen, um diese später auf Spuren wie Sperma oder Ähnlichem zu untersuchen.

Der Kollege meint jedoch, mir mit dummen Sprüchen zur Seite stehen zu müssen. Er fragt mich: »Na, freust du dich schon, die Frau auszuziehen? Endlich mal nackte Haut.« Am liebsten würde ich ihn auf den Mond schießen, bleibe aber freundlich, da ich keine Lust auf Konfrontationen habe.

Als er jedoch nicht aufhört, bin ich genervt. Was meint der eigentlich, wer er ist? Er denkt, er könne alles besser, wisse alles besser und sei sowieso der Allertollste. Er behandelt mich, als wäre dies mein erster Tag bei der Polizei.

»Wenn du alles besser weißt, dann kann ich ja gehen. Außerdem gehört dies nicht zu meinen Aufgaben«, antworte ich.

Er schaltet auf freundlich um und hilft mir. Nett und höflich fragt er mich, ob er mich noch mal auf die wichtigsten Dinge und eventuelle Fehlerquellen hinweisen kann.

Na, siehst du, geht doch, denke ich und lasse mir die Arbeitsschritte erklären.

Nachdem ich mit Anna alleine in einem Raum bin, erkläre ich ihr, dass ich alle ihre Kleidung benötige, um diese einzutüten. Sie ist einverstanden und zieht zunächst ihr T-Shirt aus. Darunter trägt sie ein Bikinioberteil, auf welchem mit glitzernden Pailletten die amerikanische Flagge dargestellt ist. Der passende Slip taucht beim Runterlassen der Hose auf.

Anna hat am ganzen Körper Hämatome, blaue Flecken, kleinere Schürfwunden und Prellungen. Ihr Körper wirkt verbraucht. Ich stelle mir meinen Körper vor und bin erschüttert, wie Anna ihren Körper geschunden hat. Ihr Körper ist ihr Arbeitsmaterial. Und Arbeitsmaterial bekommt nun mal Kratzer und Dellen von der täglichen Benutzung. So wie unsere Funkgeräte und Hand-

Volker Uhl, Freiburg

Wiltrud Wehner-Davin, Düsseldorf

Wiltrud Wehner-Davin bei einer Vernehmung (etwa 1964 bei der KPB Grevenbroich)

25-jähriges Dienstjubiläum Frau Gipkens, Leiterin WKP Düsseldorf, 1953 (Wiltrud Wehner-Davin 2. v. rechts)

Claudine Minten, Leverkusen

Regina Conrad, Köln

Moni Zygmann, Brühl

Suzanne Eichel, Hamburg

Suzanne Eichel arbeitet als freie Fotografin
für namhafte Tageszeitungen und Zeitschriften.
Sie lebt in Hamburg.
www.photo-spirit.de

fesseln. Ich finde den Anblick ihres Körpers furchtbar. Welche Männer stehen auf so einen entstellten Körper?

Anna scheint meine Gedanken zu erraten.

»Die blauen Flecken sind normal. Die kommen von meinen Freiern. Manche schlagen mich, manchmal stoße ich aber auch einfach nur irgendwo gegen oder werde von den Männern gestoßen. Das tut aber alles nicht weh. Ich bin ja immer voll und zugedröhnt.«

Oh, Anna, wie tust du mir leid!

Mittlerweile steht sie nackt vor mir, während ich ihre Unterwäsche eintüte. Ich komme nicht drumherum, Anna genauestens anzuschauen, da ich mir auch von ihren Verletzungen ein Bild machen muss. Selbst ihr Intimbereich ist von Hämatomen übersät.

»Bekomme ich die Unterwäsche zurück? Die brauch ich für die Arbeit. Ich hab nicht sehr viel Arbeitskleidung.«

Wie kann die schon wieder an das Arbeiten denken? Sie ist doch gerade erst vergewaltigt worden. Und jetzt will sie direkt wieder anschaffen gehen. Die Frau ist echt hart drauf.

Kaum dass wir fertig sind, fragt mich mein Kollege: »Und, war es schön? Ich hätte dir ja gerne geholfen, aber ich darf ja nicht.«

Mittlerweile ignoriere ich seine Kommentare, was ihn jedoch nicht von weiteren abhält. Wie weit ist der Mond noch mal von hier entfernt …

Der nächste Ermittlungsschritt ist die Besichtigung des Tatortes. Die unmittelbaren Eindrücke von der Tatörtlichkeit erleichtern das Schreiben der Anzeige. Außerdem gilt es verwertbare Spuren zu suchen und zu sichern. Dies wäre grundsätzlich ja Aufgabe der Kripo. Doch Anna alleine mit dem männlichen Kollegen dorthin zu lassen geht auch nicht. Anna nimmt uns die Entscheidung ab. Sie möchte ohne mich nichts mehr mit sich machen lassen.

Auf der Fahrt zum Tatort beugt sich Anna zu mir nach vorne.

»Wollen wir uns nicht duzen? Ich fände das toll. Ich weiß, dir kann ich vertrauen.«

In diesem Moment stoppt mein Kollege das Fahrzeug, steigt

aus und schließt einen Sperrpfosten auf, der uns den Weg versperrt.

Ich nutze die Gelegenheit. »Ich bin die Moni.«

Ich habe sie und ihre Geschichte schon verdammt nah an mich herangelassen, da kommt es auf diesen Schritt auch nicht mehr an. Anna scheint sich damit wohler zu fühlen, und ich breche mir keinen Zacken aus der Krone.

Nachdem mein Kollege wieder auf dem Fahrersitz sitzt, kann er ein Grinsen nicht lassen. »Na, hast du eine neue Freundin gefunden?«

Soll ich ihn ignorieren? Ich entscheide mich für ein klares und deutliches »Ja«.

Wir haben den abgelegenen Weg erreicht, den Anna mit ihrem Vergewaltiger entlanggegangen ist. Wir steigen aus und suchen nach dem genauen Tatort. Ich leuchte mit meiner Taschenlampe den dunklen Weg aus. Anna geht neben mir. Wir kommen zu einer Stelle, an der das Gras ein wenig zerdrückt ist. Anna fängt zu weinen an und zeigt auf die Stelle.

»Genau hier war es.«

Während mein Kollege mit der Spurensuche und -sicherung beginnt, versuche ich, beruhigend auf Anna einzuwirken. Wieder schweife ich zu meinen Gedanken und Gefühlen ab. Ich komme mir fehl am Platze vor. Die wirkliche Polizeiarbeit leisten gerade die anderen, nicht ich, denke ich. Unzählige Streifenwagen sind immer noch in der Fahndung nach dem Beschuldigten aktiv. Hoffentlich sind die erfolgreicher als ich hier.

Mein Kollege dreht jeden Grashalm einzeln um. Ab und zu drückt er mir mal etwas in die Hand, nimmt es mir kurz darauf aber wieder weg. Er hantiert mit Gummihandschuhen und tütet Zigarettenkippen ein. Ich möchte auch etwas Sinnvolles tun und nicht nur in der Gegend rumstehen und auf Anna einreden. Mir ist nicht klar, dass genau dieses Reden mit Anna der wichtigste Teil unserer Arbeit ist. Ich spreche zwar mit ihr, weiß aber schon wenig später nicht mehr, was ich ihr erzählt habe. Aber es hilft. Anna hört auf zu weinen und spricht mit mir über Gott und die Welt.

Nachdem die Spurensicherung am Tatort erfolgreich war, gehen wir zu unserem Fahrzeug zurück. Dabei gibt mein Kollege ausnahmsweise mal keinen qualifizierten Mist von sich, sondern macht mir klar, wie wichtig mein gerade geführtes Gespräch mit Anna war. Doch ich kann seine Worte in diesem Moment nicht wirklich einordnen und schlucke sie einfach.

Zur Verwunderung aller klingelt plötzlich mein Handy. Wer um alles in der Welt ruft mich mitten in der Nacht an? Ich schaue auf das Display und sehe eine unterdrückte Rufnummer, hebe jedoch ab. Am anderen Ende der Leitung meldet sich der Kollege von der Wache, der mir lediglich mitteilen will, dass man den Tatverdächtigen festgenommen habe. Juhu, da war die Fahndung ja wenigstens erfolgreich!

Nachdem ich aufgelegt habe, schaut mich mein Kollege neugierig an. »Später …« Anna soll nicht mitbekommen, dass wir jemanden festgenommen haben. Deshalb kam die Info auch nicht über Funk.

Nachdem Anna sich ins Auto gesetzt hat, teile ich meinem Kollegen kurz das Fahndungsergebnis mit. Dann geht's ins Krankenhaus.

Anna liegt auf einem gynäkologischen Stuhl zur Untersuchung. Ich sitze neben ihr. Eine Ärztin füllt irgendwelche Formulare aus. Mein Kollege sitzt vor der Tür und langweilt sich sicher. Er darf mal wieder nicht rein. Warum hat die Kripo keine weibliche Kollegin geschickt? Wahrscheinlich ist keine im Dienst.

Anna hält meine Hand. Sie wirkt unsicher. Kann ich verstehen. Ich wollte jetzt nicht mit ihr tauschen und mir mit Wattestäbchen und kalten Stahlgeräten zwischen den Beinen rumfummeln lassen.

Die Ärztin läutet meinen persönlichen Höhepunkt ein. Ich soll ihr assistieren und die kalten stählernen Geräte festhalten, damit sie einen Abstrich nehmen kann. Das ist definitiv nicht mein Fachgebiet, aber jetzt gilt: Augen zu und durch!

So spreche ich mit Anna, halte medizinische Geräte, Stäbchen, Gläschen und was weiß ich noch alles in der Hand, gebe sie der Ärztin, bekomme sie zurück, streife die Stäbchen auf die Gläschen, beschrifte mal wieder und mache noch tausend andere Dinge gleichzeitig.

Nachdem wir endlich mit der Untersuchung fertig sind, empfängt mich mein gelangweilter Kollege mit den Worten: »Seid ihr endlich fertig mit euren Spielchen?«

Mehr als ein flapsiges »Nein, willst du mitspielen?« bringe ich nicht mehr zustande.

Ich finde es unmöglich, wie sich der Kollege benimmt, und bin froh, dass Anna das nicht mitbekommt. Meine Gedanken gehen wieder auf Wanderschaft und beschäftigen sich mit den blöden Sprüchen. Es gibt so viele Dinge, die ich meinem Kollegen jetzt gerne an den Kopf werfen würde: Weißt du eigentlich, wie es sich anfühlt, vergewaltigt zu werden? Kannst du dir vorstellen, wie dir jemand die Beine auseinanderreißt und gewaltsam in dich eindringt? Es hat nichts mit Lust zu tun und ist schmerzhaft. Möchtest du es erleben, damit dir deine blöden Sprüche endlich einmal vergehen? Und allein schon deshalb kannst du dir die Sprüche sparen. Warum sagst du so etwas? Meinst du das wirklich so, wie ich es aufnehme? Wieso unterstützt du mich nicht einfach, anstatt mir den letzten Nerv zu rauben? Aber da können wir ja gelegentlich mal drüber reden. Jetzt ist erst einmal wieder Anna an der Reihe. Wo ist sie eigentlich? Ich glaube, sie zieht sich gerade wieder an, da die Untersuchung beendet ist.

Wir fahren zurück zur Wache. Ich erledige den restlichen Papierkram. Anna sucht noch ihre Sachen zusammen und fragt erneut ungeduldig: »Darf ich gleich wieder arbeiten gehen? Ich brauche heute Nacht noch mindestens einen Freier.«

Ich glaub, ich spinne. Die meint es wirklich ernst. Na ja, irgendwie mache ich das mit dem Geldverdienen ja auch weiter in dieser Nacht.

Schließlich entlassen wir Anna.

»Mach's gut, Anna! Ich hoffe, du schaffst den Absprung.«

Ein frommer Wunsch.

Sie nimmt mich in den Arm. »Danke, Moni, für das, was du für mich getan hast!«

Dabei frage ich mich, was genau ich eigentlich für sie getan habe. Ich habe ihr zugehört, Verständnis entgegengebracht, getröstet und ihr beigestanden. Es waren zwar nur ein paar Stunden, aber genau in diesen Stunden hatte sie außer mir niemanden, der sie unterstützte.

Für mich war es ein Einsatz unter vielen. Nicht mein erstes Sittendelikt, und es wird auch nicht mein letztes bleiben. Das Leben geht weiter. Für Anna und für mich. Auch wenn sich unsere Wege hier trennen.

Sie verlässt unsere Wache. Ich weiß, dass sie zum Bahnhof zurückgeht. Zurück in ihr Leben voller Freier, Alkohol, Drogen und Sex. Sie wird immer und immer wieder ihre Beine breit machen und einen Mann nach dem anderen an sich ranlassen. Jedes Mal wird sie neue Blessuren an ihrem noch so jungen Körper davontragen. Sie wird jedes Mal froh sein, wenn es vorbei ist. Aber der nächste Freier wird schon warten …

Auf mich wird der nächste Einsatz warten. Was es sein wird, werde ich nicht wissen. Vielleicht wird mich dieser näher zur Antwort auf die stets wiederkehrende Frage bringen: Weshalb tun Männer Frauen so etwas an?

Ascheblätter

von Manuela Ploch, Suhl

Sonntagabend. Der Zigarettenrauch, der sich vor den Lippen meines Kollegen ausbreitet, zieht in Nebelschleiern durch unser Büro. Von meinem Stuhl aus betrachte ich die vergilbte Raufasertapete. Zerdrückte Insekten haben hierauf ihre Sekretspuren hinterlassen. Erinnern in ihren unregelmäßigen Formen an plastisch-abstrakte Malerei.

Lautes Knattern des Funkgerätes durchbricht gelegentlich die Stille. Ich öffne das Fenster. Beinah zeitgleich wird die klare, kühle Luft von Sirenenstößen zerrissen. Sekunden später klopft es an unserer Tür. Der uniformierte Dienstgruppenleiter von nebenan tritt ein und führt ein kurzes Gespräch mit meinem Vorgesetzten, zwischen dessen Lippen noch der Zigarettenstummel steckt.

»Anwohner haben über Notruf eine starke Rauchentwicklung in ihrem Nachbarhaus gemeldet!«

Ich gehe zu meinem Spind. Auf einem Kleiderbügel hängt eine schwarze Lederjacke für die warmen und eine rote Daunenjacke für die kalten Tage. Ich nehme beide Jacken nur zum Reinigen mit nach Hause. Außerhalb des Dienstes trage ich sie nicht. Nur zur Leichenschau oder zur Brandortbesichtigung. Ich entscheide mich für die dickere Oberbekleidung. An einem Ärmel befestige ich die Armbinde mit dem Schriftzug, die mich als Kriminalpolizei ausweist. Ich streife die Absatzschuhe von meinen Fersen und ziehe die Einsatzstiefel über meine Knöchel. Mein Kollege wartet bereits im zivilen Funkwagen auf mich. Einsatzkoffer, Taschenlampe, Kladde, Fotoausrüstung. Ich habe an alles gedacht. Mein Kollege schaltet das Blaulicht ein.

Vor Ort haben sich etliche Menschen aus den umliegenden Wohnungen eingefunden. Starren zu den dünnen Rauchschwaden hinauf, die aus zersprungenen Fensterscheiben im zweiten Obergeschoss entweichen. Langsam gleitet unser Funkwagen über die glitzernde Fahrbahn. Zwischen den Zuschauern hindurch, welche eine schmale Gasse für uns lassen. Das Blaulicht erfasst im Sekundentakt die aschfahlen Gesichter, um sie im nächsten Augenblick wieder loszulassen. Zurückzudrängen in die Dunkelheit. Eiskristalle kleben an den Außenspiegeln des Fahrzeuges. Wir parken den Pkw auf dem Gehweg, um die Zufahrt zum Wohnhaus nicht zu blockieren. Von Weitem sehen wir den Einsatzleiter der Feuerwehr, der uns mit ausholenden Armbewegungen heranwinkt. Er weist uns in die Örtlichkeit ein. Mit der Fotoausrüstung folge ich ihm. Ich habe mir die Mütze tief ins Gesicht gezogen. Auch über die Ohren. Kälte kriecht an meinen Hosenbeinen hoch. Frisst sich in meine Oberschenkel. Meinen Mund habe ich hinter dem Reißverschluss meiner Daunenjacke versteckt. Ich hauche ihn an. Das Metall des Verschlusses beschlägt. Ein Teil der Wärme strömt zu meinen Lippen zurück.

Während wir die Treppe hochsteigen, beißt sich der Geruch zunehmend in meinen Nasenflügeln fest – und in meiner Kleidung. Verschmorte elektrische Geräte, verbrannte Textilien, chemische Stoffverbindungen, faule Eier. Im zweiten Obergeschoss rattert der Ventilator der Feuerwehr auf Hochtouren. Von den betroffenen Mietern keine Spur. Aus der Wohnung schlägt mir bereits im Treppenaufgang in aufbrandenden Wellen eine heiße Front Staubpartikel entgegen. Immer wieder trifft sie auf mein Gesicht. Meine Augen reagieren sofort. Schützendes Nass legt sich wie ein feiner Film auf meine Lider. Unter meinen Achseln und unter meiner Mütze sammelt sich Schweiß. Ich bereue es, mich so dick angezogen zu haben. Wische mir den Schweiß von der Stirn. Er benetzt die Wollfäden meiner Handschuhe. Noch im Gehen ziehe ich die feuchten Handschuhe aus, stecke sie in meine Jackentasche und fingere die Latexschützer aus der anderen heraus, wurstele sie über meine kleinen Hände. Der Gummi leistet Widerstand. Ich zerre, bis er zu meiner zweiten Haut wird. Die Spitzen sind länger als meine Fingerkuppen und klappen nach vorn.

Der Strom ist aus Sicherheitsgründen abgeschaltet. Überall

liegen Gegenstände herum, die sich kaum identifizieren lassen. Wir staken wie Störche durch das Labyrinth. Die Taschenlampe ist nach unten gerichtet. Wirft einen schmalen Lichtstrahl auf die Dinge, die am Boden liegen. Nur nicht hinfallen, denke ich. Die Wand ist schwarz. Zwischen den Fensterstreben fällt durch das klaffende Loch mit dem zersplitterten Rand spärlich Licht von der Straßenlaterne in den Raum. Ich erinnere mich an die Glassplitter, welche vor dem Wohnblock verstreut liegen. Vermutlich sind wir im Wohnzimmer angekommen. Ich drehe mich kurz um die eigene Achse. Überblick verschaffen. Mit Phantasie erkenne ich an der Eingangstür zum Wohnzimmer die Umrisse einer merkwürdigen Statue. An der bin ich gerade vorbeigelaufen. Sie ist unnatürlich groß. Schwach durchdringt das Licht meiner Taschenlampe den Raum, fängt Ascheblätter ein, welche sich von der Oberfläche der Statue lösen. Ich mache einen Schritt auf sie zu. Stoße mit meinem Knie an einen harten Gegenstand.

Von der Feuerwehr wird eine Stablampe herbeigeholt und mittels Notstromaggregat in Betrieb gesetzt. Ihr Licht ist matt. Gerade ausreichend, einige Dinge zu identifizieren. Für Details werden wir auf das Tageslicht warten müssen. Ich nehme den Fotoapparat, um erste Übersichtsaufnahmen zu machen. Im Blitzlicht nimmt der Raum mehr Konturen an. Schatten werden zu Gegenständen. Vor meinem Knie liegt ein Schrank. Daneben ein zurückgekipptes Sofa. Oder was davon übrig ist. Als das Licht darüberblitzt, erkenne ich etwas Rotes. Fleischiges. An der mir zugewandten Seite zerfasert und rosarot. Vermutlich ein abgerissener Körperteil. Vielleicht ein Arm. Daneben scheint sich auf der einstigen Sitzfläche des Sofas ein dickes Gewühl aus Decken und Kissen auszubreiten. Ich gehe näher heran, leuchte mit der Taschenlampe darauf. Das Gewühl entpuppt sich als menschliche Substanz. Im Übergang vom Fleisch zu etwas schwarzem Festen. Ich fotografiere den Klumpen. Nur ein Foto, denke ich. Es ist nur ein Bild.

Ich gehe weiter. Einmal ringsum. Uhrzeigersinn. So, wie es in den Lehrbüchern geschrieben steht. Es ist nur eine Abbildung, denke ich. Nur Farben auf Papier. An der Wohnzimmertür angekommen, stehe ich nun direkt vor der Statue. Ihr linker Arm ist gerade nach vorn ausgestreckt und das rechte Bein angewinkelt. Dynamisch. Wie ein Athlet. Mitten in der Bewegung. Erstarrt. Unwirklich echt. Es ist nur ein Objekt, sage ich zu mir. Gestaltungsausdruck eines Künstlers. Auch hiervon fertige ich ein Bild. Geformter Gips, rede ich mir zu. Eine Modellierung. Es ist nur geformter Gips. Oder Stein. Das Werk eines Bildhauers. Das wäre doch was! Das Gesicht der Statue ist direkt vor mir. Blättert ab. Dunkle, hauchdünne, papierartige Substanz flockt mir entgegen. Irgendwie glaube ich mir nicht.

Endlich bin ich wieder bei null Uhr angekommen. Erst jetzt merke ich, wie der Rauch in meinem Hals kratzt. Ich leuchte abschließend mit meiner Taschenlampe in Richtung Zimmerdecke. Im Schräglicht sehe ich schwarze, graue und fast weiße Flocken. Sie tanzen durch den Raum. Abgelöst von der Wand, abgelöst von menschlicher Haut. Dirigiert durch den Ventilator der Feuerwehr. Erst jetzt wird mir bewusst, dass ich vergessen habe, meinen Mundschutz aufzusetzen.

Dienstagmorgen schlage ich die Zeitung auf:

Drei Tote bei Familiendrama
Bei einem heftigen Streit am Sonntagabend verletzte ein 31-jähriger Mann zunächst seine 28-jährige Lebensgefährtin und die gemeinsame vierjährige Tochter erheblich. Anschließend setzte er die Wohnung in Brand. Die Polizei fand im Brandschutt die drei verkohlten Leichen …

Ich lege die Zeitung weg. Heute bringen wir unsere Tochter Luisa gemeinsam in den Kindergarten.

Eingeständnis

von Bianca Meier, München

Damals, als ich mich für den Beruf der Polizistin entschied.

Damals, vor dreizehn Jahren.

Damals, da war ich gerade mal sechzehn.

Heute erst weiß ich, was es damals hieß, sechzehn Jahre alt zu sein. Was bedeutet sechzehn aus meiner heutigen Sicht?

Sechzehn bedeutet für mich, zweimal acht zu sein.

Sechzehn bedeutet für mich, ausgelassene Feste zu feiern.

Sechzehn bedeutet für mich, den Lauf der Zeit nicht zu spüren.

Sechzehn bedeutet für mich, viel zu spät nach Hause zu kommen.

Sechzehn bedeutet für mich, heimlich zu rauchen.

Sechzehn bedeutet für mich, gerade das erste Mal verliebt zu sein.

Sechzehn bedeutet für mich, verträumt durch den Tag zu gehen.

Sechzehn bedeutet für mich, sich sorglos den Launen zu ergeben.

Sechzehn bedeutet für mich, das ernst gemeinte Nein mit Würde ertragen zu lernen.

Sechzehn bedeutet für mich, zweifelhaften Modeerscheinungen nachzueifern.

Sechzehn bedeutet für mich, die Rebellion neu zu erfinden.

Sechzehn bedeutet für mich, die erste schulische Hürde zu überwinden.

Sechzehn bedeutet für mich, erstmals Niederlagen zu verstehen.

Sechzehn bedeutet für mich, bereits eine eigene Meinung haben zu wollen.

Sechzehn bedeutet für mich, einen Eigensinn zu entwickeln.

Sechzehn bedeutet für mich, selbstbewusst zu erscheinen.

Sechzehn bedeutet für mich, naiv zu sein.

Sechzehn bedeutet für mich, sich in Obhut zu wissen.

Sechzehn bedeutet für mich, wirklich zu bereuen.

Sechzehn bedeutet für mich, erwachsen werden zu wollen.

Sechzehn bedeutet für mich, die Angst vor sich selbst abzulegen.

Sechzehn bedeutet für mich, mit vollster Kraft allen Widerständen zu trotzen.

Sechzehn bedeutet für mich, zu widersprechen.

Sechzehn bedeutet für mich, zu glauben, die Welt mit eigenen Händen formen zu können.

Sechzehn bedeutet für mich, vermessen zu sein.

Sechzehn bedeutet für mich, sich in der Welt noch nicht ganz gefunden zu haben.

Sechzehn bedeutet für mich, sich entscheiden zu müssen.

Und eben diese Entscheidungskraft zweifle ich heute an.

Heute weiß ich, dass ich meine Fähigkeiten, meine Eigenschaften und Ideen falsch eingeschätzt habe. Ich weiß, dass ich einer Wunschvorstellung unterlegen bin, deren Ausmaß ich damals gar nicht einzuschätzen imstande war.

Ich verschrieb mich meinem Drang nach Gerechtigkeit.

Ich hoffte, so helfen zu können, wie es mir mein Gewissen befiehlt.

Ich beabsichtigte, nie als Feind, sondern als Freund wahrgenommen zu werden.

Ich verabscheute Willkür früher gleichermaßen wie heute.

Ich ersehnte, ein Gesetz als unumstößliche Wahrheit zu wissen.

Ich wollte nie an meinen Entscheidungen zweifeln müssen.

Ich wünschte mir, die Früchte meines Handelns wachsen zu sehen.

Ich glaubte, eine »greifbare« Polizistin werden zu können.

Ich hielt es nicht für denkbar, dass meine Loyalität je angezweifelt werden würde.

Ich vermutete nicht, dass ich mich mehr um mich mühen müsste als um meine Arbeit.

Ich wollte keine Zeit für Dinge verschwenden, die lediglich dem Selbstzweck dienten.

Ich fasste diesen Entschluss, da ich mir sicher war, meine Mentalität nie aufgeben zu müssen.

Ich betrat einen Weg, der sich als steiniger erwies, je älter ich wurde.

Ich wusste nicht, dass mich unsere Bürokratie so vereinnahmen würde.

Ich wollte menschlich sein und bleiben, und ich wollte diese Menschlichkeit nicht in Zahlen oder Quoten messen lassen.

Ich konnte mir nicht vorstellen, meine Arbeit einmal mit einem Produkt vergleichen zu müssen.

Ich leistete einen Schwur auf eine Verfassung, von der ich heute weiß, dass sie im Vergleich zur Weltgeschichte erst einige Tage alt ist.

Und ich leistete diesen Schwur, ohne zu wissen, was die Zukunft mit sich bringt.

Und ich leistete diesen Schwur, ohne zu wissen, was Vorurteile für mich bedeuten würden.

Und ich leistete diesen Schwur, ohne zu wissen, wie es ist, Gewalt ertragen zu müssen.

Und ich leistete diesen Schwur, ohne zu wissen, wie sich Macht anfühlt.

Und ich leistete diesen Schwur, ohne zu wissen, wie fremdes Elend zu begreifen ist.

Und ich leistete diesen Schwur, ohne zu wissen, wie der Tod aussieht.

Und ich leistete diesen Schwur, ohne zu wissen, welches Ziel unsere Politik verfolgt.

Und ich leistete diesen Schwur, ohne zu wissen, was aus Deutschland wird.

Und ich leistete diesen Schwur, ohne zu wissen, wer die Menschen sind, die dort leben.

Und ich leistete diesen Schwur, ohne zu wissen, ob ich der Verantwortung gewachsen bin.

Und ich leistete diesen Schwur, ohne zu wissen, dass ich stets als Vorbild gelte.

Und ich leistete diesen Schwur, ohne zu wissen, dass meine Überzeugungen nicht zählen.

Und ich leistete diesen Schwur, ohne zu wissen, wie viele Opfer unsere Demokratie fordert.

Und ich leistete diesen Schwur, ohne zu wissen, dass Gerechtigkeit erkämpft werden muss.

Und ich leistete diesen Schwur, ohne zu wissen, wie sich Freiheit verändern kann.

Und ich leistete diesen Schwur, ohne zu wissen, wie lähmend Sicherheit sein kann.

Und ich leistete diesen Schwur, ohne mich selbst sicher zu kennen.

Heute käme mir derselbe Schwur nicht so ungeniert über die Lippen.

Heute stelle ich fest, dass meine Uniform weit mehr als ein einfaches Kleidungsstück darstellt.

Sie steht für Stabilität und Klarheit; sie ist Symbol für Sicherheit und Ordnung; sie bietet Schutz und Hilfe; sie verkörpert Autorität und Strenge; sie ermahnt und rügt; sie irritiert und verunsichert; sie verfolgt und bricht Widerstände.

Sie lässt wenig Schwächen zu; sie fordert Disziplin und Belastbarkeit; sie verlangt Neutralität und Sachlichkeit; sie verhindert Sympathien und schafft Distanz; sie erstickt Individualität und Kreativität; sie ist nur zu einer Seite hin durchlässig.

Heute stelle ich fest, dass meine Uniform zu schwer geworden ist.

Auf ihr lasten Erwartungen, die ich enttäuschen musste. Auf ihr lasten Hoffnungen, die sich nicht erfüllten. Auf ihr lasten Schicksale, die ich nicht ändern konnte. Auf ihr lastet die Verzweiflung anderer. Auf ihr lasten zu viel Feindseligkeit und Ablehnung, die mir entgegengebracht wurden. Auf ihr lasten viele Grenzen, die überschritten wurden. Auf ihr lasten kümmerliche Werte und eine siechende Moral. Auf ihr lasten Kinderaugen, die keine Unbeschwertheit kennen. Auf ihr lastet zu viel Not, die ich täglich sehen muss und nicht mildern kann. Auf ihr lasten meine und fremde Ängste.

Auf ihr lastet die Ungewissheit vor dem nächsten Einsatz; vor dem nächsten Tag; vor der Zukunft.

Auf ihr lasten zu viele Reglementierungen, die unseren Alltag erschweren und unsere Arbeit unfrei machen. Auf ihr lasten Entscheidungen, die sich oft durch Vernunft nicht erklären lassen. Auf ihr lasten Klassenunterschiede innerhalb der eigenen Riege. Auf ihr lastet eine Personalpolitik, die sich nur als Geringschätzung auffassen lässt. Auf ihr lastet, dass die wirtschaftliche Sicherheit nur ein schwacher Trost ist und das Ideal nie zu ersetzen imstande ist.

Heute stelle ich fest, dass meine Uniform zu eng geworden ist.

Zu eng, um alle meine Erlebnisse und Erfahrungen darunter zu verbergen. Erlebnisse, die mich als Mensch geformt und geprägt haben. Ereignisse, die sich nicht mehr rückgängig machen lassen; die unvergesslich bleiben.

Die dazu geführt haben, alles, was mir bisher heilig war, fortan infrage zu stellen. Erfahrungen, die mich zwangen, einen Perspektivwechsel vorzunehmen, um nicht daran zugrunde zu gehen. Aus einem Winkel, der viel mehr fordern würde, als zuvor nötig war, um die eigene Freiheit nicht einzubüßen. Winkel, die Raum für einen wachsenden Geist zulassen. Winkel, die erkennen lassen und nicht zum Wegsehen zwingen. Winkel, die mich unsere Werte verteidigen lassen. Winkel, die mein Mitgefühl nicht absterben lassen. Winkel, die mich nicht stumm werden lassen. Winkel, die mich Dinge nicht verallgemeinern lassen.

Es waren Erfahrungen, die mir meine Überheblichkeit und meine Grenzen aufzeigten. Ein Leben, das nicht nur Schwarz und Weiß kennt. Ein Leben, das Raum für viele Wahrheiten lässt. Es ist ein Leben geworden, das mich Toleranz und Offenheit gelehrt hat. Die Fähigkeit, sich Unbekanntem und Fremdem öffnen und Vorurteile ablegen zu können. Es ist ein Leben geworden, das mich dankbar sein lässt.

Und wenn sich dann nachts der Tag wiederholt, dann sehe ich sie wieder vor mir.

Frauen, die nicht mehr besitzen als ihre Kleidung am Leib. Kleider, die in Schichten über ihren Körpern liegen, um sie vor der Kälte zu schützen. Kleider, in deren Fasern der Gestank tagelanger, wochenlanger Reisen steckt. Kleider, die sich kaum noch von der Haut lösen wollen, als seien sie eins geworden mit dem Körper, der sie trägt. Kleider, die eine eigene Geschichte erzählen, wenn man sie lange genug ansieht.

Kleider, die Verzweiflung und Wunden verdecken sollen. Kleider, die vor Zerbrechlichkeit und Verletzlichkeit schützen sollen. Kleider, die Striemen in einen aufgedunsenen Körper schnüren. Kleider, die das Ungeborene zu erdrücken drohen.

Frauen, die älter aussehen, als sie tatsächlich sind. Frauen, die einmal wunderschön waren. Frauen, die mit einem Tuch ihr Haupt bedeckt halten. Frauen, die seit Langem keine Anmut in ihrem Spiegelbild erkennen konnten. Frauen, die sich aufgegeben haben. Frauen, deren sorgenschwere Lider mehr verraten als ihre leeren Augen, wenn sie leichenblass noch einmal alle Kraft sammeln, um ihre Kinder ruhigzustellen. Frauen, die nur noch ihrem Instinkt folgen. Frauen, die ihre Familien im Krieg verloren. Frauen, die sich nach einem starken Mann sehnen, der ihnen beim Tragen der Last behilflich ist.

Und wenn sich dann nachts im Traum der Tag wiederholt, dann wünschte ich, anders gehandelt zu haben. Ich wünschte, ihnen Fragen zu stellen, ihre Geschichte zu erfahren, ihnen Trost spenden zu können; ihnen Hoffnung machen zu können; sie begleiten zu können, bis sie sicher sind. Das Ungeborene zu spüren; ihm ein Nest zu bauen, wie es jedes Tier vor der Niederkunft baut. Das wünschte ich mir.

Stattdessen gab ich ihnen eine Nummer, überstellte sie der nächsten Behörde und schloss meine Akte.

Manchmal, kurz vorm Einschlafen, stelle ich mir die Frage, wem ich dankbar sein soll. Wem soll ich dankbar sein für das Land, in dem ich geboren und aufgewachsen bin? Wem soll ich dankbar sein, dass ich nie Krieg erleben musste? Wem soll ich dankbar sein, nie Hunger und Durst erlitten zu haben? Wem soll ich dankbar sein für eine sorglose Kindheit? Wem soll ich dankbar sein für meinen Wohlstand, für meine vier warmen Wände, für Genüsse und Erheiterungen? Wem soll ich dankbar sein, dass ich mein Ungeborenes nie in Gefahr wissen musste? Wem soll ich dankbar sein, dass ich mein Kind aufwachsen sehen darf? Wem soll ich dankbar sein, dass mein Kind mich seit Jahren mit Stolz erfüllt und mir mehr Freude schenkt, als ich je erwartet hätte?

Dann streife ich am nächsten Tag wieder meine Uniform über und stelle fest, dass sie wieder ein wenig enger geworden ist …

Vielleicht passe ich in zehn Jahren wieder hinein.

Novembernacht

von Stephanie von Guaita, Waldshut-Tiengen

Der Sturm ließ nach. Die Straßen waren trocken, abgesehen von einer leicht glitzernden Eisschicht. Die Kollegen der Dienstgruppe C – meiner Praktikumsschicht – zogen im Nachtdienst ihre Wollpullover an. Nur Peter und Rudi behielten Zivilkleidung an. Sie planten, eine Zivilstreife zu fahren, nachdem in den vergangenen Nächten vermehrt Autoaufbrüche aus verschiedenen Lahrer Vororten gemeldet worden waren.

Gegen Mitternacht traf sich die Schicht wie üblich zum gemeinsamen Vespern. Alex als Feldkoch hatte etwas Leckeres gezaubert. Danach brachen die Streifen wieder auf. Zunächst blieb alles ruhig.

Es war gegen 03.00 Uhr, als Peter den zivilen Audi durch einen Vorort im Lahrer Osten lenkte. Plötzlich fiel ihm im Gegenverkehr ein älterer gelber Golf ohne Kennzeichen auf, der unbeleuchtet entgegenkam.

»Hast du das gesehen?«, fragte Rudi. »Die kontrollieren wir!«

Peter nickte, wendete und beschleunigte den Audi. Auch der Golf gab Gas, doch auf einmal verlangsamte er sein Tempo und hielt am linken Straßenrand.

Während Rudi den Dienstausweis zog und an die Fahrertür des Golfs trat, sicherte Peter mit der Pistole.

»Polizei, guten Morgen! Personen- und Fahrzeugkontrolle!« Der Beifahrer rührte sich nicht, während der Fahrer nervös im Handschuhfach nach den Papieren kramte. Die Fahrertür hatte er einen Spalt offen, sodass Rudi zwischen ihr und dem Einstieg Platz hatte.

Was dann geschah, würde sich jahrelang gnadenlos in Peters Erinnerung wiederholen. Ohne Vorwarnung ließ der Fahrer den Motor an, legte den Rückwärtsgang ein und gab Vollgas. Die aufschwingende Tür erfasste Polizeiobermeister Rudolf Späth und riss ihn mit, als der Wagen eine Rechtskurve beschrieb, die Fahrbahn querte und den Bordstein überfuhr. Sekunden später durchbrach er den hölzernen Gartenzaun des dahinter gelegenen Grundstücks. Hilflos musste Peter zusehen, wie sein Kollege mit dem Hinterkopf gegen eine Straßenlaterne geschleudert wurde und reglos liegen blieb.

Schießen? Unmöglich. Er hätte unweigerlich Rudi getroffen. Der Täter floh zu Fuß, der Beifahrer hingegen ließ sich widerstandslos festnehmen. Im Kofferraum des Golfs würde man später Autoradios finden, in derselben Nacht gestohlen.

Peter war das in diesem Augenblick völlig egal. Rudi sah ihn an, und das Letzte, was er herausbrachte, war der Satz: »Ich glaube, ich brauche einen Arzt …!«

Um 03.14 Uhr ging beim Bereitschaftszug der Freiwilligen Feuerwehr Lahr der Alarmmelder runter.

»Einsatz zur Menschenrettung, Polizeibeamter ist in einem Fahrzeug eingeklemmt!«, hieß es zunächst. Beim Eintreffen an der Unglücksstelle um 03.30 Uhr verlor die Besatzung des Rettungswagens gerade ihren verzweifelten Kampf um Rudis Leben.

Von all dem ahnte ich nicht das Geringste, als ich morgens wie immer nach Freiburg in die Polizeischule fuhr. Der 10. November war ein klarer, frischer Morgen. Im Nachhinein würde ich mich erinnern, dass überall Grüppchen auf dem Schulhof beisammenstanden, tuschelnd, diskutierend.

»Hast du es schon gehört?« Vor mir stand Alex, ein Mitschüler.

»Was gehört?« Verständnislos schaute ich ihn an.

»In Lahr haben sie letzte Nacht einen Kollegen umgebracht. Einen von der Schicht!« Das Treppenhaus schien sich plötzlich zu drehen. »Ich habe es nur im Radio gehört. Anscheinend ist es bei einer Verkehrskontrolle passiert. Du, ich muss, der Dozent kommt.«

Meine Füße kamen mir vor wie Blei. Unendlich langsam, wie in Trance schlich ich in mein Klassenzimmer. Auch dort hatte die schreckliche Neuigkeit sich schon verbreitet, doch niemand wusste Näheres.

»Es war Rudi«, gab Georg, ein freundlicher, immer gut aufgelegter Hauptmeister des Reviers Lahr, mir in der Pause telefonisch Auskunft. Heute lachte er nicht. »Wir alle können noch gar nicht richtig begreifen, was da passiert ist. Er hinterlässt eine Frau und drei Kinder, das Jüngste nicht mal ein Jahr alt.«

Ich weinte, sosehr ich auch dagegen ankämpfte. Rudi, der mir die wilden Orchideen und die Vögel im Biotop gezeigt hatte. Rudi, der stets einen frechen Spruch auf den Lippen gehabt hatte, Rudi mit dem Riesenappetit und dem spitzbübischen Lachen – das war nicht möglich! Er konnte nicht einfach so tot sein, das glaubte ich nicht …

»Den Täter konnten sie inzwischen fassen«, fuhr Georg fort. »Ein vorbestrafter Autoknacker, neunzehn, letzte Woche erst aus dem Gefängnis entlassen.« Er klang unendlich bitter.

Vom Unterrichtsstoff bekam ich an diesem Tag wenig mit. In der Pause warf ich mich auf mein Bett und weinte hemmungslos. Ich weinte um einen Kollegen, einen Freund, um eine Witwe und ihre drei kleinen Kinder. Um ein Kind, das den ersten Geburtstag nicht mit seinem Vater würde feiern können. Und ich trauerte um die trügerische Vorstellung, dass so etwas jederzeit und jedem passieren könnte – aber niemandem, den ich selbst kannte. Diese Illusion war mit einem Schlag für immer verloren.

Einige Tage nach Rudis Beerdigung war ich in Lahr. Der Wunsch, Max, meinen alten Bärenführer, zu sehen, wurde plötzlich übermächtig.

»Hallo, Mädel!« Etwas müde lächelte er mich an. »Du hast dich rar gemacht in letzter Zeit.«

Ich wollte ihm antworten, aber der Klumpen in meinem Hals schnürte mir die Luft ab. Wortlos drückte Max mich an sich, als mir die Tränen übers Gesicht liefen. Auch ihm waren die Ereignisse der letzten Tage anzusehen.

»Kaffee?«

»Gern.« Ich spürte: Hier war endlich jemand, mit dem ich über alles reden konnte, was mich seit Rudis Tod so beschäftigte. Wenig später saßen wir in der warmen Küche.

»Vor zwei Wochen hatte er endlich die Baufreigabe bekommen«, erzählte Max. »Das hat sich jetzt wohl erledigt.«

Ich nickte nachdenklich. »Ich frage mich manchmal, ob Rudi noch leben könnte, wenn er etwas anders gemacht hätte. War er leichtsinnig?«

»Dabei war keiner von uns.« Max zog an seiner Zigarette.

»Aber nach dem, was Peter geschildert hat, kann man ihm keinen Vorwurf machen. Wer konnte ahnen, dass der Typ plötzlich rückwärtsfährt? Der Motor war ja aus. Man sollte einfach immer verlangen, dass der Zündschlüssel abgezogen wird, aber wer tut das schon?« Er schenkte den Kaffee ein. »Es war einfach eine Verkettung unglücklicher Umstände, und so müssen wir es akzeptieren. Rudi ist passiert, was jedem von uns täglich da draußen passieren kann: Er ist einem gewaltbereiten Kriminellen begegnet, der alles dafür in Kauf nahm, um flüchten zu können – auch Rudis Tod.«

»Hast du manchmal Angst im Dienst?«, fragte ich zaghaft. »Angst, dass dir oder deinem Streifenpartner etwas passieren könnte?«

»Denkst du, wir sind alle als furchtlose James Bonds auf die Welt gekommen?« Er lächelte. »Selbstverständlich habe ich manchmal Angst. Das ist doch völlig normal und geht jedem so, ohne Ausnahme.«

»Wenn ich die Jüngeren so höre, zum Beispiel meine Kollegen in der Bereitschaftspolizei, dann aber nicht. Ich habe noch nie erlebt, dass einer von denen sich Gedanken darüber macht, dass ihm was passieren könnte, und deshalb ist es mir fast schon peinlich, wenn mir im Dienst mal das Herz klopft. Ich denke dann, ich bin für den Beruf vielleicht doch nicht geeignet.«

»Quatsch!« Mein Bärenführer winkte ab. »Im Gegenteil! Nur ein Dummkopf hat nie Angst, merk dir das! Wer Angst überwindet, übt diesen Beruf viel bedachter und vorsichtiger aus als die jungen Draufgänger, die blindlings in jede Situation reinrennen nach dem Motto: ›Was kostet die Welt, und wer will eine auf die Schnauze?‹ Nur wer sich der Gefahr bewusst bleibt, hat gute Chancen, gesund wieder heimzukommen.«

»Ob Rudi auch manchmal Angst hatte?«

»Keine Ahnung, aber man kann nicht sagen, ob er noch leben

würde, hätte er in jener Nacht Angst gehabt. Wir dürfen aber weder Routinesituationen unterschätzen noch jetzt überängstlich an jede Kontrolle rangehen. Panik nützt keinem, aber die Eigensicherung ist unsere Lebensversicherung.«

»Max, hast du je bereut, Polizist geworden zu sein? Wenn solche Dinge passierten, zum Beispiel?«

»Bereut? Nein.« Er drückte die Zigarette aus. »In meinen fünfundzwanzig Dienstjahren gab es hundeelende Zeiten, persönliche Krisen, Ärger mit Vorgesetzten und Kollegen, wie jeder es kennt. Manchmal hatte ich schon Bauchweh bei dem Gedanken an den Dienst.«

»Was hast du dann gemacht?«

»Ganz einfach. Ich habe es immer so gehalten, dass ich, wenn ich zum Hintereingang reinlief, vor mich hingesagt habe: ›Ich bin gern Polizist, ich bin gern Polizist!‹«

Ich musste lachen.

»Ja, siehst du, die anderen haben auch darüber gelacht, aber es hat immer funktioniert. Solltest du auch mal probieren, wenn es hart auf hart kommt.«

»Und du hast wirklich nie daran gedacht, den Beruf zu wechseln?«

»Nie.« Max schüttelte den Kopf. »Weißt du, wenn du diesen Beruf wählst, Mädchen, musst du ihn mit ganzem Herzen wählen. Wer den Polizeiberuf nur als Job sieht, ist hier auf dem falschen Dampfer und wird auf Dauer nur Unzufriedenheit finden. Du musst dir früh darüber klar sein, dass es kein leichter Weg ist. Ein hohes Risiko, miserable Beförderungsaussichten, eine gewalttätige, teils primitive Klientel, dazu Vorgesetzte, die nach dem Motto führen: ›Nicht getadelt ist so gut wie gelobt.‹ Da muss man schon sehr an seinem Beruf hängen oder frühzeitig abspringen. Einen Mittelweg gibt es nicht. Aber wer sich ganz und gar dafür entscheidet, der wird sein Leben lang immer wieder Positives und Erfüllendes erleben, glaub mir!«

Ich fühlte mich unendlich getröstet. Es tat so gut, zwischen all den desillusionierten Kollegen jemandem wie Max zu begegnen.

»Ich glaube, Rudi wusste das auch«, sagte ich leise.

»Ganz bestimmt.« Max stand auf. »So, und jetzt wird es Zeit. Der Schichtführer der A-Schicht wartet schon sehnsüchtig auf Ablösung.«

An Rudi, der mit einunddreißig Jahren im Dienst sein Leben lassen musste, erinnert noch heute sein Foto in der Wache des Polizeireviers Lahr.

Verurteilt

Nacherzählt von Karlheinz Wedl, München

I

In der kleinen Wohnung im achten Stock eines Wohnhauses am Rande der Stadt roch es nach altem Fett, Alkohol und kaltem Rauch. Eine Katze strich mir schnurrend um die Beine.

»Mein Name ist Margit Wallner, ich komme von der Polizeiinspektion …«, begann ich stotternd.

»Sind dies Waltrauds Sachen?«, unterbrach mich die alte Frau und zeigte auf den Karton, den ich hielt, und mit zitternden Händen nahm sie ihn entgegen.

»Alles Scheiße, alles Scheiße!«, krächzte ein Papagei in seinem Käfig, während die Alte zur Couch schlurfte und seufzend darauf Platz nahm. Einen Gegenstand nach dem anderen nahm sie aus dem Karton und legte alles auf ein Tischchen neben der Couch. Ein Foto, das ihre Tochter in Uniform zeigte, hielt sie mit gesenktem Kopf lange an ihren Busen gepresst.

»Alles Scheiße, alles Scheiße!«, wiederholte, wild mit den Flügeln schlagend, der Papagei. Wortlos erhob sich die Frau und warf eine Decke über den Käfig. Mit tränennassen Augen stand sie da und sah mich an. Unfähig, nur ein Wort zu sagen, reichte ich ihr die Hand, dann drehte ich mich um und verschwand aus der Wohnung. In dem dunklen Hausflur lehnte ich an einer Wand und weinte wie ein kleines Kind.

»Bringen Sie bitte Waltraud Kramers Sachen ihrer Mutter.«

Der Dienststellenleiter hatte mich darum gebeten, und ich hatte darauf bestanden, diesen Auftrag alleine und in ziviler Kleidung erledigen zu dürfen. In Uniform vor Waltrauds Mutter treten zu müssen, dabei hätte ich mich geschämt.

Waltraud und ich hatten unsere Ausbildung gemeinsam begonnen; im Rahmen eines sogenannten Altanwärterprogramms konnten wir eingestellt werden. Sie, dreißig, die wie ich die Frage nach der Schulbildung im Aufnahme-Fragebogen der Polizei mit »Abitur« beantwortet und bei »zuletzt ausgeübter Tätigkeit« »Geschäftsführerin« hingeschrieben hatte. Und ich, neunundzwanzig, die gescheiterte Jurastudentin.

Wir hatten uns schnell gefunden. Es war Waltrauds ungekünstelte Art, die mich sofort angezogen hatte, ihr herzliches Lachen, das jeden gleich in ihren Bann zu schlagen vermochte.

»Meinst du, Margit, mit diesem Monstrum da kann ich mich auf die Straße wagen?«

Lachend hatte sie mich das am Tag unserer Einkleidung gefragt und dabei den Bund ihrer Uniformhose, die sie in der Kleiderkammer gerade anprobiert hatte, weit von sich weggehalten. Die Fußspitzen beim Gehen nach außen gedreht, den Kopf zur linken Schulter geneigt, so watschelte sie in der viel zu weiten Hose auf und ab. Mit der linken Hand bauschte sie den Hosenbund zusammen, und mit der rechten ließ sie den Schlagstock kreisen. Während das Klatschen und Kreischen der anderen dazu immer lauter wurden und sich auch die Miene des Kleiderbullen allmählich aufhellte, starrte ich auf meine viel zu eng sitzende Hose. Darin zeichneten sich meine dicken Schenkel nur noch deutlicher ab, und ich vermied es, vor einen der großen Spiegel zu treten.

»Kann ich die Hose nicht noch eine Nummer kleiner haben?«

Der Kollege, der dies fragte, hatte ein höhensonnenverbranntes, pockennarbiges Gesicht, um den Hals trug er ein Goldkettchen mit einem Skarabäusanhänger aus Jade. Viel zu lange hatte er vor dem Spiegel gestanden, sich davor gedreht, sich schier dabei verbogen, nur um seinen Knackarsch darin noch besser bewundern zu können. Der Kleiderbulle, dem von Waltrauds kleiner Vorstellung noch immer die Lachtränen in den Augen standen, gab dem Kollegen die Hose wieder zurück.

»Sie sollen doch darin noch atmen können«, sagte er kopfschüttelnd. »Die sind doch manchmal noch eitler als so manche Frau«, flüsterte er seinem Kollegen, der neben ihm hinter dem Tresen stand, ins Ohr.

»Ja«, bestätigte dieser leise und warf einen schnellen Blick auf den Skarabäusträger. »Aber dieses Exemplar zeigt ein besonders stark ausgeprägtes Balzverhalten«, flüsterte er und zeigte mit dem Kinn auf den jungen Mann. Denn es war ihm nicht entgangen, wie der, in Turnhose und Sport-T-Shirt, ein paarmal vor den Spiegel getreten war und immer wieder die Bizepse seiner Oberarme darin hatte spielen lassen. Dabei war sein Blick auf Waltraud geheftet, die ihn überhaupt nicht wahrzunehmen schien. Aber nicht nur sein Blick ruhte auf ihr. Sie kam, ohne auch nur ein einziges Mal in einem der Kleidungsstücke, die sie anprobiert hatte, vor den Spiegel getreten zu sein, aus der Umkleidekabine heraus.

»Gibt's wohl nicht kleiner, nicht enger, was?«, fragte sie, die zu erwartende Antwort des Kleiderbullen gleich mit einem Kopfschütteln vorwegnehmend, und legte die anprobierten Sachen auf den Tresen. Der Kleiderbulle schüttelte den Kopf.

Jede ihrer Bewegungen knisterte vor Sex. Nach Ablauf seiner Führerscheinentzugsfrist werde er in *ihrem* Streifengebiet bestimmt gleich wieder betrunken fahren – »fahren müssen«! –, rief er, das Wort *müssen* deutlich dehnend. Das hatte Waltraud ein betrunkener Autofahrer während der Blutentnahme im Krankenhaus versprochen. Nach seiner »Blutspende« zupfte er den jungen Arzt am Kittel. »Nur von ihr« – erst deutete er auf Waltraud, dann stierte er sie mit glasigen Augen an –, »nur von diesem Engel lasse ich mir den Lappen noch einmal abnehmen«, lallte er.

Der Arzt und ich mussten laut lachen, während Waltraud, die Arme vor der Brust verschränkt, nur dastand und uns zornig anblickte.

»Du bist nicht viel klüger als dieser Betrunkene da!«, zischte sie mich leise an, da ich noch immer lachte.

Bei der Verabschiedung hielt der Arzt lange Waltrauds Hand, und erst als sie kräftig an der seinen zog, gab er sie wieder frei.

»Entschuldigung!«, sagte er und errötete leicht.

Doch schnell hatte er sich gefasst, und noch einmal sah er Waltraud an. Nachdem er seine Blicke einen Moment lang auf ihren Lippen hatte ruhen lassen, wandte er sich an mich.

»Ja, sie ist wie ein Engel«, sagte er so leise, dass ich es nur noch von seinen Lippen ablesen konnte. Er hätte es auch laut sagen können, denn Waltraud war schon auf dem Weg zum Streifenwagen. Ich schielte aus dem Fenster des Behandlungsraumes und beobachtete sie dabei. Plötzlich blieb sie stehen, ballte die linke Hand zur Faust und hielt sie fest gegen die Brust gepresst. Den Kopf weit in den Nacken gelegt, starrte sie in den Nachthimmel. Später dann im Streifenwagen bemerkte ich, dass sie geweint hatte.

Wir hatten den Betrunkenen nach Hause gefahren und befanden uns auf der Rückfahrt zur Dienststelle. Schon nach wenigen Metern lenkte Waltraud den Wagen in einen kleinen Park. Auf einer Anhöhe, von der aus wir auf die schlafende Stadt unter uns schauen konnten, hielt sie an. Sie presste den Kopf fest gegen die Nackenstütze und schloss für wenige Sekunden die Augen.

»Manchmal kann ich ihre Blicke nicht ertragen, wenn sie mich mit ihren gierigen Augen anstarren«, begann sie, mir ihr plötzliches Verschwinden aus dem Behandlungszimmer des Krankenhauses erklärend.

»Na, hör mal, Waltraud, das war doch nur ein Betrunkener!«

Sie machte eine abwehrende Handbewegung.

»Ach, ich verstehe, der junge Arzt …?«, fragte ich, legte meinen Kopf an die Nackenstütze und schloss die Augen. »Pechschwarzes Haar, himmelblaue Augen, sportliche Figur, muskulöse Oberarme, die schlanken, schönen Hände eines Pianisten«, malte ich aus der Erinnerung sein Bild. Dann öffnete ich die Augen und sah Waltraud, meinen Kopf noch immer an der Nackenlehne, von der Seite an. »Ich hab seine Telefonnummer!«

Ich kramte in meiner Hosentasche, fand den kleinen Zettel, den mir der junge Arzt beim Gehen noch schnell zugesteckt hatte, und hielt ihn Waltraud hin. »Seine Telefonnummer!«

Sie biss sich fest auf die Lippen.

»Privat!«, betonte ich mit einem Lächeln und schwenkte den Zettel vor ihren Augen. Sie verschränkte die Arme vor der Brust.

»Na, gut«, sagte ich und drückte den klein gefalteten Zettel an meine Lippen. »Wenn *du* ihn nicht magst …«

Ich ließ den Zettel wieder in meiner Hosentasche verschwinden, wohl wissend, dass ich ihn auf der Dienststelle gleich wieder wegwerfen würde. Dann beugte ich mich zu Waltraud hinüber, ganz dicht über ihr Gesicht. Obgleich ich um meine Chancen, an einen Mann wie den jungen Arzt heranzukommen, genau wusste – warum sollte einer wie er auf ein unförmiges Pummelchen wie mich warten? –, durchzuckte meinen Körper beim Gedanken an ihn ein wohliges Gefühl.

»Gut, dann werd ich mich mal an diesen Süßen heranpirschen, und nach der nächsten Blutentnahme gehört er mir«, log ich flüsternd, riss meinen Mund weit auf und entblößte dabei meine Zähne, das Fletschen eines Raubtieres nachahmend. »Mit Haut und Haaren werd ich diesen Schönling dann verspeisen!«

Waltraud sah mir in die Augen – das Licht einer Straßenlaterne, das ins Wageninnere fiel, ließ die ihren wie schwarze Glassteine funkeln, und ihrem fein geschnittenen Gesicht verlieh es etwas Puppenhaftes. In der Rolle einer Frau, die jeden Mann, den sie nur haben möchte, auch bekommt, kam ich mir plötzlich so albern vor. Ich rückte wieder auf meinen Beifahrersitz und sah zu Boden.

»Der nächste Wagen zum Hauptbahnhof, dort Schlägerei unter Zuhältern!«

Ein Funkspruch aus der Einsatzzentrale riss uns aus der Stille.

»Einsatzhundertschaft ist dorthin bereits unterwegs«, ergänzte der Sprecher knapp. Hastig riss ich den Hörer aus der Gabel.

»Wolf 23/4 fährt auch!«, bestätigte ich und schaltete gleichzeitig das Martinshorn ein.

Manchmal kann ich ihre Blicke nicht ertragen, wenn sie mich mit ihren gierigen Augen anstarren.

Das Heulen des Martinshorns und das Dröhnen des Motors bei rasender Fahrt hatten mich schnell taub für Waltrauds Worte gemacht.

Nach unserer Ausbildung waren sie und ich auf dieselbe Dienststelle gekommen.

Aber Einsätze wie diesem folgten nur noch wenige. Denn schon bald hatte der Dienststellenleiter sein Versprechen wahr gemacht und die »Puppenwagen«, wie er sie nannte, verboten. Von da an taten Waltraud und ich Dienst in verschiedenen Schichten. Künftig sollten wir uns nur noch zu den Ablösungen, mittags, am Abend und in der Frühe sehen. Während mein dienstlicher Alltag weitgehend unspektakulär verlief, hörte ich immer öfter von Waltrauds Erfolgen. Dank ihrer Zähigkeit bei den Ermittlungen war es ihr zum Beispiel gelungen, eine international operierende Bande von Autoschiebern auffliegen zu lassen.

»Halt mir bitte nächsten Montag ganz kräftig die Daumen, Margit!«, flüsterte sie mir eines Tages beim Schichtwechsel zu. Schnell zog sie mich ganz nah zu sich heran. »Ich bin zum Eignungstest für den Aufstieg in den gehobenen Dienst eingeladen worden.«

Ich umarmte sie und flüsterte ihr ein »Toi, toi, toi!« ins Ohr.

Ihr »Danke« klang leise, fast schüchtern, und ihr Blick schweifte unsicher im Raum umher. Ja, sie und ich, wir wussten um die Turbulenzen, die es in den vergangenen Monaten ihretwegen auf unserer Dienststelle gegeben hatte. Dienstpläne mussten neu geschrieben werden, und privat organisierte Fahrgemeinschaften konnten nicht länger bestehen bleiben, weil eine erprobte, gut aufeinander eingespielte Streifenbesatzung auseinandergerissen worden war. Denn schon bald unterstützte Waltraud die Kollegen beim zuständigen Kriminalkommissariat, war dorthin über längere Zeit abgeordnet worden. Zwei Täter aus der Autoschieberbande saßen bereits in Untersuchungshaft, und für die weiteren Ermittlungen war man auf Waltrauds Spezialwissen angewiesen.

»Du bist zum Aufstieg zugelassen, und das schon nach so kurzer Zeit im Einzeldienst? Das ist doch super!« Ich zog sie fest am Arm. »Mädchen, du packst das!«

Sie blickte mich an, ihre Lippen bebten, und ich sah, wie sehr sie um Haltung bemüht war.

»Waltraud, du darfst das doch alles nicht so ernst nehmen«,

beruhigte ich sie und erinnerte mich gleichzeitig an Bemerkungen, die über sie gemacht worden waren.

»Die hat doch längst den Busenbonus«, hieß es da oder: »Von dieser Zicke, der keiner von uns gut genug ist, würde ich mich auch mal gerne beurteilen lassen.« Der Kollege, der dies gesagt hatte, griff sich dabei an sein Gemächt und wippte mit dem Becken vor und zurück. »Das Beurteilungsprädikat *Übertrifft erheblich die Anforderungen* müsste sie mir mindestens geben«, hatte er gelacht. »Autoschieberring. Oh! Ah!« Anzügliche Bewegungen mit dem Becken unterstrichen das Äffen einer Kollegin. »Oh! Ah! Schieberring!«

»Nimm sie doch nicht so ernst, Waltraud, aus allem spricht doch nur ihr Neid, und ein Chorknabenbund sind wir nun mal nicht«, sagte ich, wieder ganz zurück aus der Erinnerung an die boshaften Bemerkungen der KollegInnen. »Das wussten wir doch schon, als wir diesem Verein beitraten«, versuchte ich sie und mich zu beruhigen.

Vor etwa fünf Monaten, gegen 01:30 Uhr an einem Samstagmorgen im April.

Mein Kollege und ich waren von einer zweistündigen Streifenfahrt zurückgekommen und hatten soeben den Wachraum betreten. Ein dicker Mann Mitte Fünfzig, dem das Smokingjackett über dem Bauch spannte und der einen schwarzen Mantel über dem rechten Arm trug, stand von der Besucherbank auf. Mit unsicheren Schritten kam er auf Wolfgang und mich zu.

»Frau Wachtmeister, sagen Sie doch bitte Ihren beiden Kollegen, dass ich Jeannys Foto bald wiederhaben möchte.« Er zeigte in Richtung der Tür, die zu den Räumen im ersten Stockwerk der Polizeiinspektion führt. Dort liegen die Büros der Verwaltung, der *Wellnessbereich*, wie wir alle scherzhaft dazu sagen.

»Dort hinauf sind die beiden!« Der Mann tippte auf das Ziffernblatt seiner Uhr. »Über eine halbe Stunde sind die jetzt schon da oben!«

Wolfgang und ich sahen uns verdutzt an, und mein Kollege hob die Schultern.

»Die werden wohl noch Kopien von Ihrem Führerschein oder von sonstigen Ausweispapieren machen«, beruhigte er den Mann.

»Ach was, das haben die doch schon alles kontrolliert!«

»Was zeigt denn eigentlich das Foto von …?«, fragte ich.

»Jeanny!«, antwortete der Mann mit glasigen Augen, den Augen eines Betrunkenen. »Jeanny, mein süßes Kätzchen, ist auf dem Bild!«

Da hörten wir schon das Lachen der Kollegen, die die Treppe heruntergepoltert kamen. Eine Spindtür im Umkleideraum ging quietschend auf und schloss sich sogleich wieder.

»Der Kopierer …«, begann Fritz, als er den Wachraum betrat, unterbrach sich aber sogleich und grinste verlegen, als er Wolfgang und mich da stehen sah.

»Na, ihr beiden? Streife ohne besondere Vorkommnisse beendet?«, fragte er, noch immer verlegen, knapp und im deutlich übertriebenen Ton eines Dienstgruppenleiters, den er heute zu vertreten hatte. Er gab Bernhard ein Zeichen, dass er sich zurückziehen solle, und der tat dies mit einem breiten Grinsen auf dem Gesicht.

Bernhard war es, mit dem zusammen Waltraud ihre ersten Ermittlungen gegen die Autoschieberbande geführt hatte. Bernhard, über den sie immer wieder gesagt hatte, dass er den entscheidenden Ermittlungsansatz damals erst gefunden habe.

Was immer Fritz und Bernhard da ausgeheckt haben mochten, Fritz schien der Rädelsführer des Ganzen zu sein und Bernhard sein williger Mitspieler.

Fritz ging auf den Mann zu, der sich wieder schwerfällig von der Bank erhoben hatte.

»Wir versprechen, alles zu tun, was in unserer Macht steht, um Ihre Jeanny bald wiederzufinden«, sagte er betont ernst und steckte ihm das Bild zu. »Das kann so schwer ja nicht sein, wir haben ja ihr Bild! IHR Bild!«, betonte er schmunzelnd an Wolfgang und mich gewandt, während er den Mann sachte zur Tür hinausschob.

»IHR Bild!«, wiederholte er laut lachend noch einmal, nachdem sich die Eingangstür wieder geschlossen hatte, und hielt mir das Foto vor die Augen. Nur widerstrebend gab er es aus der Hand, und ich betrachtete es: Eine Tabledancerin, nur mit einem schwarzen Stringtanga bekleidet, schlingt ihre Beine um eine Stange und presst ihren Schoß dagegen. Am ausgestreckten rechten Arm ist der Oberkörper des Mädchens weit nach hinten gebeugt. Der Kopf ist überstreckt, langes braunes Haar berührt fast den Boden. Das Mädchen lächelt ins Publikum.

»Das ist Waltraud«, flüsterte ich.

»Ja, das ist Waltraud«, bestätigte Fritz. »Das ist unsere Untouchable-Waltraud!«

»Fritz, was habt ihr da kopiert?«

»Macht doch keinen Scheiß!«, unterstützte mich Wolfgang.

Fritz riss mir das Bild aus der Hand.

»Untouchable-Waltraud!«, flüsterte er und strich mit der Hand übers Bild. »Untouchable-Waltraud!«, wiederholte er noch einmal, küsste das Bild und steckte es mit einem dummen Grinsen in die Brusttasche seines Hemdes.

»Fritz, was habt ihr da oben ...« Ich zeigte nach oben. »Was habt ihr da oben so lange mit dem Bild gemacht?«

Er zuckte die Schultern und verschränkte die Arme vor der Brust. Im Umkleideraum wurde eine Tür zugeschlagen, und kurz darauf kam Bernhard herein.

»Moment mal!«, sagte ich und ging auf Fritz zu. »Ihr habt doch nicht etwa ...?«

Er verstellte mir den Durchgang zum Umkleideraum, und ich stieß ihn unsanft zur Seite. An Waltrauds Spind hing das vergrößerte Bild von ihr als Tänzerin.

»Ist doch ganz gut geworden, nicht wahr?«

Fritz lehnte grinsend im Türrahmen. Bernhard trat hinzu.

»Ihre Titten sind vielleicht noch ein wenig zu unscharf ...«, sagte er und strich übers Bild.

»Unscharf?«

Wolfgang kam hereingestürzt.

»Wenn ich *den* erwische, der dieses Bild noch einmal irgendwo hinhängt!«, rief er, riss es vom Spind und zerriss es in kleine Fetzen. »Wenn ich *den* erwische, dem garantiere ich, dass er auch für längere Zeit unscharf sehen wird!« Wolfgang ballte die Faust. »Das garantiere ich!«, wiederholte er mit hochrotem Kopf. »Eine hundsgemeine Sauerei ist das, was ihr da vorhabt, sonst nichts!«

Bernhard zuckte die Achseln, und Fritz tippte mit einem Finger auf die Brusttasche seines Hemdes, in der Waltrauds Bild steckte. »Für ein Autogramm von ihr!«, bemerkte er grinsend.

Ich nahm den Schlüssel zum Zimmer des Innendienstleiters vom Schlüsselbrett und ging hinauf. Bei Polizeiobermeisterin Kramer waren für die nächsten drei Tage im Dienstheft jeweils ein ÜS für Überstunden und an den drauffolgenden fünf Tagen jeweils ein U für Urlaub eingetragen. Egal, dachte ich und sah auf die Uhr. Wenn es auch erst 02:30 Uhr ist, ich muss Waltraud sofort anrufen, nahm ich mir vor und wählte auf meinem Handy ihre Nummer. Doch niemand ging ran. Über die Mailbox ließ ich Waltraud nur so viel wissen, dass sie mich nach ihrer Rückkehr sofort anrufen solle.

Zwei Tage später fand ich Waltrauds Foto als Tabledancerin auf der Titelseite eines Boulevardblattes. Ihr Gesicht war so unscharf abgebildet, dass man es nicht mehr erkennen konnte. Die Bildunterschrift lautete:

Früher verteilte sie ihre Wäsche im Publikum, heute die Knöllchen an die Verkehrssünder. Vor ihrer Polizeikarriere arbeitete die sexy Jeanny als Tabledancerin in einem Nachtklub. Hast du auch wirklich nur getanzt, Jeanny?

»Diese Schmierfinken, diese hundsgemeinen Schmierfinken!«, flüsterte ich.

»Ich werde sofortige Ermittlungen gegen den einleiten lassen, der Waltraud Kramers Bild an die Presse gegeben hat«, versprach mir der Dienststellenleiter, den ich noch am selben Tag aufgesucht hatte.

»Sofortige Ermittlungen?«, wiederholte ich, und er nickte zur Bestätigung. »Und die baldige Verhaftung und Verurteilung des Täters!«, rief ich, und er sah mich mit einem stechenden Blick über seine Brillengläser hinweg an. Eine Disziplinarstrafe in Form einer Geldbuße vielleicht, mehr dürfte dabei wohl nicht herauskommen, überlegte ich und lächelte meinen Chef an. Ein wenig verlegen durchwühlte er einen Papierstapel und zog ein Schreiben hervor. Nachdem er sich für einige Minuten darin vertieft hatte, berichtete er: »Beim Zulassungstest für den Aufstieg in den gehobenen Dienst gehört sie zu den fünf Besten!«

Er warf das Schreiben wieder auf den Stapel zurück.

»Und ihr Auftreten als Polizeibeamtin in der Öffentlichkeit war doch stets tadellos.« Er schüttelte den Kopf. »In einem Dreivierteljahr schon hätte sie mit dem Studium beginnen können.«

»Warum *hätte*? Mit dem Wenigen, was man bislang über Waltraud weiß und ohne sie vorher auch nur ein einziges Mal angehört zu haben, verurteilt man sie schon jetzt?«

»Niemand verurteilt vorschnell Ihre Kollegin«, wandte er leise ein, bereits wieder in das Schreiben von vorhin vertieft, das er noch einmal in die Hand genommen hatte. »Zu den fünf Besten …«

Ich stand wortlos auf und ging zur Tür. Denn mir war bewusst geworden, dass er sich bereits *gegen* Waltraud entschieden hatte. An der Tür drehte ich mich noch einmal um.

»Waltraud Kramers Auftreten als Polizeibeamtin war doch stets tadellos …«, murmelte er … und ich schloss leise die Tür.

Tage später, mittags beim Schichtwechsel, sah ich Waltraud wieder. Ich stand am Kopiergerät, und sie kam gerade die Treppe vom ersten Stock herunter.

»Hallo, Waltraud, wie war's im Urlaub?«

Sie sah mich kurz an. Während sie sich in dem engen Flur an mir vorbeidrückte, faltete sie ein Kuvert, das sie zuvor noch in der Hand gehalten hatte, und steckte es in eine Gesäßtasche ihrer Jeans. Dann lief sie in Richtung Ausgang, und kurz darauf hörte ich das Summen des Türschließers. Auf der gegenüberliegenden Straßenseite blieb sie einen kurzen Moment lang stehen und sah zu mir herüber. Ich machte ihr noch ein Handzeichen, sie möge warten, aber sie verschwand in einer Seitenstraße.

II

Sie schaut auf die angezeigte Telefonnummer im Display ihres Telefons und stöhnt leise. Erst beim dritten Klingeln nimmt sie ab. Mit dem Telefon am Ohr geht sie in dem kleinen Appartement langsam auf und ab.

»Das ist lieb von dir, Margit, dass du anrufst! ... Ja, ich weiß, du hast es schon mehrmals versucht ... Ja, ich kam vom Chef ... Ach was, der hat mir nicht mal richtig zugehört! Für seine Dienststelle und für mich sei es besser, sagte er, wenn ich ein wenig Abstand zu allem gewinnen könnte. Dann hat er mir das Schreiben des Präsidiums ausgehändigt und mich zur Tür hinauskomplimentiert. Beurlaubung! Beurlaubung, Margit, verstehst du?«

Sie lässt sich in einen Sessel fallen und starrt zur Decke.

»Ich bin doch keine Hure! ... Ja, aber die anderen glauben das! Warum sonst ermittelt man jetzt gegen mich in einer Sache, die schon mehr als zwölf Jahre zurückliegt?«

Sie schweigt einen Moment lang.

»Margit, ich hab dir doch ...«

Sie schluckt laut. »Ich hab dir doch einmal von Bernd erzählt ... Ja, der bei einem Autounfall verunglückt ist. Er war zehn Jahre älter als ich, und wir hatten uns beim Jazztanz kennengelernt. Damals hat es gleich gefunkt zwischen uns beiden. Er war meine erste große Liebe, und als er mir eines Tages eröffnete, dass er mit dem Geld aus einer Erbschaft einen Nachtklub eröffnen wolle, versprach ich, ihm dabei zu helfen. Der Klub lief gut, gehörte bald zu den besten Adressen in der Stadt. In der Anfangszeit boten wir noch kein Tabledancing und Striptease an. Es künftig anzubieten, darauf hatten uns Freunde gebracht, mit denen wir einmal eine private Party in unserem Klub gefeiert hatten. Irgendwann im Verlauf dieses Abends stiegen wir dann, ausreichend alkoholisiert und total ausgeflippt, auf die Tische und klatschten und johlten zu den Hits aus den Sechzigern und Siebzigern.

Bei *Je t'aime* entledigte sich Gabi ihrer Bluse, löste langsam und im Rhythmus der Musik die Häkchen ihres Büstenhalters und warf ihn, nachdem sie ihn ein paarmal wie der Cowboy sein Lasso über dem Kopf hatte kreisen lassen, zu Boden. Erst zierte ich mich und wehrte die anfeuernden Rufe der anderen mit einer Handbewegung ab. Doch dann fasste ich Mut und machte es Gabi nach. Noch an weiteren vier Abenden, jedes Mal wenn der Club bereits geschlossen hatte, probte ich mit Gabi und Bernd, der unser einziger Zuschauer und Kritiker war. Er meinte, Gabi und ich gäben ein gutes Team ab. Aber sosehr mich Gabi und er auch baten: Ich weigerte mich nicht nur strikt, vor Publikum mit ihr zu tanzen, ich wollte mich auch nicht mehr vor Gabi ausziehen, und Bernd, der von ihrem Talent überzeugt war, akzeptierte schließlich meinen Entschluss, und wir engagierten noch zwei weitere Tänzerinnen. Und ich tat im Klub weiter das, was ich schon vorher getan hatte: Ich kümmerte mich um den Wareneinkauf, um die Abrechnung und um die Engagements der Tänzerinnen.

An einem Abend fiel Jeanny aus. Sie war eine Toptänzerin, das Highlight eines jeden Abends. Ihre Show war eine Mischung aus Tabledance und Striptease. Jeanny gehörte nicht fest zu unserem Ensemble – wir buchten sie jedes Mal über eine Agentur, denn das kam uns bedeutend billiger. Damit wir am Ende wieder auf unsere Kosten kamen, verlangten wir an den Abenden, an denen sie auftrat, von jedem Gast einen Zuschlag von zwanzig Mark.

Es wäre uns peinlich gewesen, den Gästen an jenem Abend das erhöhte Eintrittsgeld wieder ausbezahlen zu müssen, und um sie nicht zu vergraulen – schließlich war die Konkurrenz in der Stadt groß –, bat mich Bernd, Jeannys Nummer zu tanzen. Er wusste, dass ich ihr Programm perfekt beherrschte, weil ich es mit ihr einstudiert und ihm eines Abends in unserem Schlafzimmer schon einmal vorgetanzt hatte.«

Eine leichte Röte legt sich auf Waltrauds Gesicht.

»Na ja, weil ich Bernd halt wieder einmal so richtig heiß auf mich machen wollte!

Und weil ich die Vorstellung an jenem Abend retten wollte, tanzte ich schließlich Jeannys Nummer. Es war ein großer Erfolg, das Publikum war begeistert, und Bernd rechnete mir hinterher vor, wie viel wir uns sparen würden, wenn ich die Nummer fest übernähme.

Monate später hatten wir in unseren Klub schon so viel investiert, dass wir uns Jeanny gar nicht mehr leisten konnten. Ich übernahm deshalb Jeannys Programm und wurde für das Publikum zu Jeanny.«

Sie tritt ans Fenster und schaut hinunter auf die Straße.

»Vor Publikum tanzen: Wie sie mich immer angestarrt haben, die vielen gierigen Augen, und ich dann jedes Mal spürte, wie sie an mir hinabwanderten und mich dabei überall berührten.

Wie sehr habe ich mich jedes Mal davor geekelt, und mehr als einmal habe ich die Vorstellung geschmissen. Dann stürzte ich von der Bühne, schloss mich in meiner Garderobe ein und heulte. Bernd sprach mir dann Mut zu, er tröstete mich, und ich kehrte auf die Bühne zurück, mit verweinten Augen, verwischter Schminke und mit einem erzwungenen Lächeln. Denn ich wollte Bernd helfen und unseren Klub retten, an dem ich zwischenzeitlich auch beteiligt war. Margit, soeben hat es an der Tür geklingelt, ich muss Schluss machen … Nein, bitte komm nicht, jetzt noch nicht!«

Sie legt auf und geht zur Tür. Eine Uhr schlägt siebenmal – neunzehn Uhr. Beim Öffnen empfängt sie ein Blitzlichtgewitter, und schnell hält sie sich eine Hand vor die Augen.

»Was soll das, was machen Sie da?«

Sie schubst den jungen Mann, der schon halb in ihrer Tür steht, zurück auf den Hausflur.

»Es soll Ihr Schaden nicht sein …«, beginnt der Reporter mit einem Lächeln.

Er dreht sich um zu dem Mann mit dem Fotoapparat in der Hand, der dicht hinter ihm steht, zwinkert ihm zu, und wieder erhellt ein grelles Blitzlicht Waltrauds Gesicht. Mit einem kräftigen Ruck schließt sie die Tür, die gegen den Fuß des Reporters schlägt, den dieser noch schnell dazwischengebracht hat.

»Seien Sie doch vernünftig, wir wollen doch nur Ihre Story … Für gutes Geld!«

»Verschwinden Sie! Lassen Sie mich doch endlich in Ruhe!«

Sie stemmt sich gegen die Tür und tritt nach dem Fuß des Mannes. Mit einem Schrei gibt dieser die Tür frei, und laut krachend fällt sie ins Schloss. Schwer atmend lehnt sie mit dem Rücken an der Tür; sie senkt das Kinn auf die Brust, und während sie langsam zu Boden gleitet, hört sie die beiden Männer sprechen.

»Na ja, dann werden wir halt die Alte dieses Polizeiflittchens noch einmal besuchen müssen.«

»Vielleicht ist sie heute ansprechbar, gestern jedenfalls hatte sie einen gewaltigen Zacken in der Krone.«

»Sie hat uns wohl für Vertreter gehalten, und sie kaufe nichts, hat sie gesagt.«

Die Männer lachen.

»Mutter!« Waltraud stürzt zum Telefon. Mit zitternder Hand wählt sie. »So geh doch endlich ran, Mama, bitte!«

Hastig bindet sie ihr Haar zu einem Pferdeschwanz zusammen, wirft sich eine Jacke über die Schultern und läuft hinunter auf die Straße. Auf dem Gehweg bleibt sie vor einem stummen Zeitungsverkäufer stehen.

»Mutter«, flüstert sie und streicht mit einer Hand über ein Foto, das neben einem Artikel auf der ersten Seite der Zeitung abgebildet ist. Die grauen Haare stehen der alten Frau wirr vom Kopf ab, und mit glasigen Augen blickt sie erschrocken in die Kamera.

Jeannys Mutter – wusste sie wirklich nichts vom Vorleben ihrer Tochter?, steht unter dem Bild. Den Rest des Artikels überfliegt sie. Dass die Zeitung ihre Leser weiterhin über das zwielichtige Leben der ehemaligen Tabledancerin und Stripperin in einem Nachtklub und jetzigen vom Dienst suspendierten Polizistin auf dem Laufenden halten werde, wird da versprochen. *Was, außer Strippen und Tabledance, bot Jeanny den Kunden im Nachtklub damals noch? So fragen wir uns, und das fragen sich ganz bestimmt auch Jeannys Vorgesetzte.* Stumm liest Waltraud den Text. Dann klappt sie den Deckel des stummen Verkäufers wieder zu und rennt los. Sie kämpft sich durch den aufkommenden Feierabendverkehr, durch Trauben von Fußgängern mit Einkaufstüten in den Händen, schlängelt sich, vorbei an hupenden Autos im Stop-and-go-Verkehr, gewandt durch die Straßen. Mitten in einem Gewühl von Fußgängern bleibt sie stehen.

»Mutter!«, flüstert sie und blickt zu Boden. Unter ihrem Schluchzen heben und senken sich ihre Schultern, während sie von den vorbeihetzenden Passanten immer wieder angerempelt und gestoßen wird. Eine Hand packt sie von hinten an der rechten Schulter, und sie schaut auf.

»Ist Ihnen nicht gut, Fräulein?«

Ein älterer Mann reicht ihr seine Hand. »Kann ich Ihnen helfen?«

Sie steckt die Hände in die Jackentaschen und schüttelt den Kopf.

»Nein danke«, sagt sie und bemüht sich um ein Lächeln. »Kennen Sie Jeanny?«, fragt sie den Mann. »Jeanny, die Tabledancerin?«, präzisiert sie mit zitternden Lippen.

Der alte Mann zuckt die Achseln und schüttelt den Kopf.

»Jeanny, das war eine große Tänzerin«, sagt sie leise, schon im Gehen.

Der alte Mann sieht Waltraud noch lange nach. Er beobachtet sie dabei, wie sie langsam weitergeht, mit gesenktem Kopf, geschoben und gestoßen von den vorbeihetzenden Passanten.

Nach dem Gespräch mit Waltraud entschloss ich mich dazu, sie sofort zu Hause aufzusuchen. Während ich noch im Aufzug nach unten fuhr, legte ich mir im Kopf schon alles zurecht, wozu ich Waltraud später raten würde. Wie zum Beispiel zu einem Rechtsanwalt, der eine richterliche Verfügung gegen die Presse auf Verwertungsverbot ihrer Bilder erwirken könnte.

»Diese Schmierfinken«, flüsterte ich, als ich vor einem stummen Zeitungsverkäufer auf dem Gehweg stand. Der Artikel über Waltraud mit dem Bild ihrer Mutter war mir gleich in die Augen gesprungen. Zornig warf ich die Zeitung zu Boden, da klingelte mein Handy, und ich nahm ab.

»Margit, du, ich möchte dir noch einmal …«

Es war Waltraud. Sie atmete schwer, und ihre Stimme war überlagert von einem überlauten Stimmengewirr.

»Waltraud, wo bist du?«

Dann verspürte ich plötzlich einen lauten, dumpfen Knall an meinem Ohr, und leiser, von weiter weg, hörte ich die Gesprächsfetzen einer Lautsprecherdurchsage. »… aus Frankfurt … Gleis 12 … Vorsicht bei …«

III

Ein halbes Jahr war seit Waltrauds Freitod vergangen. Ihr Handy, das ein Fährtenhund bei der Absuche des Unglücksortes eingeschaltet am Bahnsteig gefunden hatte, kam nach sechs Wochen von der kriminaltechnischen Untersuchung zur Dienststelle zurück. Dort war längst wieder Routine eingekehrt.

»Die Geschichte mit Waltraud …«, begann ab und zu noch einer, und der oder die Angesprochene zuckte dann nur die Schultern und wandte sich wortlos ab.

Ein Abzug von Waltrauds Bild in Uniform, das ich ihrer Mutter gebracht hatte, hing mit einem Trauerflor versehen über dem Schreibtisch des Dienstgruppenleiters. Von dort lächelte sie allen entgegen, die den Wachraum betraten. Jedes Mal wenn Fritz, der ihr Foto an die Presse weitergegeben hatte, die Wache betrat und er wieder ihrem Lächeln begegnete, zuckte er zusammen.

Nach der Renovierung der Diensträume hing Waltrauds Foto dann nicht mehr an seinem alten Platz. Man könne es nicht mehr finden, wurde erklärt. Wolfgang, mein Streifenkollege, fuhr noch einmal zu Waltrauds Mutter, lieh sich von ihr das Foto, ließ einen Abzug davon anfertigen und hängte es wieder auf.

Fritz wurde zur Einsatzzentrale beim Polizeipräsidium versetzt, dort hatte er sich um eine Stelle als Sprecher beworben. Als sein Nachfolger seine Sachen in Fritz' Spind verstaute, fand er Waltrauds Foto.

Ach ja, in ihren Disziplinarverfahren bekamen Fritz und Bernhard je fünfhundert Euro Geldstrafe aufgebrummt.

Bernhard, der mit Waltraud zusammen die ersten Ermittlungen gegen die Autoschieberbande geführt hatte, war bald zu einem Experten auf diesem Gebiet geworden. Er wurde zum

Fachkommissariat der Kripo abgeordnet, und kaum ein Tag verging mehr, an dem man ihn nicht im Fernsehen sehen oder einen Bericht von ihm in einer Fachzeitschrift lesen konnte.

Nach einem Schichtende, um 13:00 Uhr, gab ich mein Kündigungsschreiben ab, und danach fuhr ich zum Friedhof hinaus. Ich brachte Waltraud frische Blumen und erzählte ihr, dass ich mein Jurastudium wieder aufnehmen würde. Und Waltraud lächelte mir von ihrem Bild entgegen.

IV

»Wie Sie sehen, habe ich mein Jurastudium erfolgreich abgeschlossen«, sagt die Frau lächelnd.

In einem schicken Designerkostüm, die Beine korrekt übereinandergeschlagen, sitzt sie mir gegenüber. Und ich tue mich schwer damit, sie mir noch einmal als die ehemalige Polizistin vorzustellen. Ich blicke mich um im modern eingerichteten Büro der Rechtsanwältin, an deren Adresse ich über unseren Personalrat gekommen bin. »Geh doch zu Margit Wallner, Karlheinz«, riet er mir. »Die hat einen guten Ruf als Vertreterin in Zivilsachen.«

Sie ist meinen forschenden Blicken nicht gefolgt, hat meine Augen nicht dabei beobachtet, wie sie die Repros von Marc Chagall und die alten Kupferstiche an der Wand gemustert haben. Nur stumm dagesessen hat sie und in meinen Unterlagen geblättert, die ich ihr habe zukommen lassen. Jetzt schaut sie zu mir auf.

»Ich bin eine Wiederholungstäterin, müssen Sie wissen, Herr Wedl«, gesteht sie mir mit einem gezwungenen Lächeln. »Ich *muss* jeder Polizistin, jedem Polizisten immer wieder Waltrauds Geschichte erzählen.«

Sie lässt sich auf ihren Stuhl zurückfallen, wippt mit der Lehne ein paarmal vor und zurück. Dann hört sie auf zu wippen und fasst die Armlehnen des Stuhls fester – ihre weiß gewordenen Handknöchelchen beweisen dies. »Ja, Waltrauds Geschichte, auch nach so vielen Jahren *muss* ich sie erzählen«, wiederholt sie mit geschlossenen Augen, den Kopf gegen die Nackenstütze ihres Bürostuhls gepresst. Ihre Lippen beben, und einen kurzen Moment lang bin ich versucht, ihre Hände zu halten. Sie öffnet die Augen. Das Glitzern von Tränen darin entgeht mir nicht.

Herbstmelancholie

von Irina Trümper, Mannheim

»Wohnen Sie alleine hier?« Die Frau vor mir schaut mich verständnislos an. Offensichtlich überfordert sie die momentane Situation völlig. Das kann ich verstehen. Mir geht es ähnlich.

Mein Kollege Andreas kommt aus dem Nebenzimmer und schaut mich an. »Eindeutig, das ist die richtige Wohnung!«

Somit steht fest, dass der Mann, der tot unten auf der Straße liegt, aus einem Fenster dieser Wohnung gesprungen ist. Wirklich gesprungen?

Es ist ein grauer Novembertag. Mittagsdienst. Zusammen mit Andreas bin ich auf Streife. Wir gehören beide zum Kriminaldauerdienst und arbeiten schon ein paar Jahre lang zusammen. Unsere Unterhaltung plätschert so vor sich hin. Wir verstehen uns gut. Schichtarbeit verbindet.

Im Funkkanal ist es still. Es scheint nicht viel los zu sein. Plötzlich fährt ein Rettungswagen mit Sondersignal an uns vorbei. Ein Notarztwagen folgt. Kurze Zeit später knackt es im Funk. Die Einsatzzentrale beordert einen Streifenwagen in die Weberstraße. »Dort liegt eine Person auf dem Gehweg. Offensichtlich Sturz aus großer Höhe. DRK ist unterwegs.«

»Die Weberstraße? Die ist doch hier um die Ecke!« Andreas hat mal in dieser Gegend gewohnt und kennt sich aus.

»Na, dann wissen wir ja auch, wohin der Rettungswagen so schnell wollte.«

Wir sehen uns an. Sturz aus großer Höhe, das hört sich nach Arbeit für uns an. Wenn die Person verstirbt, liegt ein nichtnatürlicher Todesfall vor, ein Unfall oder Suizid – im schlimmsten Fall ein Tötungsdelikt. Wie schwer sich die Person verletzt, ist nebensächlich, da für uns in erster Linie die Umstände des Sturzes geklärt werden müssen.

Ich zucke mit den Achseln. »Was soll's, wir sind doch eh in der Nähe!«

Andreas nickt, seufzt kurz und wendet das Fahrzeug. Ich ergreife den Funkhörer und melde uns für den Einsatz an: »744 hat mitgehört, wir fahren ebenfalls an.« Die Einsatzzentrale bestätigt und teilt uns dem Einsatz zu.

Als wir in die Weberstraße einbiegen, bietet sich uns ein von vielen Einsätzen bekanntes Szenario. Rettungswagen und Notarztwagen stehen mitten auf der Straße. Zwei Streifenwagen sind ebenfalls schon vor Ort, und unsere uniformierten Kollegen haben alle Hände voll zu tun. Sie sperren die Straße für den Autoverkehr, bemühen sich, aus den Schaulustigen mögliche Zeugen herauszufiltern, und fordern die restlichen Gaffer zum Weitergehen auf.

Mir schießt der Satz »Bitte gehen Sie weiter, es gibt nichts zu sehen!« durch den Kopf. So ein Quatsch. Es gibt jede Menge zu sehen: Rettungswagen, blaulichtblinkende Funkstreifenwagen, Polizisten in Uniform, Rettungssanitäter und ein Notarzt, die auf dem Boden knien. Und davor der leblose Körper, dessentwegen alle gekommen sind.

Bereits beim Aussteigen sehe ich, dass ein Rettungssanitäter Herzdruckmassage macht.

Ein Kollege in Uniform hat unser Eintreffen bemerkt und kommt auf uns zu. »Hey, ihr seid ja fix! Wir haben euch noch gar nicht angefordert.«

»Wir dachten, ihr könntet vielleicht unsere Unterstützung gebrauchen.« Das Verhältnis zwischen unserer Dienstgruppe und den Dienstgruppen der Reviere ist ganz gut. Es gibt die üblichen Neckereien zwischen Schutzpolizei und Kripo, aber wenn es ernst wird, kann man sich aufeinander verlassen.

Während Andreas den Fotoapparat aus dem Auto holt, weist mich der Kollege in den bisher ermittelten Sachverhalt ein.

»Dieser Passant« – er zeigt auf einen jüngeren Mann im Hintergrund – »ist hier auf dem Gehsteig entlanggelaufen. Plötzlich hört er von oben ein Geräusch, und noch bevor er nach oben schauen kann, fällt ihm der gute Mann direkt vor die Füße.« Er nickt in Richtung der Personengruppe am Boden. Aus den Augenwinkeln sehe ich, dass der Notarzt den Kopf schüttelt und der Rettungssanitäter die Herzdruckmassage einstellt. Mein Kollege in Uniform hat es auch bemerkt.

»Na, da seid ihr ja nicht umsonst gekommen«, sagt er.

Ich verziehe das Gesicht. »Das habe ich auch nicht angenommen.« Der Umgangston ist flapsig – das schafft Distanz. Und man verbündet sich mit denjenigen, die diese Situation mit einem erleben.

Die Rettungskräfte packen ihre Sachen zusammen. Infusionen, Spritzen und alle möglichen Medikamente, die nicht helfen konnten, wandern in die großen Koffer. Zurück bleiben Einmalhandschuhe, Kanülendeckel und aufgerissene Verpackungen. Und ein lebloser Körper, der gerade zum Schutz vor den neugierigen Blicken der Anwohner und Passanten mit einem weißen Tuch abgedeckt wird.

Andreas fertigt Fotos vom Tatort. Das ist wichtig für den Kollegen, der den Fall morgen auf den Schreibtisch bekommen wird und nicht die Möglichkeit hatte, sich selbst ein Bild vor Ort zu machen.

Der Kollege der Schutzpolizei reißt mich aus meinen Gedanken. »Willst du mit dem Zeugen sprechen?«

Ich nicke. »Ja, das mach ich gleich. Wissen wir etwas über die Identität des Toten?«

»Nein, wir haben ihn bis jetzt nicht nach Ausweispapieren durchsucht, weil die Rettungskräfte an ihm dran waren.«

»Okay, dann sollten wir das jetzt tun, vielleicht hat er ja hier gewohnt. Ich spreche mich kurz mit Andreas ab und komm dann zu dem Zeugen.«

»Andreas, könntest du ihn mal nach Ausweispapieren durchsuchen? Wir wissen noch nicht, wer er ist. Ich rede solang mal kurz mit dem Zeugen, und dann müssen wir rausfinden, wo er herkam.«

»Alles klar!« Andreas nickt. »Ich mach dann gleich mal ein paar Fotos von der Leiche. Was ist mit der Leichenschau? Sollen wir einen Vertragsarzt rufen?«

Ich überlege. Bei einem nichtnatürlichen Todesfall muss sowohl eine ärztliche als auch eine kriminalpolizeiliche Leichenschau durchgeführt werden. In Mannheim haben wir für die ärztliche Leichenschau vertraglich verpflichtete Ärzte, die zu jeder Tages- und Nachtzeit zum Todesort kommen müssen. Aber der Leichnam muss für die Leichenschau komplett entkleidet werden.

Ich schüttle den Kopf. »Nein, wir rufen den Bestatter und lassen den Leichnam zum Zentralfriedhof transportieren. Der Arzt kann dort dann ungestört seine Leichenschau vornehmen. Schau auch nach, ob er auffällige Verletzungen hat.«

Andreas weiß, was ich meine, und macht sich an die Arbeit.

Der Zeuge wartet neben dem Kollegen der Schutzpolizei.

»Ich hab seine Personalien schon aufgenommen, die gebe ich euch nachher.«

Ich lächle meinem Kollegen zu. »Wusste ich doch, dass ich mich auf dich verlassen kann. Könntest du mir einen Gefallen tun und über die Einsatzzentrale einen Bestatter bestellen? Die werden eh eine Weile brauchen, bis sie da sind.«

»Einmal Bestatter, kommt sofort!« Wie ein Kellner, der meine Bestellung aufgenommen hat, eilt der Kollege davon, um meinen Wunsch über Funk an das Lagezentrum weiterzugeben.

Ich wende mich dem Zeugen zu, der unseren Dialog etwas ungläubig verfolgt hat. Diesen Blick kenne ich. Ihm begegne ich manchmal, wenn ich Freunden von meiner Arbeit erzähle. Manche haben noch nie eine Leiche gesehen. Diejenigen, die schon mal einen toten Menschen gesehen haben, finden es oft unbegreiflich, dass dies zu meiner Arbeit gehört: Erhängte abzuschneiden, Leichen zu entkleiden und Angehörigen die Nachricht vom Tod eines geliebten Menschen zu überbringen.

»Wie geht es Ihnen?« Er scheint froh, dass sich jemand über seinen emotionalen Zustand Gedanken macht.

»Puh, ich bin schon ganz schön geschockt. Wissen Sie … also, wenn ich nur einen Schritt schneller gewesen wäre oder eine Sekunde früher dran, also, der hätte mich voll erwischt. Der ist mir genau vor die Füße gefallen.« Seine Blässe wird noch eine Spur beeindruckender.

»Ja, da haben Sie wirklich Glück gehabt. Können Sie mir vielleicht zeigen, an welcher Stelle Sie sich befanden, als er herunterfiel?«

Wahrscheinlich ist der jetzige Lageort des Toten nicht die Aufschlagstelle. Sicherlich wurde er durch die Rettungskräfte bewegt. Und ab einer bestimmten Fallhöhe prallt ein Körper wieder vom Boden ab.

Mit dem Zeugen gehe ich Richtung Leichnam, wo Andreas noch mit Fotografieren beschäftigt ist. Zwei Kollegen der Schutzpolizei halten das Tuch hoch und schaffen somit einen Sichtschutz vor den immer noch anwesenden Gaffern.

Einige Meter vor der Leiche bleibt der Zeuge stehen und zeigt auf ein Fenster des Mehrfamilienhauses.

»Hier, genau hier war ich. Ich sah gerade den Vorhang an und dachte mir, Mann, ist der hässlich, als ich das Geräusch hörte. So wie wenn halt etwas herunterfällt. Und dann klatschte er mir auch schon vor die Füße. Höchstens zwei Meter vor mir.«

»Ist Ihnen sonst noch irgendetwas aufgefallen? Hat jemand geschrien, oder war da noch ein anderes Geräusch?«

Er schüttelt den Kopf. »Nein, sonst hab ich nichts gehört.«

»Haben Sie noch etwas gesehen, als Sie nach oben schauten? Stand da jemand am Fenster?«

Wieder schüttelt er den Kopf. »Nein, da war nichts! Ich hab dann gleich mit meinem Handy die Einseinsnull gerufen und einen Rettungswagen bestellt. Ich weiß auch nicht, ob er noch gelebt hat, er hat noch so Geräusche gemacht, aber er war nicht bei Bewusstsein.«

Die Frage nach Erste-Hilfe-Maßnahmen verkneife ich mir. Allerdings bin ich überzeugt, dass in diesem Fall weder eine stabile Seitenlage noch eine unverzügliche Herz-Kreislauf-Massage geholfen hätte.

»Alles klar.« Ich nicke dem Zeugen zu. »Ich habe erst mal keine Fragen mehr. Sie können dann gehen. Falls sich noch Fragen ergeben, würden wir uns bei Ihnen melden. Erholen Sie sich erst mal!«

Der Zeuge ist sichtlich erleichtert, dass er den Tatort verlassen kann.

Ich gehe zu Andreas hinüber, der die vorläufige Leichenschau zwischenzeitlich beendet hat. »Und? Wissen wir jetzt, wie er heißt?«

Andreas schüttelt den Kopf. »Negativ, der hatte gar nichts dabei. Da werden wir wohl ein bisschen suchen müssen.«

Ich trete ein paar Schritte zurück und schaue an der Fassade des Mehrfamilienhauses hoch. Bis zum Beginn des Daches sind es fünf Stockwerke.

Alle offenen Fenster sind mit neugierigen Anwohnern besetzt. Falls nicht jemand das Fenster nach dem Sturz geschlossen hat, kommt keine dieser Wohnungen als Absprungort in Frage.

Andreas stellt sich neben mich. »Unter dem Dach sind bestimmt auch noch Wohnungen. Vielleicht kam er aus einer davon – oder er ist irgendwie aufs Dach geklettert und dort heruntergesprungen – oder gefallen.«

Oder gestoßen worden, ergänze ich in Gedanken.

»Tja, dann gehen wir mal auf die Suche!«, sage ich laut. Ein Streifenteam begleitet uns. Das zweite Team bleibt beim Leichnam und wartet auf den Bestatter.

Die Eingangstür des Mehrfamilienhauses befindet sich im Innenhof des Hauses. Sie steht offen, und wir steigen über die alte Holztreppe nach oben. Hierbei durchqueren wir verschiedene Duftzonen. Mal riecht es nach Mittagessen, dann nach Putzmittel, dann wieder leicht modrig.

Das Dachgeschoss ist heruntergekommener als der Rest des Hauses. Der schmale Flur ist mit einem fleckigen Teppich ausgelegt, von der Holzdecke hängen einige Bretter. Der Geruch ist auch anders – ich hatte ihn schon oft in der Nase. Einordnen kann ich ihn nicht, aber er führt dazu, dass ich mich sofort niedergeschlagen und deprimiert fühle.

Im schmalen Flur sind zwei Wohnungstüren. Wir klingeln an der ersten.

Nach kurzer Zeit wird geöffnet. Ein etwa siebzigjähriger Mann schaut mich durch den schmalen Türspalt hindurch misstrauisch an. Erst als er die Männer in Uniform sieht, macht er die Tür ganz auf.

»Ist was passiert?«

Ich beantworte die Frage so vage wie möglich. »Ja, es ist etwas passiert. Bitte entschuldigen Sie die Störung, aber wir müssten kurz mal aus Ihrem Fenster sehen.«

Der Mann tritt bereitwillig zur Seite, so als wollten täglich fremde Personen seine Aussicht bewundern. Andreas geht an dem Bewohner vorbei in das Zimmer am Ende des Flurs. In die Dachschräge ist eine Gaube mit einem Fenster eingelassen. Das Fenster ist geschlossen. Andreas öffnet es und schaut hinaus. Nach kurzer Zeit winkt er mich zu sich. Vom Fenster ist es etwa ein Meter bis zu einem Schneefanggitter, und dann geht es über den Rand in die Tiefe. Die Straße kann man von hier aus nicht sehen.

Andreas zeigt nach links zur Dachgaube der Nachbarwohnung. Dort ist aus dem Schneefanggitter ein Stück herausgebrochen.

»Das könnte beim Sturz passiert sein. Entweder ist unser Mann von weiß Gott wo auf das Dach geklettert, oder er kam aus der Nachbarwohnung.«

Ich stimme Andreas zu. Er schließt das Fenster, und ich drehe mich zu dem Bewohner um. »Wissen Sie, wer in der Wohnung nebenan wohnt?«

»Ich weiß nicht, wie sie heißt, aber es ist eine junge Frau. So wie die aussieht, nimmt sie bestimmt Drogen.«

Um diese Information hatte ich nicht gebeten, aber für den Mann scheint klar zu sein, warum wir hier sind.

»Vielen Dank für Ihre Hilfe«, verabschiede ich mich. Erst als er zögernd seine Wohnungstür geschlossen hat, klingeln wir an der zweiten Tür.

Nichts regt sich dahinter. Wir klingeln noch einmal und klopfen schließlich laut an die Tür. »Polizei, aufmachen!« Es rührt sich nichts. Vermutlich ist niemand zu Hause.

Der Kollege in Uniform schaut mich fragend an. »Aufmachen?«

Es fasziniert mich immer wieder, wie versessen manche Kollegen auf das Auftreten von Türen sind. Ich selbst käme nie auf die Idee, selbst zu versuchen, eine verschlossene Tür zu öffnen. Da wäre die Angst vor der Blamage viel zu groß. Ich wäge die Alternativen ab. Wir müssen in die Wohnung, so viel steht fest. Die Wahrscheinlichkeit, dass unser unbekannter Toter aus dieser Wohnung kommt, ist sehr groß. Sicherlich finden wir dort Anhaltspunkte für seine Identität. Den Schlüsseldienst oder die Feuerwehr rufen, um die Tür zu öffnen? Das kann dauern.

Ich sehe mir die Tür genauer an. Sie wirkt nicht sehr stabil. Die wurde schon öfter ohne Schlüssel geöffnet.

Mein Blick geht zurück zum Kollegen. Ich mache eine einladende Handbewegung Richtung Tür. »Wenn du bitte so freundlich wärst!«

Der Kollege hämmert zur Sicherheit noch mal mit der Faust an die Tür. »Hier ist die Polizei, wenn Sie die Tür nicht aufmachen, brechen wir sie auf!«

Wir lauschen. Oft bringt diese Drohung den Bewohner doch dazu, seine Besucher zu empfangen. Hier jedoch ist kein einziger Laut zu hören.

Mein Kollege legt seine Hände nahe an den Türrahmen auf die Tür und drückt zweimal prüfend dagegen. Die Tür gibt deutlich nach. Zwei Schritte Anlauf, Schulter voraus, und die Tür springt auf. Sofort fällt mein Blick auf das Zimmer gegenüber der Wohnungstür. Es ist nahezu identisch mit der Nachbarwohnung. Dieselbe Dachgaube, dasselbe Fenster. Nur mit dem Unterschied, dass dieses Fenster weit offen steht.

Ehe wir uns einen Schritt in Richtung des Fensters bewegen können, kommen aus dem Nebenzimmer Geräusche. Mit einem schnellen Schritt geht einer der Kollegen an mir vorbei. Ich folge ihm. Vor uns steht eine zierliche Frau in einem schmuddeligen blauen Jogginganzug. Sie dürfte etwa in meinem Alter sein, so Anfang Dreißig. Sie ist blass, hat dunkle Augenränder und fettiges Haar. Sie wirkt schlaftrunkenen.

Ich gebe Andreas mit einem Kopfnicken zu verstehen, dass wir die Situation im Griff haben. Sein Nicken zeigt mir, dass er sich das Fenster im Nebenzimmer genauer ansehen wird.

Ich verschaffe mir einen Überblick über das Zimmer und die Wohnung. Die Wohnküche scheint mit dem Schlafzimmer kombiniert zu sein. Ein schmales Bett steht unter der Dachschräge. Es wirkt frisch benutzt. Ein Sofa finde ich nicht in der Wohnung. Das Nebenzimmer hat lediglich ein Dachfenster, durch welches das trübe Novemberlicht hereinfällt. Es erhellt das Zimmer nur schwach. Ich drücke auf den Schalter, und die nackte Glühbirne an der Decke verbreitet etwas Licht.

Die Spüle der kleinen Küchenzeile ist mit schmutzigem Geschirr vollgestellt. Ein quadratischer Küchentisch mit vier Stühlen und ein wackliges Sideboard ergänzen die Ausstattung.

Neben einer halb vollen Bierflasche steht ein überquellender Aschenbecher auf dem Tisch. Auf den Stühlen stapeln sich Klamottenberge.

Ich wende mich der Frau zu, die bisher noch nichts gesagt hat. »Wohnen Sie allein hier?«

Andreas kommt aus dem Nebenzimmer. »Eindeutig, das ist die richtige Wohnung!«

»Wir sind von der Kriminalpolizei. Wohnen Sie allein hier?«

Endlich nickt die Frau mit dem Kopf. »Ja, ich wohne allein hier. Aber was wollen Sie? Was ist denn los?«

Ihre Frage ist berechtigt. Ich schaue sie an und denke mir, mit ihren fünfzig Kilo wirft die doch niemals einen Mann aus dem Fenster.

Trotzdem will ich erst ein paar Fragen beantwortet haben, bevor ich alle meine Informationen preisgebe. Ich ignoriere ihre Frage.

»Hatten Sie heute Besuch?«

»Ja, heute Morgen war mein Freund da, aber der ist um zehn Uhr gegangen. Seitdem bin ich allein. Ich hab grad geschlafen!«

»Hat Ihr Freund einen Schlüssel für die Wohnung?« Ich suche nach einer Erklärung.

Die Frau schüttelt verwirrt den Kopf. »Nein, ich … also … wir waren eine Weile getrennt und wollen es jetzt noch einmal miteinander versuchen, aber ich will noch nicht, dass er einen Schlüssel zu meiner Wohnung hat.«

»Können Sie mir Ihren Freund beschreiben?« Ich weiß, dass diese Art der Fragerei nicht mehr lange gutgehen wird. Ich spüre ihren wachsenden Unwillen.

»Beschreiben? Wie meinen Sie denn das?«

Andreas schaltet sich in meine Befragung ein. »War ... ist Ihr Freund tätowiert?« Die Frau scheint die Vergangenheitsform nicht direkt wahrgenommen zu haben, zumindest reagiert sie nicht darauf.

»Er hat eine Tätowierung am Unterarm ... links, glaube ich, ein Kreuz.«

Andreas nickt mir zu. Natürlich, er hat ja Lichtbilder des Verstorbenen gemacht und dabei die Tätowierung gesehen.

Wohin der Verstorbene gehört, scheint jetzt klar, aber noch nicht, was genau passiert ist.

Die Frau richtet sich auf und bemüht sich um ein selbstsicheres Auftreten. »Sagen Sie mir jetzt vielleicht endlich mal, was hier los ist? Was ist denn das Problem?«

Die Angst in ihren Augen spricht eine andere Sprache. Sie weiß, dass wir nicht zum Plaudern vorbeigekommen sind.

Ich möchte nichts falsch machen, will nicht aus Mitleid die Person, die uns am ehesten erklären kann, was hier passiert ist, mit Samthandschuhen anfassen.

»Wir sind Ermittler, keine Sozialpädagogen.« Ähnliche Sätze fallen häufig, wenn man sich emotional zu sehr auf eine Situation einlässt. Es ist ein schmaler Grat, auf dem man täglich balanciert. Der Grat heißt Professionalität. Rechts und links daneben liegen Gleichgültigkeit und Überidentifikation.

Ich tendiere eher nach links. Ich weiß das, und deshalb kommt mein nächster Satz viel härter als beabsichtigt.

»Das Problem ist, dass Ihr Freund, der nach Ihren Angaben heute morgen um zehn Uhr diese Wohnung verlassen hat, der anschließend nicht mehr da war und auch keinen eigenen Schlüssel zu dieser Wohnung hat, jetzt tot unten auf der Straße liegt und offenbar aus dem Fenster im Nachbarzimmer gesprungen ist.«

Ich sehe, wie meine Worte und deren Bedeutung ins Bewusstsein der Frau dringen. Ich sehe, wie die Frau innerlich vor mir zusammenbricht. Sie schüttelt den Kopf, als könnte sie das eben Gehörte so als Lüge identifizieren. Aber die Erkenntnis bahnt sich unaufhaltsam ihren Weg.

In meinem Hals sitzt plötzlich ein riesiger Kloß, und ich fühle mich mies. Meine Rolle als emotional unbeteiligte Ermittlerin kann und will ich nicht mehr spielen. Ich gehe zu der Frau, nehme sie vorsichtig am Arm und führe sie zum Küchentisch. Sie sinkt langsam auf einen der Stühle. Ich setze mich dicht neben sie und halte ihre Hand. Ihre kalten Finger umklammern meine Hand.

Ihr starrer Blick ist auf die Tischplatte gerichtet. Sie flüstert fast tonlos: »Ich verstehe das nicht. Was ist passiert?«

Ich schweige ein paar Sekunden lang und antworte leise: »Wir wissen es nicht. Wir dachten, Sie könnten es uns vielleicht sagen.«

Die Frau reagiert nicht, und ich bin mir nicht sicher, ob sie mich überhaupt verstanden hat.

Nach einigen Sekunden fängt sie an zu sprechen. »Wolfgang kam heute Nachmittag noch einmal hierher. Er hat einen Brief bekommen von der Anwältin seiner Exfrau. Er sollte seine Kinder nicht mehr sehen dürfen, wegen der Drogen. Dabei geht er doch jeden Tag zur Beratungsstelle und bekommt dort sein Methadon. Er war so verzweifelt. Dann hat er angefangen zu trinken. Ich versuchte, ihm Mut zu machen, aber er wollte nichts hören. Er wollte sich betrinken, und deswegen haben wir gestritten. Ich hab mich ins Bett gelegt und gesagt, dass er gehen soll. Er ist einfach dort am Tisch sitzen geblieben. Dann bin ich eingeschlafen, und danach waren auf einmal Sie da.«

Ruckartig hebt sie den Kopf und sieht mich jetzt direkt an. »Er ist bestimmt weggegangen, als ich geschlafen habe. Das muss jemand anderes sein, der da auf der Straße liegt!«

»Wenn er gegangen wäre, hätte er doch bestimmt seine Schuhe und seine Jacke angezogen, oder?«

Ich zeige auf die Herrenwinterjacke, die am Stuhl hängt, und auf die Männerschuhe im Flur.

Tränen laufen ihr die Wange runter. Sie erzählt weiter, von seinen Depressionen, davon, dass es ihm in letzter Zeit besser ging. Von seinem übermäßigen Alkoholgenuss. Er hatte ihr versprochen, weniger zu trinken. Sie wollten einen Neuanfang machen und bald zusammenziehen.

Meine Rolle ist die der Zuhörerin. Vorsichtig erfrage ich die Dinge, die ich für meinen Bericht brauche. Meine Kollegen haben sich zurückgezogen, kümmern sich um die Ermittlungen, die noch zu tun sind.

»Soll ich jemand für Sie anrufen?«, frage ich.

»Ich hab doch niemand.«

Nach einer Weile fällt ihr ihre Mutter ein. Sie ist nicht da. Ich spreche ihr auf die Mailbox. Etwa eine Stunde sitze ich mit der Frau am Küchentisch und höre ihr zu.

»Bitte, gehen Sie jetzt, ich will allein sein.« Sie lässt meine Hand los.

»Soll ich einen Seelsorger bestellen?«, frage ich sie.

»Nein.«

Ich kann sie verstehen. Heute sind schon genügend fremde Menschen in ihr Leben eingebrochen.

Ich habe keine Sorge, dass sie sich was antut.

»Wenn was ist, können Sie jederzeit bei mir anrufen.« Ich reiche ihr meine Visitenkarte.

Ich drücke ihr zum letzten Mal die Hand. Andreas verabschiedet sich mit einem Händedruck.

Hinter uns schließt sich die Wohnungstür, deren Schloss durch das gewalttätige Eindringen kaum beschädigt wurde. Es kommt mir vor, als liege dies bereits Tage zurück.

Schweigend gehen Andreas und ich das Treppenhaus hinunter. Draußen ist es mittlerweile dunkel. Die Straße ist wieder eine ganz normale Straße und nicht mehr die Bühne eines Dramas. Die Vorstellung ist vorbei, die Zuschauer sind verschwunden. Nur ein Streifenwagen und unser Dienstwagen sind noch vor Ort.

Nach einer letzten kurzen Absprache mit dem uniformierten Kollegen steigen Andreas und ich ins Auto. Die Leichenschau mit dem Arzt steht noch aus, und unseren Bericht müssen wir auch noch schreiben. Aber davon werde ich heute Abend meinem Mann nichts erzählen. Stattdessen werde ich ihm von einer Frau erzählen, deren Leben sich heute schlagartig verändert hat. Und von meinen Schuldgefühlen, weil durch mich für diese Frau die Wahrheit zur bitteren Realität wurde.

Die Brücke

von Esther Lau, Geesthacht

Ich bin Streifenpolizistin im Schichtdienst und arbeite seit acht Jahren auf der Zentralstation in Geesthacht.

Es war in einer Oktobernacht 2002, als ich mit meinem Kollegen Jürgen auf Streife ging. Wir fuhren eigentlich immer zusammen. Wir sind im gleichen Alter.

Ich nahm auf dem Beifahrersitz Platz. Ich erinnere mich noch, dass es eine sehr ungemütliche Oktobernacht war. Es war schon relativ kalt und regnete vor sich hin. Typisches Herbstwetter.

Nach Mitternacht erhielten unsere Kollegen der Nachbarstation über Funk den Auftrag, auf die Bundesstraße 404 zu fahren. Eine Frau hatte dort ihren Selbstmord angekündigt. Mitten im Gespräch hatte sie aufgelegt, ohne genaue Angaben gemacht zu haben, wo sie sich nun aufhalte und was eigentlich ganz genau los sei. Dem Kollegen der Leitstelle war allerdings aufgefallen, dass im Hintergrund ein lautes Rauschen zu hören war, und er tippte auf die Autobahnbrücke im angrenzenden Revierbereich.

Wir waren in der Nähe und boten unsere Unterstützung an. Wir wollten uns als Erstes den Bereich der Elbbrücke vornehmen, wo die Bundesstraße Schleswig-Holstein mit Niedersachsen verbindet.

Auf dem Weg zu unserem Einsatzort scherzten Jürgen und ich, was das mal wieder für eine tolle Geschichte sei, nachts in der Dunkelheit und noch dazu bei Regen eine Frau zu suchen, die wahrscheinlich »nur Liebeskummer« hatte und auf sich aufmerksam machen wollte. Wir haben gelacht und geflucht und uns mit dem polizeiüblichen Sarkasmus über diesen Einsatz ausgelassen. So wie es nun einmal ist, wenn man versucht, die bedrückenden Probleme des Polizeialltags nicht zu dicht an sich herankommen zu lassen, um mit einer manchmal gespielten Gelassenheit die Aufträge abzuarbeiten.

Leider kam irgendwie alles anders, als wir uns das vorgestellt hatten.

Wir befuhren die Elbbrücke in Richtung Lüneburg und konnten niemanden entdecken. Erst als wir gewendet hatten und zurückfuhren, erkannte ich schemenhaft die Umrisse einer Person auf dem Fußweg der Brücke. Dies musste die gesuchte Frau sein.

Wir stoppten unseren Wagen, schalteten das Blaulicht ein und stiegen aus. Jetzt wusste ich auch, was die Einsatzleitstelle als Rauschen im Hintergrund gehört hatte: Das war keine Autobahn, sondern das Elbwehr. Kein Zweifel, das musste die gesuchte Frau sein. Ich hatte ein komisches Gefühl, das mir sagte: Das hier könnte ernst werden, das ist keine »normale Bekloppte«. Die will es nur einmal wissen.

Lag es am Blaulicht, das einen unwirklichen Glanz auf die diesige, dicke, verregnete Luft projizierte, oder am Geräusch der Wassermassen, die über das Wehr stürzten, dass wir uns fast anschreien mussten, um uns zu unterhalten? Jedenfalls war mir dieser Ort nicht geheuer. Eine mehrere hundert Meter lange unbeleuchtete Brücke, eine Brüstung, die gerade mal bis zu den Hüften reichte, und unter der Brücke die Elbe, das riesige, tosende Wehr mit seinem reißenden Strom aus Tausenden Kubikmetern Wasser, das aus den Schleusen hervorschoss. In der Ferne erstrahlte die hell erleuchtete Kulisse des Kernkraftwerks Krümmel im kalten Scheinwerferlicht – es war eine Szenerie wie aus einem Schwarz-Weiß-Film von Edgar Wallace, garniert mit einem Hauch Stephen King.

Die Frau war klein und zierlich und um die dreißig Jahre alt. Sie war durchnässt vom Regen und hielt ihr Handy in der Hand. Wir gingen auf sie zu und fixierten sie mit unseren Taschenlampen. Die Frau steckte ihr Handy weg und sah uns mit großen Augen an.

Jürgen stieg über die Abgrenzung, die den Fußweg von der Fahrbahn trennte, und versperrte ihr den Weg. Damit war zumindest schon mal gesichert, dass die Frau nicht mehr in die Elbe springen konnte. Der Gehweg war nicht besonders breit.

Ich sprach die Frau von der Straße aus an. Zwischen Jürgen

und mir gab es ein stilles Abkommen: Ich war für alles »Psychologische« zuständig wie den Umgang mit Kindern, das Überbringen von Todesnachrichten, den Umgang mit alten Omis und psychisch Kranken. Er erschoss dafür die angefahrenen Tiere, während ich ihm die Taschenlampe hielt. Eine klassische Arbeitsteilung eben.

Ich redete mit der Frau und stellte mich neben sie. Ich wollte einfach nur Kontakt zu ihr aufnehmen, um ins Gespräch zu kommen. Sie wollte nicht mit mir reden. Sie sagte noch, sie habe uns nicht gerufen, sie wolle nicht mit uns sprechen, wir sollten sie einfach nur in Ruhe lassen, ehe sie hysterisch auf dem Gehweg Richtung Lüneburg davoneilte. Wir folgten ihr.

Nach mehreren Versuchen, sie zum Anhalten zu bewegen, fasste Jürgen sie an der Schulter und redete auf sie ein. Das Donnern des Wehrs deckte seine Worte zu.

Plötzlich ging die Frau auf Jürgen los und schlug wild um sich. Ich kletterte über die Brüstung, um Jürgen zu Hilfe zu kommen und die Frau zu beruhigen.

Ich hatte die zwei kaum erreicht, da sprangen sie auch wieder auseinander.

Jürgen brüllte: »Vorsicht!!!! Sie hat ein Messer!!!«

Das Messer selbst sah ich nicht.

Zwei, drei Atemzüge, und das rauschende Wasser des Wehrs dröhnte in meinen Ohren. Die Frau ließ sich nicht bändigen.

Jürgen brüllte »Vorsicht, Gas!!« und sprühte ihr Pfefferspray ins Gesicht. Die Frau hielt sich die Hände vor das Gesicht, krümmte sich und ging in die Knie. Dort verharrte sie.

Wir wollten sie nun überwältigen und machten einen Schritt auf sie zu. Wir wollten sie an den Armen packen: einer links, einer rechts, so wie wir es schon oft geübt hatten. Das Messer vergaß ich dabei; wahrscheinlich weil wir davon ausgingen, dass sie durch das Pfefferspray genug hatte. Ich weiß nicht mehr, was ich genau dachte, denn es gab keine Zeit für irgendwelche Gefühle und Gedanken …

In dem Moment, als wir zupacken wollten, schnellte die Frau hoch, drehte sich und stach zu. Sie stach einfach zu. Ohne Grund.

Jürgen fragte mich: »Scheiße, hat sie dich erwischt?«

Ich wusste im ersten Moment nicht, was er meinte. Wie erwischt?

Die Frau stand uns nun gegenüber. Jürgen hatte seine Pistole in Anschlag gebracht und hielt sie in Schach. Später erzählte er mir, dass er geschossen hätte, wenn die Frau noch einen Schritt näher gekommen wäre. Aber die Frau machte auf dem Absatz kehrt und rannte davon. Wir nahmen die Verfolgung auf. Nach wenigen Schritten merkte ich, dass es auf meinem Bein warm wurde. Ich presste die Hand auf meinen linken Oberschenkel und sah, dass Blut darüberlief. Mein Blut. Schmerzen empfand ich keine. In meinem Kopf war der Stich noch nicht angekommen.

Irgendwie machte es dann klick. Ich konnte nicht mehr weiterlaufen. Mein Bein wurde langsam taub.

Ich wusste, ich bin erst einmal draußen. Jürgen muss es ohne dich schaffen, ich habe ein Loch im Bein.

Es war, als wenn man in einer Sekunde von hundert auf null abbremst. Ich sank zu Boden und gab Jürgen zu verstehen, dass es mir so weit gut ging. Ich leuchtete mit der Taschenlampe hinter ihm her, um ihn wenigstens mit etwas Licht zu unterstützen. Meine durchgeladene Pistole hielt ich in der anderen Hand.

Jürgen überwältigte die Frau. Er hatte sie nach einigen Metern eingeholt, angebrüllt, worauf sie ihren Widerstand aufgab. Er legte sie auf den Boden und fesselte sie an den Händen. Anschließend funkte er nach Hilfe, ehe er zu mir kam.

Als er bei mir angekommen war, erkannten wir, dass die Frau bäuchlings weiterrobbte. Ich gab Jürgen meine Handschellen. Er fesselte sie an den Beinen. Wir wollten nicht, dass sie ihren Plan, sich zu töten, doch noch verwirklichte und als Treibgut in Curslack endete.

Die Frau wurde durch die herbeigerufenen Kollegen festgenommen. Sie war betrunken und ließ sich freiwillig ins Krankenhaus in die Psychiatrie einweisen. Hier verblieb sie fünf Tage.

Ich kam ebenfalls ins Krankenhaus. Jürgen begleitete mich im Rettungswagen. Ich machte mir eigentlich fast mehr Sorgen um ihn als um mich. Er sah bleich aus. Sein ängstlicher Gesichtsausdruck beunruhigte mich.

Die Ärzte stellten eine acht Zentimeter tiefe und zwei Zentimeter breite Fleischwunde in meinem Oberschenkel fest. Ein größeres Blutgefäß war Gott sei Dank nicht verletzt. Ich hatte Glück im Unglück.

Meine Eltern besuchten mich noch in der Nacht in der Notaufnahme. Mein Vater fragte mich immer wieder: »Welcher Kerl war das? Welcher Kerl hat dir das angetan?«

Er ließ sich nur schwer beruhigen und wirkte verwirrt, als ich ihm erklärte, dass eine Frau auf mich eingestochen hatte. Väter sind wirklich besorgt, wenn es um ihre Töchter geht …

Nach der Notversorgung lag ich auf dem Flur des Krankenhauses in einem Bett. Die genähte Wunde schmerzte nicht. Störend wirkte das Pfefferspray, das der Gegenwind auf der Elbbrücke mir ins Gesicht geblasen hatte.

Die psychiatrische Abteilung, in der die Frau untergebracht worden war, befand sich im gleichen Haus. Während meines fünftägigen Aufenthaltes fragte ich mich oft, ob wir uns hier nochmals über den Weg laufen würden. Was mache ich, wenn sie kommt, um sich zu entschuldigen? Wie soll ich reagieren? Die Gedanken waren überflüssig. Die Frau kam nicht.

Dennoch blieben in den Wochen danach Fragen zurück. Fragen nach dem Warum, nach ihr, was sie wohl heute machte.

Monate später erfuhr ich, dass die Frau betrunken mit ihrem Auto auf der Autobahn im Nachbarbereich aufgefallen war. Sie durchbrach die Straßensperre der Polizei, beschädigte vier neue Streifenwagen und verletzte die Kollegen.

Vor Gericht wurden später die beiden Fälle zusammengeführt. Die Frau erhielt eine zweijährige Haftstrafe, ausgesetzt auf vier Jahre Bewährung. Außerdem erhielt sie vom Richter die Auflage, sich in psychiatrische Behandlung zu begeben und sich regelmäßig bei ihm zu melden. Mir wurde in der Hauptverhandlung ein geringes Schmerzensgeld zugesprochen, von dem ich bisher allerdings nur ein Zehntel erhalten habe …

In den folgenden Monaten fiel die Frau wegen einiger Straftaten wieder polizeilich auf. Fast immer war sie betrunken. Etliche Male stand sie auch wieder auf der Elbbrücke, drohte ihren Suizid an und rief die Polizei um Hilfe. Meine Kollegen empfing sie dann mit abgeschlagenen Flaschenhälsen oder Fleischermessern. Einmal teilte sie telefonisch der Wache mit, einfach irgendjemanden abstechen zu wollen.

Jürgen berichtete von diesen innerhalb des Bewährungszeitraums liegenden Straftaten dem zuständigen Amtsgericht, ohne dass wirklich etwas passierte.

2006 wurde ich auf einen Zeitungsartikel aufmerksam. »Unsere Frau« hatte einen ihrer Freunde in Hamburg niedergestochen. Nun sitzt sie wegen versuchten Mordes in U-Haft.

Vielleicht hätte man sich dies alles sparen können. Jedenfalls habe ich den Glauben an Bewährungsauflagen verloren.

Mittlerweile ist mir auch egal, was die Frau zu ihren Taten veranlasste. Es kursierten viele Gerüchte und Theorien. Angeblich habe sie einen Polizisten als Liebhaber, an dem sie sich habe rächen wollen. Oder sie sei als junge Frau auf der Elbbrücke vergewaltigt worden und so weiter. Ich weiß nicht, was wirklich stimmt, weiß nicht, was wirklich in der Frau vorging, als sie auf mich einstach, und mittlerweile glaube ich, sie weiß es selbst nicht.

Klar ist mir inzwischen, dass Jürgen und ich hätten tot sein können. Die Frau hatte bei dem ersten Gerangel versucht, Jürgen mit ihrem spitzen Steakmesser in den Bauch zu stechen. Gott sei Dank trug Jürgen seine Schutzweste. Beim Zugriff hat sie einfach drauflosgestochen. Sie hätte mich überall treffen können. Ein Glück, dass es nur der Oberschenkel war.

Viele Kollegen besuchten mich im Krankenhaus, riefen mich an oder schrieben mir. Das war überwältigend. Sogar eine unbekannte Frau aus Frankfurt schickte mir einen großen Umschlag mit Genesungswünschen und Gedichten. Sie hatte aus einem Dreizeiler der Bild-Zeitung von dem Vorfall erfahren. Erstaunlich.

Natürlich gab es auch oberschlaue Kommentare einiger Kollegen: »Das wäre mir nie passiert!« – »Selber schuld, warum achtet ihr nicht auf eure Eigensicherung!?« – »Warum habt ihr nicht geschossen?« – »Das weiß man doch, wie man sich bei Angriffen mit einem Messer verhalten soll!«

Doch alle diese Kollegen können leicht reden, denn sie waren nicht dabei, damals auf der dunklen Brücke, wo das rauschende Wasser dir die Worte nimmt.

Der Junge von nebenan

von Claudine Minten, Leverkusen

Draußen regnete es, ich fror trotz dicker Lederjacke und hoffte nur noch, dass so kurz vor Feierabend nichts Gravierendes mehr passieren würde.

Gegen 20.10 Uhr kam dann noch der Einsatz.

»11/27, fahrt mal in die Carl-Leverkus-Straße 5, dort soll sich ein weinendes Kleinkind im Hausflur befinden. Angerufen hat übrigens die Nachbarin. Das Kind gehört zur Wohnung gegenüber, dort öffnet aber niemand.«

Ich fuhr an diesem Tag mit einem Kollegen, der selbst Vater eines kleinen Jungen ist. Schon auf dem Weg dorthin unterhielten wir uns über diesen Einsatz und waren gespannt, was uns wohl erwarten würde.

Es handelte sich um ein älteres Mehrfamilienwohnhaus mit zwei Etagen. Die Nachbarin erwartete uns bereits im zweiten Stock. Sie teilte uns unumwunden mit, dass »der Kleine« auf gar keinen Fall bei ihr bleiben könne.

Plötzlich flitzte aus der Wohnung der Anruferin ein kleiner Junge. Er war schätzungsweise zwei Jahre alt. Seine schmutzige Strumpfhose war bis zu den Füßen mit Urin durchtränkt. Sein leichtes Hemdchen war ebenso schmutzig. Die Ärmel waren für die dünnen Ärmchen viel zu kurz. Er war auffallend blass, unter den Augen waren dunkle Schatten erkennbar. Der Junge schien verwahrlost und befand sich offensichtlich in einem schlechten Gesundheitszustand.

Die Nachbarin erzählte uns folgende Geschichte:

Sie selbst habe mit einer Bekannten vor dem Fernseher gesessen, als beide ein Geräusch aus dem Hausflur vernahmen. Vor der Wohnungstür entdeckten sie den gegenüber wohnenden Jungen im dunklen Hausflur. Die gegenüberliegende Wohnungstür war geschlossen, und der Junge weinte laut.

Man habe auch schon selbst gegenüber geklingelt, aber es öffne niemand. Wie gesagt, bei ihr könne der Junge auf keinen Fall bleiben. Dann flüsterte sie uns noch zu, dass die Mutter des Jungen alleinerziehend sei, und deutete mit einer Handbewegung an, dass diese wohl auch reichlich dem Alkohol zuspreche. Den Jungen bekomme sie eigentlich nie zu Gesicht, man wolle sich da ja auch nicht einmischen.

Wenn man sich diesen Jungen betrachtete, klein und hilflos und augenscheinlich verwahrlost, wie konnte man dann nur die Augen verschließen? Nichts hören und nichts sehen und bloß nicht ins Gerede kommen. Von wegen Polizei, Jugendamt, Hilfe holen, am Ende war man selbst das Opfer.

Ich war erschrocken über ihre Ansichten und hegte eine gewisse Antipathie gegen die Anruferin, ließ mir jedoch nichts anmerken.

Wir bedankten uns bei der Frau, dass sie uns angerufen hatte, und teilten ihr mit, dass wir uns nun um den Jungen kümmern würden. Schnell wurde der Kleine mit der durchnässten Strumpfhose aus der warmen Wohnung in den kalten Hausflur geschoben. Zügig wurde die Wohnungstür geschlossen, nur nichts hören, nichts mitbekommen …

Ich nahm den Jungen auf den Arm, während mein Kollege an der Wohnungstür der Mutter des Jungen klingelte. Drinnen war nichts zu hören. Nach drei Minuten Klingeldauerton hörten wir schlurfende Geräusche. Daraufhin hämmerte mein Kollege gegen die Tür und befahl lautstark, diese zu öffnen.

Und es wurde geöffnet …

Eine völlig betrunkene Frau mit zerzaustem Haar erschien im Türspalt. Sie trug bis zu den Knien heruntergelassene Jeans und Tennissocken, welche wohl noch nie eine Waschmaschine von innen gesehen hatten.

Durch den geöffneten Türspalt strömte ein übler, verqualmter und mit Alkohol durchsetzter Geruch.

Die Frau hatte offenbar geschlafen. Sie war völlig konfus, nuschelte und lallte nur. Sie torkelte, hielt sich mühsam am Türrahmen fest und fiel uns fast in die Arme.

Sie verstand überhaupt nicht, warum wir bei ihr waren und was wir von ihr wollten. Und das, obwohl ich immer noch ihren Jungen in meinen Armen hielt. Sie weigerte sich, uns ihren Ausweis zu zeigen, und wollte die Tür vor unserer Nase zuschlagen. Ihr Kind hatte sie einfach vergessen.

In meinem Kollegen und mir stieg eine unbändige Wut auf. Wir stellten den Fuß in die Tür, schoben die betrunkene Frau zur Seite und betraten die Wohnung.

Was uns dort erwartete, kann eigentlich mit Worten kaum beschrieben werden. Es handelte sich um eine Einzimmerwohnung mit einer kleinen Küchenzeile, einer Dusche und einem WC. Im engen Flur blieben wir stehen und schauten uns um. Unsere Schuhe blieben an dem völlig verdreckten und verklebten Fußboden hängen. Im Flur standen etliche bis zum Rand mit leeren Bier- und Schnapsflaschen gefüllte Plastiktüten. Es stank unbeschreiblich. Wir hielten uns die Nase zu.

Der Junge war immer noch auf meinem Arm. Ich suchte in der Wohnung nach einer trockenen Windel, einer sauberen Strumpfhose und vor allem nach einer warmen Jacke und festen Schuhen.

Linker Hand des Flures befand sich die Küche. Dort stapelte sich stinkendes, verkrustetes Geschirr. Der Herd war so schmutzig, eigentlich kaum vorstellbar, dass darauf noch gekocht wurde. Überall häuften sich leere Bierflaschen, auf dem ebenfalls klebrigen PVC-Boden standen weitere bis zum Rand gefüllte Mülltüten.

Mir war klar, dass dieser arme kleine Junge schon lange nichts Warmes mehr zu essen bekommen hatte.

Das Badezimmer war unbeschreiblich. Eher hätte ich mir in die Hose gemacht als dieses WC benutzt. An der Schrankwand im Wohnzimmer hing jede Tür aus den Angeln. Wenigstens fand ich dort Windel, Strumpfhose und Hose. Eine warme Jacke hatte der Junge anscheinend nicht. Ebenso konnte ich keine Schuhe finden.

Das Sofa war mit Brandflecken übersät. Auf dem Wohnzimmertisch standen unzählige Bierflaschen, einige noch halb gefüllt, manche umgekippt. Die Aschenbecher quollen über, der Tisch war voll Asche.

Und ständig dieser ekelhafte Gestank!

In einer Ecke des Wohnzimmers lag eine verdreckte Matratze auf dem Boden, darauf ein zusammengeknülltes, schmutziges Kissen und eine alte Wolldecke. Eine Bettdecke gab es offenbar nicht.

Auf die Frage, wo denn der Junge schlafe, zeigte die betrunkene Mutter, welche zwischenzeitlich mehrmals hingefallen war, auf die schmutzige Matratze. Dort würden sie gemeinsam schlafen.

So langsam kam die Ernüchterung über die Frau. Sie lallte zwar immer noch, schien aber jetzt wahrzunehmen, dass die Polizei in ihrer Wohnung war.

Sie gab an, Besuch von mehreren Männern gehabt und gefeiert zu haben. Dann sei sie wohl eingeschlafen, und der Junge sei allein nach draußen gegangen.

Das muss man sich mal vorstellen. Da sitzt sie in dieser »Drecksbude«, besäuft sich bis zur Besinnungslosigkeit, und das Kind erlebt alles hautnah mit.

Ich prägte mir alles genau ein, um dem Jugendamt eine detailgenaue Beschreibung der Wohnung geben zu können. Leider hatten wir keinen Fotoapparat dabei.

Als ich mit dem Jungen auf dem Arm zur Haustür lief und die Tür öffnete, stürzte sich die Mutter auf mich und versuchte, mir den Jungen zu entreißen. Dabei knallte sie dem Kleinen mit voller Wucht die Tür gegen den Kopf.

Der Junge schrie und weinte und klammerte sich fest an mich. Ich sah die Angst vor der Mutter in seinen kleinen Augen. Ich musste mich zusammenreißen, sonst hätte ich mich vergessen.

Ich war froh, als wir endlich im Streifenwagen saßen und zur Wache fuhren. Ich saß mit dem Jungen hinten. Einen Kindersitz hatten wir nicht dabei. Aber Hauptsache, weg, weg aus dieser Wohnung, weg von dieser Mutter …

Während der Fahrt war der Junge ganz aufgeregt und sagte »Zei«, was wohl so viel wie Polizei bedeuten sollte. Natürlich machten wir extra für ihn das Blaulicht an. Die ganze Zeit über hielt er meine Hand fest umklammert. Es tat mir in der Seele weh. Ich wusste, dass wir den Jungen später in ein Kinderheim bringen mussten.

Auf der Wache wusch ich den Jungen und zog ihm die zwar nicht sauberen, aber jedenfalls trockenen Kleider an. Ich fragte die Kollegen, ob sie vielleicht etwas zu essen für den Jungen hätten. Bereitwillig gaben alle, was sie noch hatten.

Während ich die Anzeige schrieb, saß der Junge auf meinem Schoß, kuschelte sich an mich, sah mich immer wieder an und lachte.

Eine Kollegin kam herein und meinte, dass man mir ansehen könne, wie betroffen mich mein Erlebnis mache. Ich hatte Mühe, die Fassung nicht zu verlieren. Tränen schossen mir in die Augen.

Auch auf der Fahrt zum Kinderheim umklammerte der Junge meine Hand. Eine Erzieherin nahm uns den Jungen ab. Sie sagte, wir sollten sofort wegfahren, damit der Junge »schnell« vergessen könne. Beim Einsteigen in den Streifenwagen hörte ich sein lautes Weinen. Es zerriss mir das Herz.

Am nächsten Morgen, noch vor Dienstbeginn, suchte ich privat das Kinderheim auf. Es ließ mir einfach keine Ruhe. Ich wollte wissen, wie der Junge die Nacht verbracht hatte und ob er überhaupt noch anwesend war. Hatte ihn die Mutter vielleicht schon wieder geholt? Der Junge war noch da und Gott sei Dank nicht wieder seiner leiblichen Mutter »ausgeliefert« worden. Wahrscheinlich konnte er zum ersten Mal in seinem Leben in einem sauberen Bett schlafen, hatte eine warme Mahlzeit bekommen und konnte ungestört spielen. Ich war beruhigt. Gleichwohl war ich mir bewusst, dass dieser Zustand sich ganz schnell wieder ändern konnte. Bis endgültig eine Entscheidung getroffen war, konnte es noch dauern. Und wer weiß, wie schnell die Mutter den Jungen zurückerhält, falls überhaupt Interesse besteht.

Mittlerweile sind die Tage vergangen, doch ich denke noch oft an diesen kleinen Jungen. Niemand wird als Verlierer geboren, doch wer gibt ihm eine Chance? Darf man die Mutterliebe über das Wohl eines Kindes stellen? Darf man diesen Jungen jemals wieder nach Hause in das Elend entlassen? Zu einer Frau, die noch nicht einmal in der Lage ist, für sich selbst zu sorgen? Was wird dann aus ihm? Ist sein Weg vorgezeichnet? Werde ich ihn eines Tages sogar verhaften müssen, weil er gestohlen hat, weil er jemanden verprügelte?

Die Antworten kenne ich nicht. Mir bleibt lediglich die Hoffnung, dass ihm jemand eine Chance geben wird.

Die verlorene Ehre des Lutz T.

von Ann-Katrin Hansen, Berlin

Sieht das alles komisch aus hier, einige der Häuser kenne ich, aber dazwischen stehen welche, die ich noch nie gesehen habe. Wie eigenartig. Ich gehe Straßen entlang, die mir bekannt sind, nur die Menschen haben sich verändert. Sie eilen an mir vorbei, während ich immer wieder stehen bleibe, mich umsehe, mich immer wieder neu zu orientieren versuche und doch die Veränderungen der Häuserfassaden nicht verstehen kann.

Viele sind angemalt, ich glaube sogar, mit Farbe aus Spraydosen angesprüht, einige Bilder sehen nicht schlecht aus, und trotzdem: eigenartig. Warum sind mir die früher noch nie aufgefallen? Werde ich nachlässig in meiner Aufmerksamkeit?

Mein Rücken tut weh, er tut immer weh, aber jetzt besonders. Mein Rücken ist teilweise steif, Auswirkungen von jahrelanger harter Arbeit, sagte der Arzt. Aber was weiß der schon? Harte Arbeit hat noch keinem geschadet, ich muss mich einfach bewegen, das hält fit und beweglich.

Ich gehe weiter, und was für ein Zufall: Mein Heimweg führt mich durch die Schulstraße. Am Ende dieser Straße, in dem kleinen Zeitungsladen, habe ich meine Frau kennengelernt. Wie lang ist das her? Eigenartig, ich kann mich kaum erinnern. Auch nicht, wann sie gestorben ist, aber auch das ist lange her.

Den Laden gibt es nicht mehr, eigenartig, das ist mir noch nie aufgefallen. Jetzt sitzen hier grimmig blickende Menschen mit dunklen Augen und schwarzen Haaren, deren Sprache ich nicht verstehe. Eigenartig. Ich gehe weiter zu meiner Wohnung, denn inzwischen ist es dunkel geworden, mir ist kalt, und ich habe Durst. Wie lange bin ich eigentlich unterwegs? Wann bin ich zu meinem Spaziergang aufgebrochen? Eigenartig, es fällt mir nicht mehr ein. Ich muss mich ausruhen, dann werde ich mich schon erinnern.

Wie alt bin ich eigentlich? Neunzig, einundneunzig, älter? Eigenartig, dass mir das nicht einfallen will. Der Rücken schmerzt, und der Durst wird stärker. Daran wird es liegen, dass ich so schlecht nachdenken kann.

Von Weitem sehe ich schon mein Haus, nein, es ist nicht mein eigenes, das hätte ich mir als einfacher Bauarbeiter nie leisten können. Nein, ich habe eine kleine Mietwohnung, denn nach dem Tod meiner Frau reichen mir zwei Zimmer. Ich bin in dem Haus aufgewachsen und habe schon in fast allen Etagen gewohnt. Erst ganz unten mit meinen Eltern, dann in der dritten Etage, als ich nach der Lehre allein wohnen wollte, in der zweiten mit meiner Frau und den Kindern, und jetzt im ersten Stock.

An meinem Haus angekommen, suche ich die Schlüssel in meinen Hosentaschen, kann sie nicht finden. Eigenartig … ich hatte sie doch eingesteckt. Heute ist aber auch alles eigenartig.

Dann stehe ich vor meiner Wohnung, jetzt will ich aber rein, will mich setzen, will trinken, mir ist kalt, und der Rücken schmerzt entsetzlich.

Was ist nur los? Warum gehen fremde Menschen in »meinem« Haus an mir vorbei? Wo sind meine Nachbarn? Alles beginnt sich zu drehen, die Schmerzen werden unerträglich, ich kann mich kaum auf den Beinen halten, stehe vor der Tür, lehne mich an, verschnaufe. Plötzlich öffnet eine junge Frau. Was macht eine junge Frau in meiner Wohnung? Will sie etwa stehlen? Aber ich habe doch nichts außer meiner mickrigen Rente, die gerade für die Miete und mein bisschen Essen reicht. Ich schreie, schreie laut, irgendeiner der Nachbarn wird mir schon helfen. Hier kennt doch jeder jeden. Aber statt zu helfen, schreit nur einer »Ruhe!!!« von weiter oben durchs Treppenhaus.

Warum hilft mir denn keiner, was macht diese Frau in meiner Wohnung, mein Rücken schmerzt, Durst, Kälte … ich zittere, Tränen laufen mir übers Gesicht.

Ich will nicht mehr nachdenken, kann mich nicht mehr auf den Beinen halten und setze mich auf die Treppe, obwohl die Härte des Betons meinem Rücken nicht guttut. Das ist jetzt egal, ich verstehe die Welt heute ohnehin nicht mehr.

Plötzlich kniet ein Mädel vor mir, fasst mir sanft auf die Schulter und lächelt mich an. Das erste freundliche Gesicht heute, und mir laufen noch immer die Tränen übers Gesicht.

Sie spricht mit mir, doch ich verstehe sie kaum, bemerke aber den netten Klang ihrer Stimme und bin dankbar. Sie fasst mir in den Kragen, dann sieht sie sich meinen Hosenbund an, ich weiß nicht, was sie tut, aber ich lasse es geschehen. Sie kritzelt etwas in ein zerfleddertes Heftchen und spricht dann in einen schwarzen Kasten.

Ich will nicht mehr nachdenken und schaue sie an, sie lächelt, und ich fühle mich verstanden. Dann greift sie mir unter die Arme, ein zweiter Mann tritt hinzu, und sie helfen mir auf die Beine. Kurzzeitig glaube ich das Bewusstsein zu verlieren, ach, ich habe meine Tabletten heute Mittag nicht genommen, dann der Durst, nun ja, mein Kreislauf spielt wohl mal wieder nicht mit. Es ist mir peinlich, aber das Mädel und der Mann halten mich auf den Beinen, ich bin ihnen dankbar.

Sie führen mich zu einem Auto, ein schickes, neues Auto. Noch nie durfte ich mit so einem fahren. Ich nehme stolz auf dem Rücksitz Platz und freue mich auf die Fahrt.

Wir fahren ein paar Straßen weiter. Inzwischen ist es klirrend kalt, und mir fällt erstmals auf, dass ich nur ein Hemd und keine Jacke trage. Warum nicht? Habe ich sie irgendwo vergessen? Eigenartig.

Die Nacht hat sich auf die Straßen gelegt, und jetzt erkenne ich die Gegend noch weniger. Ich nehme mir vor, öfter spazieren zu gehen, sonst verlaufe ich mich noch eines Tages.

Dann öffnet mir das Mädel die Tür und hilft mir beim Aussteigen. Ein paar Treppen, durch ein paar Türen, und ich finde mich in einem kahlen, hell ausgeleuchteten Raum wieder.

Stühle aus Metall stehen hier, und zu einem führt mich das Mädel nun. Ich nehme Platz, um sofort festzustellen, dass ich hier nicht sitzen kann. Zu hart für meinen Rücken, der an diesem Tag genug gelitten hat. Ich stehe auf und nicke ihr zu, sie versteht wohl. Dann verlässt sie den Raum und lässt mich allein, nicht ohne mich vorher noch anzulächeln. Sie wird wiederkommen, das weiß ich.

Einige Minuten später streckt sie den Kopf um die Ecke und zieht einen Stuhl hinter sich her.

So ein weicher, der sich dreht, mit Rollen unten dran. Darauf liegt eine Decke, die sie mir umlegt. Erst jetzt bemerke ich, dass ich noch immer zittere.

Wieder verschwindet sie für Minuten und kehrt mit einer Tasse dampfendem Kaffee zurück.

Ja, das ist genau das, was ich jetzt brauche, ich bin ihr dankbar. Während sie lächelnd vor mir sitzt, trinke ich den Kaffee, er wärmt gut.

Plötzlich erscheint ein grimmig schauender Mann im Türrahmen. Obwohl ich nicht alles verstehe, was er sagt, bemerke ich doch den bösen, aggressiven Unterton in seiner Stimme. Ich muss mich anstrengen, um den schnellen Worten zu folgen, die nicht an mich, sondern an das Mädel gerichtet sind.

»Was machst'n da? Gib dem gefälligst einen normalen Stuhl, einen, auf dem alle sitzen müssen, er soll es hier nicht bequem haben. Und bring die Decke weg, es ist warm genug!«

»Aber er zittert«, erwidert sie sanft.

»Ja, dann soll er sich nächstes Mal eine Jacke anziehen, wenn er abhaut! Schlimm genug, dass wir den jetzt an der Backe haben.«

»Er kann doch nichts dafür …«

»Dann muss er eben eingesperrt werden«, fällt der Grimmige ihr wieder ins Wort. »Wieso gibst du dem überhaupt einen Kaffee? Sind wir die Bahnhofsmission? Meine Fresse, der soll sich hier nicht wohlfühlen, sonst kommt der immer wieder!«

»Aber er weiß es doch nicht besser, er ist dement … Alzheimer …«

Dann zieht sie den Grimmigen zum Ausgang des Zimmers, und ich sehe, wie sie weiter heftig diskutieren. Ich verstehe, dass sich das Gespräch um mich dreht, fühle mich aber zu schwach, um einzugreifen, zu schwach zum Reden.

Ich hebe den Arm und versuche das Mädel zu rufen, will ihr erklären und bekomme doch nur ein Krächzen heraus. Sie eilt zu mir, nimmt meine Hand, lächelt und erklärt mir sanft: »Herr Schultze, wir bringen Sie jetzt nach Hause. Dort können Sie dann in Ihr warmes Bett, und vorher bekommen Sie noch etwas zu essen. Ist das gut?«

Ich weiß zwar nicht, wer mir zu Hause etwas kochen soll, aber die Aussicht auf mein weiches Bett und etwas Essbares lässt mich dankbar nicken.

Plötzlich tritt der Grimmige hinter sie, sein Ton ist donnernd, er macht mir Angst: »Kannste vergessen, ich bestell jetzt ein Trapo* und dann können die den ins Heim karren!«

Heim??? Was soll ich im Heim??? Ich verstehe die Welt nicht mehr, Panik steigt in mir auf. Ich stelle die Tasse ab und will gehen, nein, ich gehe in kein Heim!

Sanft drückt mich das Mädel zurück auf den weichen Stuhl.

»Machen Sie sich keine Sorgen, ich bringe Sie nach Hause …«

Sie lächelt, und während sie mir den Kaffee wieder in die Hand drückt, mir über den Kopf streichelt, dröhnt es vom Ausgang: »Das werden wir ja sehen …«

Das Mädel läuft dem Grimmigen hinterher, schreit ihn an, während beide durch den Ausgang verschwinden:

»Lutz, wenn es dein Vater wäre, würdest du ihn auch so behandeln? Wir haben heute Abend nichts zu tun, alle Funkwagen sind drin, und die Kollegen sehen fern …«

Dann sind die beiden um die Ecke verschwunden. Ich kann nicht mehr hören, was sie sagt.

Ich spüre, dass sie Ärger bekommt, viel Ärger von dem Grimmigen. Und ich weiß, dass ich der Grund dafür bin. Nur leider kann ich ihr nicht helfen, ich bin zu schwach, mir fallen die Augen langsam zu …

---

* Abkürzung für Transportkommando, ein geschlossener Wagen mit teilweise abschließbaren Einzelzellen und einem Großraum zum Transport von Festgenommenen und Betrunkenen

Dann stampft der Grimmige in das Zimmer, zerrt mir die Decke vom Rücken und grunzt mich an: »Steh auf, du wirst jetzt nach Hause gefahren!«

Ich gebe mir größte Mühe, schaffe es aber nicht, mich hochzustemmen. Der Stuhl dreht sich unentwegt. Der Grimmige mit Namen Lutz schaut strafend auf mich herab. Ich reiße mich zusammen. Dann stehe ich auf meinen Beinen, ein Stich geht durch meinen Rücken, ich glaube, die Kälte war heute einfach zu viel.

Ich tipple neben dem Grimmigen her, schaue mich nach dem Mädel um. Sie ist nicht mehr zu sehen. Wir gehen nach draußen. Ich beginne wieder zu zittern. Auf dem Hof steht ein großer Kastenwagen, die hinteren Türen sind weit geöffnet. Neben den Türen stehen zwei ältere Männer, beide sehen erst mich und dann den Grimmigen fragend an.

»Ach nein, ihn könnt ihr doch mit dem Funkwagen nach Hause fahren …«, beginnt der eine, während der andere heftig nickt.

»Nein, den fahrt ihr!«, schnauzt der Grimmige zurück. »So, rein da!«, fügt er hinzu und schiebt mich in Richtung der Treppe.

Die beiden Männer helfen mir einsteigen. Die Stufen sind zu hoch, das schaffe ich nicht mehr mit meinem steifen Rücken. Fast tragen mich die Männer hinein. Das ist mir sehr unangenehm.

Dann stehe ich in dem dunklen Raum, es stinkt erbärmlich nach Exkrementen, Schweiß und Alkohol. Der Boden ist mit einer Gummimatte ausgelegt. Ich setze mich auf eine Bank aus blankem Metall. Es gibt keinen Griff, nichts, woran ich mich festhalten kann. Mein Rücken schmerzt, es ist kalt, es stinkt, es ist dunkel, ich habe Angst.

Bevor sich die Türen schließen, sehe ich das Mädel ein letztes Mal. Sie steht weit hinten, wütend ist ihr Blick, sie hat Tränen in den Augen.

»Tschüs, kleines Mädel, und danke für den Kaffee …«, will ich ihr zurufen, aber mein Krächzen wird von den quietschenden Türen übertönt, welche zugeworfen werden.

Dann bin ich allein. So muss man sich in einem Sarg fühlen. Was habe ich nur falsch gemacht, dass ich hier gelandet bin? Was nur? Ich wollte doch nur spazieren gehen.

Eigenartig.

Blut und Öl

von Jasmin Brunner, Offenbach

Bitte, Gott, lass es nicht zu!, flehe ich und versuche verzweifelt, das Blut und die Gehirnmasse wieder zurück in den Kopf des Verunglückten zu bekommen.

Es ist eine warme Sommernacht, und ich trage nur ein kurzärmeliges Hemd und auf dem Hemd die Schutzweste. Meine privaten schnittfesten Handschuhe habe ich angezogen. Nun stehe ich hier an einem der beiden Unfallwagen und nehme verzweifelt sinnlose Rettungsmaßnahmen an dem schwer verletzten Menschen vor. Das Leben des Mannes zerrinnt förmlich in meinen Händen. Der kräftige Puls stößt nach und nach das Leben aus ihm heraus. Es klammert sich stattdessen an mich und fließt zäh auf die Straße.

Dabei war es bisher eine so ruhige Nacht, nur noch knapp fünf Stunden bis Dienstende. Musste das ausgerechnet jetzt passieren? Musste das überhaupt passieren?

Es ist mein zweiter schwerer Unfall. An den ersten schweren Unfall kann ich mich immer noch ganz genau erinnern, doch war dort der Verletzte nicht so offensichtlich schwer verletzt wie dieser Mensch, der hier vor mir in seinem zerbeulten Wagen liegt. Damals musste ich nicht in Blut, Öl und Kühlerflüssigkeit herumlaufen. Die Bilder meines ersten tödlichen Unfalls kommen wieder hoch. *Nein, bitte lass nicht diesen auch noch sterben!* Gibt es denn keinen Gott oder irgendjemanden, der mein Flehen erhört? Offenbar nicht.

Hätte ich doch nur den Passanten bei dem Schwerverletzten gelassen und mich um die Leichtverletzten gekümmert! Werde ich nicht über Funk gerufen? Ach ja, ich habe seit ein paar Minuten – waren es fünf, sieben, zehn oder mehr – keine Lagemeldung mehr abgegeben. Ich hoffe, dass die anderen Streifen mittlerweile in der Nähe sind und die Zufahrtsstraßen zu dem Unfallort absperren. Damit nicht noch jemand in uns reinrauscht …

Ganz leise im Hintergrund höre ich, wie ich über Funk gerufen werde. Wo ist mein Kollege? Kann er nicht antworten? Ich habe doch gerade alle Hände voll zu tun. Wo bleibt denn der Notarzt?

Was machen die ganzen Schaulustigen auf der Straße? Wir haben zwei Uhr mitten in der Nacht, sollten sie nicht im Bett liegen? Warum stehen sie nur rum und tun nichts? Ich bin zu weit weg, kann sie leider nicht anschreien, ich hätte es sonst vermutlich getan. Ich bin wütend auf die Menschen, die eigentlich gar nichts dafür können. Menschen sind neugierig, wenn ein anderer zu Schaden gekommen ist, sie ergötzen sich daran.

Holt doch endlich den Mann aus dem Wagen!

Es riecht nach Eisen, Öl, Kühlerflüssigkeit und Alkohol. Den Eisengeruch kenne ich, so riecht Blut. Öl und Kühlerflüssigkeit stammen vom Fahrzeug, aber was ist mit dem Alkoholgeruch?

Niemand in meiner Nähe, nur der schlaffe Körper in meinen Armen und ich. Ich rede beruhigend auf den Mann in meinen Armen ein. Er nimmt es wahrscheinlich nicht mehr wahr, aber mich beruhigt es ein wenig. Wenn ich schon nicht viel tun kann, dann will ich wenigstens reden, immer weiter, versuchen, das flüchtende Leben aufzuhalten, wieder zurück in den Menschen zu drängen.

Warum hilft mir denn niemand, den Menschen zu retten? Müsste denn nicht schon längst ein Arzt hier sein? Wo sind die Rettungskräfte?

Immer weniger Blut fließt aus dem Körper heraus. Ich rede mit dem Mann und halte seinen Kopf. Er soll wissen, dass er nicht allein ist. »Hilfe ist unterwegs«, sage ich uns beiden immer wieder.

Sollte ich nicht seine Hilfe sein?

Von Weitem höre ich die Presslufthörner der Rettungswagen näher kommen.

Bitte beeilt euch!

Ich nehme sonst nicht mehr viel um uns herum wahr. Ich bin

unfähig, meinen Job zu tun. Die Zeugen bleiben auch noch drei Minuten länger dort stehen. Ich möchte den Menschen, der hier allein im Wagen festsitzt, nicht im Stich lassen. Die Rettungswagen und der Notarzt kommen. Schnell haben sich die Sanitäter einen Überblick verschafft. Einige kommen zu mir. Die restlichen Rettungskräfte, es sind zum Glück genug, kümmern sich um die drei anderen, leichter verletzten Personen aus dem anderen Unfallwagen.

Der Arzt versucht zu dem Mann vorzudringen. Den Verletzten bekommen wir nicht aus dem Wagen. Er ist eingeklemmt.

Ein Rettungsassistent soll eine Kanüle legen, um eine Infusion anzuhängen. Er schafft es nicht. Ich flehe ihn an, den Verletzten nicht sterben zu lassen. Er fragt, ob ich ihn denn kennen würde. Ich kenne ihn nicht, es ist auch nicht notwendig. Ich will einfach nicht, dass er stirbt. Der Rettungssanitäter greift nach dem Kopf des Mannes, er übernimmt. Ich kann nichts mehr für ihn tun. Nun sind die Spezialisten dran.

Auch der Arzt findet keine Vene mehr, in die er die Infusionsnadel einführen kann. Der Verletzte hat kein »Volumen« mehr im Körper, die Adern sind leergelaufen.

Ungläubig schaue ich den Arzt an, ich will nicht glauben, was er damit sagt. War denn alles umsonst? Habe ich etwas falsch gemacht? Hätte ich ihn vielleicht doch noch retten können?

Der Arzt nennt laut und deutlich die Todeszeit. Ein Assistent notiert.

Meine Handschuhe sind mit Blut getränkt. Egal. Ich nehme mein Funkgerät und gebe den aktuellen Sachstand von dem Unfallort durch, ich korrigiere den Status des Unfalls von »Verkehrsunfall mit Verletzten« in »Verkehrsunfall mit einem Todesopfer«.

Langsam komme ich wieder zu mir. Ich mache meinen Job. Frage nach Zeugen, versuche, den Unfallhergang zu ermitteln. Teile den Kollegen verschiedene Aufgaben zu. Fotografieren, abkreiden, ausmessen, Skizze fertigen, Fahrzeuge sicherstellen, fast automatisch läuft alles ab. Ich befrage die leicht verletzten Insassen des zweiten Unfallwagens. Ungereimtheiten kommen auf. Diese werden später nach langen Ermittlungen in den Folgewochen aufgeklärt.

Der Tote wird von der Feuerwehr aus dem Auto geschnitten. Stücke aus dem Unterschenkel stecken in dem Armaturenbrett und bleiben im Wagen zurück. Er wird neben seinem Unfallwagen auf den Boden gelegt und abgedeckt. Die anderen Menschen auf der Straße schauen dabei zu und tuscheln.

Eine Blutentnahme bei dem Toten veranlasse ich über die Staatsanwaltschaft. Nach der Untersuchung weiß ich, was nach Alkohol gerochen hat – das Blut des Menschen, der in meinen Armen gestorben ist. Schuld an dem Unfall ist der Fahrer des anderen Fahrzeugs. Wesentlich zu schnell war er unterwegs, hatte die Kontrolle verloren und war frontal in den Gegenverkehr gerauscht.

Die Klärung der Schuldfrage nützt dem Toten nichts.

Ich habe schon viele Tote gesehen, musste sie berühren, die leblosen Körper nach Papieren durchsuchen, nach ihrer Identität, nach ihrem Namen. Doch noch nie in meinem Leben habe ich mich so hilflos gefühlt wie in dieser Nacht. Nicht wirklich helfen zu können, das Leben des Mannes nicht festhalten, ihn nicht retten zu können, hinterließ tiefe Spuren in mir. Und ich werde nie erfahren, ob er überhaupt mitbekommen hat, dass ich bei ihm war – in der Stunde seines Todes.

Weihnachtsgans

von Janine Binder, Köln

Ich ziehe den Kopf ein und hocke zusammengesunken auf dem Beifahrersitz des Streifenwagens. Draußen ist es klirrend kalt, und im Wagen wird es auch nicht richtig warm. Wir drehen seit ein paar Minuten unsere Runden und warten, dass der Funk uns ruft oder dass es sonst etwas zu tun gibt. Meine rote Schnupfennase lugt unter dem grünen Dienstschal hervor, und meine Hände klemmen unter meinen Pobacken. Es ist wirklich schweinekalt.

Kurz denke ich an meine Eltern und Geschwister, die jetzt vermutlich die dritte Runde Glühwein am elterlichen Wohnzimmertisch trinken und vom Licht des Weihnachtsbaums angestrahlt werden. Meine Portion Gans und Klöße liegt auf der Wache und wartet, dass ich sie später in den Mikrowellenherd schiebe.

Der Funk knistert leise, und wir brausen los. Ermittlungseinsatz bei einer Vermissten. Die junge Frau hat sich seit Tagen nicht bei ihren in Bayern wohnenden Eltern gemeldet und ist nun auch zum Festessen nicht erschienen. Die Eltern erreichen sie nicht und sorgen sich. Außerdem leidet sie unter Depressionen.

»Fängt ja gut an«, murmele ich in meinen Schal und weiß jetzt schon, dass es eine zugedröhnte oder eine tote junge Frau ist, die wir hinter der Wohnungstür finden werden. Die Adresse ist auch nicht die beste.

Vor der Tür wartet bereits die Feuerwehr. Als wir da sind, sperren die Jungs mit einer alten Fahrradspeiche die Tür auf, und wir stürmen rein. Der Geruch schlägt uns schon im Flur entgegen. Gedanklich schließe ich die zugedröhnte Möglichkeit sofort aus. Es riecht süßlich-eklig-verdorben, tot halt.

Die Wohnung ist wider Erwarten ganz hübsch, eine Maisonettewohnung mit Empore im Wohnzimmer. Überall ist es dunkel. Wir sehen uns um, ich gehe unter der Empore durch. Max folgt mir, und ich höre sein heftiges Schnaufen. Mit der Hand an der Waffe fahre ich herum. Die Tote hängt über uns, direkt von der Empore runter. Ich bin haarscharf unter ihren Beinen durchgelaufen, Max, ein Stück größer, hat sich an ihren Füßen den Kopf gestoßen.

Ich richte die Taschenlampe auf sie. An ihren Beinen klebt Kot, und unter ihrem Körper hat sich eine Pfütze gebildet, durch die ich durchgelaufen bin. Ihr Kopf ist seltsam verfärbt, der Hals in komischem Winkel verbogen.

Die Feuerwehr kommt rein, der Notarzt schüttelt den Kopf, und ich weiß, das heißt: Hängen lassen, ist eh tot.

Während wir auf die Kripo zur Spurensicherung warten, bin ich froh: lieber hier die Leiche der Zwanzigjährigen finden, als am Heiligen Abend ihren Eltern die Nachricht überbringen.

Max steht rauchend im Flur und übt, von der Feuerwehr angeleitet, das Öffnen der Tür mit einer Fahrradspeiche. Ich stehe im Wohnzimmer und unterdrücke den Zwang, herumzuwühlen und den Grund für den Selbstmord herauszufinden. »Nicht meine Aufgabe, auf die Kripo warten!«, murmele ich leise und trete von einem Fuß auf den anderen. Die lassen sich aber auch mal wieder Zeit heute …

»Willst du nicht aus dem Gestank rauskommen?«, schallt es aus dem Flur. Ich schüttele den Kopf, irgendwie käme es mir als Verrat vor, wenn ich sie jetzt wieder allein ließe.

Vor der Tür haben sich ein paar neugierige Nachbarn versammelt. Wir scheuchen sie weg. Ich bin erleichtert, eine Aufgabe zu haben.

Die Kripo kommt. Wir helfen beim Abschneiden des Bademantelgürtels, der noch um ihren Hals gewickelt ist, und lassen sie so vorsichtig wie möglich zu Boden gleiten. Wie erwartet erbricht sie, als sich der Gürtel am Hals leicht löst. Meine Schnupfennase wird leicht grün, und ich bin froh, als die Kollegen der Kripo uns wegschicken. Sie kommen allein klar, und Kollegen aus München sind mit einem Seelsorger zu den Eltern unterwegs.

»Ich hab eine Tote kotzen sehen«, sagt der Feuerwehrmann neben mir und schüttelt ungläubig den Kopf.

Ich grinse schief. »Sachen gibt's …«

Unser Aufbruch wirkt ein bisschen wie eine Flucht. Max ist blass, und mir zittern die Hände. Obwohl uns beiden eine Menge durch den Kopf schießt, schweigen wir. Ich durchbreche die Stille. »Ich schreib den Bericht, ich hab alle Personalien.«

Kaum hab ich uns wieder frei gemeldet, kommt schon der nächste Einsatz. »Familienstreitigkeiten bei Hauser!«

Ich stöhne. »Kann das Arschloch nicht mal an Weihnachten seine Frau in Ruhe lassen?« Mehr brauche ich nicht zu sagen. Max kennt den Weg, die Hausers sind Stammkunden.

Bereits vor der Haustür hört man das Gebrüll. Einer der Nachbarn steht bedröppelt im Flur und begrüßt uns. »Es tut mir leid, Sie schon wieder zu verständigen, aber ich glaub, diesmal bringt er sie um …«

Wir nicken nur und drücken uns an ihm vorbei. Die durch unsere Besuche schon schwer beschädigte Eingangstür der Hausers fliegt nach einem Tritt von Max auf. Wir drängen uns in die Wohnung, Frau Hauser liegt im Flur am Boden. Aus ihrem Ohr tröpfelt Blut, ihr starrer Blick geht an mir vorbei zur Decke. Trotzdem schreit sie. Ich lasse mich auf die Knie fallen und funke währenddessen nach Rettungsdienst und Notarzt.

Nach Max brauche ich mich nicht umzusehen. Herr Hauser ist einssechzig groß, ein Fliegengewicht, und außerdem ist er feige. An den Geräuschen aus der Küche erkenne ich, dass Hauser bereits gefesselt am Boden liegt.

Ich bringe Frau Hauser in die stabile Seitenlage. Frau Hauser ist siebzig Jahre alt, ihre Ärmchen und die pergamentartige Haut fühlen sich unter meinen Händen an, als würden sie jeden Moment zerbrechen.

»Alles klar bei dir?«, ruft Max aus der Küche.

»Geht so, bewusstlos oder zumindest nicht ansprechbar, Puls und Atmung vorhanden.«

»Jut, die kleine Ratte ist fixiert.«

Ich flüstere Frau Hauser zu. Keine Ahnung, was ich ihr sage, aber ich versuche, ruhig zu klingen und liebevoll zu sein. Dabei habe ich meine eigene Oma vor Augen, die jetzt vermutlich schlafend in ihrem Bett liegt und sich über den schönen Heiligen Abend mit ihren Enkeln und Kindern freut.

Der Nachbar streckt den Kopf zur Tür rein. »Kann ich helfen?«

»Nein, aber Sie können die Feuerwehr reinlassen, wenn sie klingelt.« Er schaut erleichtert und verschwindet im Hausflur.

Frau Hauser kommt langsam zu sich und spuckt ihr Gebiss in meine Handfläche. Dann weint sie stumm. Ihr Blick geht an mir vorbei. Ich lege das Gebiss beiseite und streichle ihr vorsichtig über die Arme.

»Alles wird gut«, murmle ich und fühle mich hilflos, wie ich so vor dieser alten Frau knie, die uns sonst immer mit einem Lachen in den Augen empfängt, egal, wie übel ihr Mann sie gerade wieder zugerichtet hat. Sie, die uns immer anfleht, ihren Harry nicht zu grob zu behandeln, er könne ja nichts dafür. Sie, die ihn immer wieder aufnimmt, wenn er sich nett genug entschuldigt hat.

An dem Flurfenster gegenüber blinkt ein Weihnachtsstern in allen Farben, und auf dem Flurschränkchen stehen Engelchen mit Kerzen in den Armen.

Meine Gedanken schweifen ab, ich frage mich, ob es Gott gibt und warum er so etwas gerade am Weihnachtsabend zulässt.

Ich erschrecke, als der Notarzt sich neben mir auf den Boden fallen lässt. Ich mache Platz, lasse die Sanis arbeiten und gehe zu Max.

Herr Hauser liegt am Boden und schimpft wie ein Rohrspatz. Ich muss mich beherrschen und mir selbst in die Hand kneifen, um ihm nicht ganz aus Versehen kräftig auf eines der Beine zu treten. Gemeinsam heben wir ihn auf und schleifen ihn ins Auto.

Während wir zur Wache rasen, schimpft Herr Hauser weiter auf seine Frau und dass sie es nie lernen wird, dass er seinen Kaffee nur mit Milch trinkt. Außerdem sei die Weihnachtsgans dieses Jahr auch viel zu klein gewesen. Ich beneide Max, der ganz ruhig auf Hausers Schwachsinn antwortet.

Ich habe immer noch Frau Hausers Blick und die über ihre zerknitterten Wangen fließenden Tränen vor Augen. Deshalb schweige ich lieber, ehe mir »Schnauze« oder »Arschloch« herausrutscht.

Über Funk kommt die Mitteilung, dass Frau Hauser einen Schädelbruch erlitten hat und ins künstliche Koma versetzt wurde. Sie sei aber außer Lebensgefahr.

Herrn Hauser rinnen Tränen über die Wangen. »Aber ich lieb mein Lieschen doch ...«, schluchzt er. Ich fühle mich angeekelt, und doch empfinde ich Mitleid.

Auf der Wache stehen die Kollegen stumm auf dem Flur und blitzen Hauser böse an. Niemand sagt was, als er den Gang entlang zu den Zellen schleicht. Den Weg kennt er ja schon. Diesmal ist er brav und ruhig, kein Genörgel wie sonst.

Die Klingel benutzt er auch nicht ständig. Die Kollegen schauen alle paar Minuten bei ihm rein. Seine Schnürsenkel und sein Gürtel liegen vor der Zellentür. Wir wollen nicht noch einen Erhängten in dieser seltsamen Weihnachtsnacht.

Als Hauser warm und trocken in der Zelle sitzt, schiebe ich rasch meine Weihnachtsgans in die Mikrowelle und hocke mich mit dem dampfenden Essen an den PC. Während ich esse, danke ich kurz meiner Mutter für die kleine Tupperdose mit Leckereien.

Dann erledige ich die Schreibarbeiten. Max sitzt mir gegenüber und tippt ebenfalls, immer mal wieder schielt er auf meine Gans.

»Die ist doch viel zu groß für dich, die Keule!«, sagt er. Ich schiebe ihm ein Stückchen von der Gänsekeule rüber.

»Jetzt noch ein Glas Rotwein, und der Weihnachtsabend wäre perfekt. Keine Geschenke, dafür ein totes Mädchen, ein alter Schlägersack und eine arme, schwer verletzte Omi, dazu Gans aus der Mikrowelle, was will man mehr.« Er zwinkert mir zu.

Ich schüttele den Kopf und konzentriere mich wieder auf meinen Anzeigentext.

Die Sprechanlage summt. »Jane, Max, Einbruch, Täter noch vor Ort ...«

Bevor der Straßenname genannt wird, sind wir aufgesprungen, Jacke an, raus zum Auto. Im Vorbeifahren werfe ich einen Blick durch das Fenster der Wache auf meinen Teller mit der Gans und den Knödeln. In Ruhe essen scheint heute nicht auf dem Dienstplan zu stehen.

Gemeinsam mit zwei weiteren Streifenwagen treffen wir vor dem Einfamilienhaus ein. Frei stehend, hübscher Garten. Leise umstellen wir das Haus. Lichtkegel von Taschenlampen wandern hinter den Fenstern umher.

»Wie doof sind die denn?«, murmele ich leise in meinen Schal.

Das Funkgerät in meiner Jacke knistert. »Hinten die Balkontür ist offen, soweit ich sehen kann, sind zwei Personen im Haus.«

Dann eine andere Stimme: »Rein, los!«

Wir hören Geschepper und laute Stimmen. Max und ich ärgern uns, dass wir auf der falschen Seite des Hauses stehen und alles nur halb mitbekommen. Kurz darauf erscheinen die Kollegen an der Vordertür, zwei kleine schwarzhaarige und dunkeläugige Jungs im Schlepptau.

»Nix verstehen! Nix zabzarab! Ich erst zwölf!«, brüllt der eine immer wieder. Nach und nach gehen die Lichter der Nachbarhäuser an. Aus den beiden kleinen Einbrechern ist nichts herauszubekommen. Die Bewohner des Hauses werden wach und stehen uns verdattert in ihrem ziemlich durchwühlten Wohnzimmer gegenüber.

Wir bekommen den Auftrag, eines der beiden Klaukinder zur Wache zu bringen. Wieder bin ich froh, aus dem Haus fliehen zu können. Diesmal nicht wegen des schlimmen Anblicks einer Leiche, sondern weil es Menschen immer unerträgliches Leid verursacht, wenn jemand unbefugt in ihr Heim einbricht.

Der Weg zum Wagen führt an den Nachbarn vorbei. »Scheißzigeuner, nicht mal an Weihnachten können die ihre Finger bei sich behalten!«

Obwohl ich seine Wut verstehen kann, blicke ich ihn böse an, und er verstummt.

»Ist doch wahr«, sagt seine Frau kleinlaut.

Selbst im Auto werden die Kids nicht gesprächiger. Wenn wir sie im Kinderheim abliefern, sind sie in spätestens einer Stunde über alle Berge.

»Dada haut uns tot!«, sagt der Zwerg plötzlich und guckt

seine Schuhspitzen an. Nicht weil er eingebrochen ist, hat er Angst, sondern weil er sich hat erwischen lassen. Wahrscheinlich schleicht Dada irgendwo in der Nähe rum und wartet, dass die Aufregung sich legt.

Nachdem der Versuch der Kripo scheiterte, sie mit einem Dolmetscher zu vernehmen, liefern wir die Kids trotzdem im Kinderheim ab.

Als ich mich gerade wieder über meine kalte Gans beuge, kommt der Anruf, dass beide verschwunden sind. Ich seufze frustriert und schiebe mir ein Stück Knödel in den Mund. »Immer das Gleiche«, schmatze ich mit vollem Mund.

Als ich fertig bin, zupft Max am Ärmel meines Pullis. »Komm mal mit!«

»Wohin? Schicht ist gleich vorbei!« Das »zum Glück« schlucke ich mit dem letzten Bissen Gänsekeule runter und folge ihm nach draußen. Dicke weiße Flocken fallen auf die Erde. Max und ich stehen stumm zwischen den Streifenwagen und gucken hoch zum Himmel. Hier und dort leuchtet ein Stern auf. Nach wenigen Minuten liegt eine dicke Schneeschicht auf allem.

Ich recke mein Gesicht zum Himmel. Die Flocken fallen auf meine Wangen und vermischen sich mit einer Träne.

»Fröhliche Weihnachten!«, flüstert es neben mir, und ich drücke Max die Hand.

Dann trifft mich was Kaltes am Hinterkopf, ich wirbele herum. Günther steht lachend am Eingang und formt schon einen weiteren Schneeball. »Feierabend, ihr SCHNARCHNASEN!«

Jauchzend fliehe ich vor der nächsten Schneeballattacke hinter einen Streifenwagen. Wie die Kinder toben vierzehn Polizeibeamte über den zugeschneiten Parkplatz und bewerfen sich minutenlang mit Schneebällen. Zum Schluss lasse ich mich in den Schnee fallen, wackele mit den Armen und male ein Engelchen in den Schnee. Ein Engelchen, wie es bei Frau Hauser im Flur auf dem Schränkchen stand.

»Fröhliche Weihnachten!« krähe ich in den Himmel, schmecke Schnee auf meinen Lippen. Mir ist völlig schnuppe, warum wir Weihnachten feiern, ob wirklich jeder weiß, wer Jesus war.

Wichtig ist, genügend Liebe in sich zu haben und sie zu teilen. Dann übersteht man auch unbeschadet solch einen Dienst in der Heiligen Nacht, besonders wenn man genug Weihnachtsgans im Bauch hat.

Täglich Brot

von Martina Hess, Baden-Württemberg

Es ist Montagmorgen. Die Besprechung zum Wochenanfang ist schon vorbei. Es gab nichts Besonderes an diesem Wochenende.

Also nehme ich meine Kaffeetasse und setze mich in mein Büro. Ich schalte den Videorekorder ein, lege eine Kassette ein und schließe meine Bürotür, damit die Geräusche nicht auf dem Gang zu hören sind. Der Kaffee ist noch warm, und ich nehme einen Schluck. Höre das Stöhnen und lustvolle Keuchen eines Mannes. Ich schaue auf den Bildschirm. Die Frau wirkt unbeteiligt, es scheint ihr nicht viel Freude zu machen. Ich drücke gelangweilt auf die Taste der Fernbedienung, und die Bewegungen der beiden werden schneller. Das Stöhnen höre ich nun nicht mehr. Mein Blick geht nach rechts, wo ein großer Umzugskarton mit Videokassetten steht. Das Formular mit der Auflistung der beschlagnahmten Videos liegt auf dem Karton. Bei Ziffer 183 enden die Einträge. 183-mal werde ich ein Band einlegen müssen, einschalten, auf den Bildschirm starren, um Kinderpornos zu suchen, die meist zwischen anderen Filmen versteckt sind.

Die Tür geht auf, und Toni möchte wissen, ob ich kurz Zeit habe, er hätte eine Frage.

»Klar«, sage ich, froh um jede Ablenkung.

Schon steht Toni hinter mir und starrt auf den Bildschirm. »Einen tollen Job hast du! Den ganzen Tag Pornos schauen.«

Ob Toni auch mal nachdenkt, bevor er etwas sagt? Ob er überhaupt eine Vorstellung hat von meiner Arbeit? Nach vielen Gesprächen dieser Art bin ich es leid, ihm etwas zu entgegnen. Vielleicht kann er es nicht verstehen, vielleicht will er es auch gar nicht. Nach ein paar primitiven Kommentaren verlässt er das Büro, seine Frage hat er wohl vergessen.

»Mach die Tür zu!«, rufe ich ihm hinterher.

Das nächste Video. Ein Kindergeburtstag. Die Sonne scheint,

man sieht einen großen Garten, viele Rosen, einen Apfelbaum. Bierbänke sind aufgestellt, und es gibt Kuchen. Mehrere Kinder toben durch den Garten. Einige sind nackt. Ein kleines Mädchen mit aufwendig geflochtenen blonden Haaren schaut in die Kamera. Man sieht nur ihr Gesicht. Lesen wird sie noch nicht können. Lachend hebt sie eine Puppe hoch. Dann läuft sie zum Planschbecken, das im Garten aufgestellt ist. Das Mädchen ist nackt und springt ins Wasser. Die Puppe nimmt sie mit. Dann eine Großaufnahme. Der kindliche Schlitz zwischen ihren Beinen füllt das gesamte Bild. Die Kamera zoomt näher. Man hört das Lachen und fröhliche Kreischen der Kinder. Das Mädchen bewegt sich, die Kamera sucht sofort wieder die Stelle zwischen ihren Beinen.

Das Telefon klingelt. Ob ich zur Pforte kommen könne? Ich sei im Moment die einzige Frau auf der Inspektion, und es sei ein siebenjähriges Mädchen mit ihrer Tante und dem Onkel da. Das Kind sei sexuell missbraucht worden. Mehr erfahre ich nicht.

Ich weiß nicht recht, ob ich mich über diese Unterbrechung freuen soll. Da es nichts ändert, schalte ich den Videorekorder aus und gehe nach unten.

Im Warteraum sitzt eine Frau um die vierzig. Sie hat schwarze lange Haare und ist schlank. Fast zu schlank. Sie wirkt müde und nervös. Sie sieht mich freudig an, wie wenn ich ihr bald eine Last abnehmen würde. Der Mann an ihrer Seite scheint ebenso nervös zu sein. Er hält ihre Hand. Das kleine Mädchen neben den beiden schaut mich scheu an.

»Hallo, ich bin Frau Hess. Mein Kollege hat mir Bescheid gesagt, dass Sie mit mir über etwas sprechen möchten.«

»Ich bin Marion Schneider. Das ist mein Mann Wolfgang, und das ist unsere Nichte Isabelle.«

»Hallo, Isabelle!« Ich beuge mich etwas nach unten. »Ich werde jetzt erst einmal kurz mit deiner Tante sprechen, und dann können wir mal reden, ja?«

Isabelle nickt.

»Kommen Sie doch mit, Frau Schneider!« Herr Schneider bleibt bei Isabelle.

»Isabelle ist seit dieser Woche bei uns in den Ferien, sie ist letztes Jahr in die Schule gekommen. Sie ist oft zu Besuch und versteht sich gut mit unseren Kindern. Sie wohnt mit ihren Eltern in Stuttgart. Gestern Mittag haben wir zusammen etwas gebastelt. Da sagte sie zu mir: ›Tante Marion, ich wusste gar nicht, dass Menschen Pipi in den Mund machen.‹ Ich hab sie gefragt, wie sie denn auf so was kommt. Da antwortete sie: ›Der Papi sagt immer, ich soll Pipi in seinen Mund machen. Das mag er.‹ Das hat sie mir ganz normal erzählt, so nebenbei!«

Frau Schneider bekommt rote Flecken am Hals, und ihre Stimme wird zittrig. »Das kann doch nicht sein, mein Bruder! Ich weiß gar nicht, was ich machen soll. Ich wollte ihn gestern Abend gleich anrufen, aber mein Mann meinte, ich soll das nicht tun, wir gehen zur Polizei.«

Ich bestätige Frau Schneider, dass sie das gut gemacht hat und dass wir uns nun um alles kümmern.

»Frau Hess, das kann doch nicht sein! Hat sie das erfunden? Ich hab sie ein paarmal gefragt, ob das stimmt. Ich habe auch gefragt, wo das war, und sie meinte, im Bad, wenn sie auf die Toilette geht, dann kommt er mit und setzt sie dann auf die Waschmaschine, und dann soll sie in seinen Mund Pipi machen. Ich hab sie auch gefragt, ob der Papa sonst noch etwas mit ihr gemacht hat, und sie meinte nur, dass sie mit ihm im Zoo war.«

»Ich werde selbst noch mit Isabelle sprechen. Da der Vater von Isabelle beschuldigt ist, müssen wir einen Pfleger bestellen, der darüber entscheidet, ob Isabelle eine Aussage macht oder nicht. Sie selbst ist noch zu jung, um das zu entscheiden. Wie lange ist sie denn noch bei Ihnen?«

»Sie ist erst seit zwei Tagen da. Also bis Ende übernächster Woche noch.«

»Dann würde ich es jetzt gern so machen, dass ich mit Isabelle in unser Videovernehmungszimmer gehe. Dort werde ich einfach mal etwas mit ihr spielen, und wir werden uns kennenlernen. Das erleichtert vieles, wenn sie dann zur Vernehmung kommen wird. Dann würde ich jetzt einem Kollegen Bescheid sagen, der Sie in der Zeit noch mal genauer vernehmen wird. Kann Ihr Mann auch etwas dazu sagen?«

»Nein, der weiß das nur von mir.«

»Okay, wir informieren auch gleich die Kollegen in Stuttgart. Hat Isabelle noch Geschwister?«

»Nein.«

»Ich möchte Sie noch bitten, nicht mit Ihrem Bruder oder sonst wem darüber zu sprechen. Mein Kollege wird Ihnen das aber noch alles erklären. Auch Isabelle sollte jetzt erst mal keinen Kontakt zu ihrem Vater haben, damit sie ihm nicht erzählt, dass sie hier war. Ich möchte jetzt gern zu ihr gehen, damit sie nicht so lange warten muss.«

Ich informiere meinen Kollegen Dieter, damit er Frau Schneider vernimmt.

»So, Isabelle, du weißt, dass ich eine Polizistin bin?«

Nicken.

»Warst du schon einmal bei der Polizei?«

Kopfschütteln.

»Ich würde dir gern mal unser Spielzimmer zeigen. Soll der Onkel mitgehen? Er hat es ja auch noch nicht gesehen.«

Nicken.

Das Zimmer ist schön groß, am Fenster sind bunte Window-Color-Bilder aufgeklebt, und das große rote Sofa ist ein Blickfang. Links gibt es eine Malecke.

Isabelle schaut sich neugierig um. Die Hand vom Onkel hat sie schon losgelassen.

»Schau mal, hier haben wir auch Spiele. Die meisten Kinder finden das Froschhüpfspiel gut. Sollen wir das mal spielen?«

Wieder nickt das kleine blonde Mädchen. Die langen Haare sind zu einem Pferdeschwanz gebunden. Ich mag sie. Ich denke, ich werde einen guten Draht zu ihr bekommen.

Wir bauen das Spiel auf. Es ist eine runde Drehscheibe, auf der mehrere kleine Plastikfrösche platziert werden können. Jeder der Spieler bekommt einen kleinen Fangkorb in die Hand.

»Soll der Onkel hierbleiben und mitspielen, oder ist es okay, wenn er draußen wartet?«

»Nicht mitspielen«, ist die knappe Antwort des Mädchens.

»Okay, dann wartet er draußen, gleich da, wo ihr vorhin gesessen seid.«

Das Mädchen interessiert sich nicht mehr für ihren Onkel, sondern sucht den Knopf, um das Spiel einzuschalten. Es geht los, in unregelmäßigen Abständen hüpfen die Frösche von der Drehscheibe nach oben, und wir versuchen, sie mit den Körben aufzufangen. Wir spielen noch eine Weile, und ich habe das Gefühl, dass wir miteinander warm werden. Auch heute verliere ich.

»Oh, da ist auch ein Memory, spielen wir das auch noch?«

»Das können wir spielen, wenn du das nächste Mal herkommst. Und danach werden wir uns unterhalten, okay?«

»Ja.«

»Dann räumen wir jetzt mal die Frösche weg. Ich denke, deine Tante wird schon auf uns warten.«

Ich verabschiede Isabelle und Herrn und Frau Schneider. Sie sind jetzt etwas beruhigter, nachdem sie wissen, wie alles abläuft.

»Tante Marion, ich hab beim Froschhüpfspiel gewonnen, und nächstes Mal machen wir Memory!«

Ich habe ein gutes Gefühl. Wenn ich das nächste Mal mit Isabelle über die Sache reden werde, wird sie weniger Scheu vor mir haben.

Dieter hat schon den Kollegen in Stuttgart Bescheid gegeben. Die Ermittlungen laufen.

Es ist 16.30 Uhr. Der Tag ging schnell vorbei. Ich laufe zusammen mit Monika zu Fuß nach Hause. Sie hat den gleichen Weg, und manchmal nutzen wir die Zeit, um uns zu unterhalten. Sie arbeitet im Kindergarten um die Ecke. Die Sonne brennt vom Himmel.

»Ist ja richtig klasse Wetter. Wie war dein Tag, Monika?«

»Laut und bunt wie immer! Bin froh, wenn ich jetzt meine Ruhe hab.«

Monika hat den ganzen Tag grelle Farben, spielende Kinder im Garten und ausgelassenes Kindergeschrei um sich. Manchmal haben unsere Berufe sogar Ähnlichkeit miteinander, irgendwie.

»Hättest du Lust, noch für ein paar Stunden ins Freibad zu gehen?«, schlägt Monika vor.

»Ich weiß nicht so recht. Freibad ist heute nicht mein Ding. Ich muss abschalten.«

»Aber das geht dort doch prima.« Monika lässt nicht locker. »Nach ein paar Bahnen hab ich den Kopf frei.«

»Ich hab da eher meinen Berufsblick. Ich schaue, wer den nackt umherspringenden Kindern nachgafft. Oder auf welche Weise ein Vater sein Kind beim Eincremen anfasst. Könnte ja ein Lüstling dabei sein. Nee, lass mal gut sein. Heute brauche ich das wirklich nicht.«

Wir sind vor meinem Haus angekommen.

»Tschüs, Monika, viel Spaß im Freibad!«

Ich laufe die Treppen hoch. Froh, endlich in meiner gemütlichen Wohnung zu sein. Als ich die Tür aufschließe, kommt mein Freund auf mich zu und zieht mich in seine Arme. Ich lege meinen Kopf auf seine Schulter.

Der Karton mit den 183 Videos wird mich auch morgen wieder in meinem Büro erwarten.

Die Presse berichtete im Dezember 2007:
Im Rahmen der Operation »Himmel« wird wegen Besitzes kinderpornografischer Dateien bundesweit gegen rund 12 000 Verdächtige ermittelt. Weitere Verdächtige gibt es in etwa 70 Ländern.

Biljana

von Heidi Lichtenstein, Neuss

Nach Abschluss des Studiums kam ich 1979 in das 1. Kriminalkommissariat Mettmann. Da ich dort die einzige Kollegin war, musste ich alles bearbeiten, was mit Frauen und Kindern zu tun hatte. Zwar hatten außer mir alle anderen Kinder, doch herrschte die Einstellung vor: »Du als Frau hast das in den Genen.«

Kinder nach einem Ladendiebstahl zu befragen oder wenn sie wegen schlechter Zensuren von zu Hause weggelaufen waren, stellte mich vor keine größeren Probleme. Wahrscheinlich lag es daran, dass ich noch nicht so weit von deren Altersstufe entfernt war. Anders sah es aus, wenn Frauen von ihren Ehemännern regelmäßig verprügelt wurden. Oder bei Vergewaltigungen. Da war es schon schwieriger, den richtigen Ton zu treffen. So wie bei Biljana.

Es war an einem Donnerstag im November 1982, als mein Chef in mein Büro kam und mir den Auftrag erteilte, eine Anzeige wegen Vergewaltigung aufzunehmen:

»Die Eltern warten mit ihrer Tochter im Flur. Deine anderen Pläne für heute vergisst du am besten.« Er drehte sich um und schob einen ausländisch aussehenden Mann zur Tür herein. Ihm folgte eine kleine dicke Frau.

Ich biete den beiden einen Stuhl an und schaue sie abwartend an.

Statt sich zu setzen, springt der Mann auf, stürmt auf den Flur und bugsiert ein pummeliges kleines Mädchen zur Tür herein.

»Das Biljana!« Er schiebt das Mädchen in Richtung Stuhl.

»Vielleicht können Sie mir erst mal erzählen, um was es geht«, fordere ich das Ehepaar auf.

Die beiden schauen sich an, und dann erklärt mir die Frau in gebrochenem Deutsch, dass sie Marcovic heißen und aus Jugoslawien stammen. Die Familie lebt zusammen mit ihren beiden älteren Söhnen und der Tochter Biljana in Wülfrath. Die Söhne arbeiten ebenso wie die Eltern in einer Fabrik. Biljana geht in die Schule. Sie ist gerade dreizehn Jahre alt geworden. Biljana schläft im Wohnzimmer der Sechzig-Quadratmeter-Wohnung, die nur ein Kinderzimmer hat, in dem die Brüder leben. Mit einem Vorhang wurde ein Teil vom Wohnzimmer abgetrennt, hinter dem ihr Bett steht.

Mir ist nicht ganz klar, warum die Frau mir das alles erzählt. Der Chef sagte doch, dass es um eine Vergewaltigung gehe.

Wahrscheinlich hat die Frau die Fragezeichen in meinem Gesicht bemerkt, denn nun wird sie etwas schriller und versichert: »Isch nix gemerkt. Biljana zieht allein aus.«

»Wie, Biljana zieht aus? Sie ist doch erst dreizehn!«, hake ich nach.

Der Vater greift nun ein. »Wir nicht dabei, wenn Biljana nackt. Nix gesehen.«

Biljana sitzt wortlos und mit gesenktem Blick auf dem Stuhl.

»Biljana?«, versuche ich es zaghaft. Kurz schaut sie auf, senkt dann aber sofort wieder den Blick. Sie wird nicht sprechen, solange die Eltern dabei sind.

Ich wende mich wieder an die Mutter. »Was haben Sie nicht gemerkt?« Irgendwie müssen wir hier zu Potte kommen. Es kann doch nicht sein, dass ich die Einzige bin, die nicht weiß, worüber wir sprechen.

»Biljana kriegt Baby. Ich nix gemerkt.«

Ein Blitz fährt mir in den Magen. Dann ist das unter dem dicken Wollpullover kein Pubertätsspeck durch zu viele Cevapcici?

Biljana ist noch weiter auf ihrem Stuhl zusammengesunken.

Der Vater schaltet sich ein und erklärt wortreich, dass seine Frau nichts gemacht oder versäumt habe. Sie habe keine Chance gehabt, etwas zu bemerken. Jetzt müsse die Polizei das Schwein finden, damit er den Mann umbringen könne. Er gerät immer mehr in Rage.

»Jetzt beruhigen Sie sich mal und lassen mich mit Biljana reden! Gehen Sie bitte mit Ihrer Frau nach draußen und warten

Sie dort. Ich bitte einen Kollegen, Ihnen einen Kaffee zu besorgen.«

»Biljana, ich glaube, es ist besser, wenn wir uns mal allein unterhalten, okay?«

Biljana schaut nur kurz hoch, sinkt dann wieder in sich zusammen. Ich setze mich neben sie und versuche, mit ihr in Kontakt zu kommen.

»Wann kommt denn das Baby?«

»Der Doktor sagt, Mitte Januar.«

Mir wird wieder heiß. Das sind nur noch acht Wochen.

»Das kann ich gar nicht glauben. Magst du mir mal deinen Bauch zeigen?«

Sie zögert einen Moment lang, steht auf und hebt ihren Pullover.

Tatsächlich, sie hat einen richtigen Babybauch. Oh, Mist!

»Wer ist denn der Vater?«

»Ich weiß nicht«, kommt es zögernd.

»Hast du denn einen Freund?«

Biljana schüttelt den Kopf und starrt wieder zu Boden.

In kleinen Schritten kommen wir ins Gespräch. Biljana scheint mir zu vertrauen und erzählt mir ihre Geschichte.

Um die Osterzeit, sie war noch zwölf Jahre alt, besuchte sie eine Freundin in Wuppertal und verspätete sich auf dem Heimweg, sodass sie den Anschlussbus verpasste. Als sie unschlüssig an der Haltestelle stand, kam ein junger Mann im Auto vorbei und fragte sie, ob er sie irgendwohin bringen solle.

Weil Biljana Angst vor den Folgen ihrer Verspätung hatte, stimmte sie zu und stieg ein. Tatsächlich fuhr der Mann auch Richtung Wülfrath, sagte aber unterwegs, dass er schnell etwas aus seiner Wohnung holen müsse. Er lud sie ein, mit in die Wohnung zu gehen. Dort habe er sie dann vergewaltigt. Danach habe er sie nach Hause gefahren.

Zu Hause erzählte sie nichts, weil sie sich vor der Reaktion der Eltern fürchtete, die sie immer gewarnt hatten, mit Fremden mitzugehen.

Als die Hosen ihr nicht mehr passten, glaubte sie, das käme

vom vielen Essen. Sie habe dann einfach weniger gegessen. Erst diese Woche überraschte ihre Mutter sie im Bad, sah den Babybauch und ging mit ihr zum Arzt.

»Hast du den Mann denn noch einmal gesehen?« Biljana schüttelt wortlos den Kopf. »Würdest du ihn wiedererkennen?«

Sie zögert. »Ich weiß nicht.«

»Wie sah er denn aus?« Nach und nach kommt eine dürftige Beschreibung. Demnach war es ein junger Deutscher, der ganz nett aussah und ebenso nett zu Biljana war. Das Auto kann sie nicht beschreiben.

Auch zum Ablauf der eigentlichen Vergewaltigung kommen nur spärliche Angaben. Ist es ihr peinlich, oder stimmt etwas nicht?

»Es ist doch schon so lange her«, erklärt sie.

Wir sitzen jetzt seit zwei Stunden hier, und unsere Konzentration hat nachgelassen. Für heute hat es keinen Sinn, weiterzumachen.

Ich verabrede mich für den nächsten Tag mit Biljana, um gemeinsam mit ihr den Tatort zu suchen.

Am folgenden Morgen in der Frühbesprechung schildere ich die bislang bekannten Erkenntnisse. Die Kollegen wirken betroffen. Ein Kindervergewaltiger, der am Rande unseres Zuständigkeitsbereiches Opfer sucht? Wir müssen Kontakt zu den Wuppertaler Kollegen aufnehmen.

»Heute versuchen wir ja, die Tatortwohnung zu finden. Dann wissen wir vielleicht mehr.« Der Chef spricht immer in der Wirform, wenn es um mögliche Erfolge geht.

»Der müsste schön blöd sein, wenn er in seine Wohnung gefahren ist«, wendet Eckard ein. Die anderen nicken.

»Meinst du, die Geschichte der Kleinen stimmt? Vielleicht hat sie ja doch einen Freund.« Unsere Geschäftszimmerangestellte hat schon eine Menge erlebt und denkt mit.

»Es bliebe aber ein sexueller Missbrauch, und der Täter muss ermittelt werden«, ergänzt der Chef belehrend.

Nach der Schule hole ich Biljana zu Hause ab. Die Wohnungstür in der sechsten Etage steht offen, und ich betrete den Flur. Ich folge den Geräuschen eines Fernsehers und lande im Wohnzimmer. Ein junger Mann lümmelt auf der Couch, sieht fern und raucht dabei.

Er steht auf und schaut mich fragend an. Ich erkläre, wer ich bin, und frage nach seinem Namen. »Ich bin Zeno.«

Er ist der jüngere von Biljanas Brüdern und neunzehn Jahre alt. Zurzeit ist er krankgeschrieben.

»Biljana ist noch nicht da«, erklärt Zeno weiter. »Die Kleine macht uns ziemlichen Kummer. Ich habe meinem Vater gesagt, er soll sie nach Jugoslawien schicken. Da kann sie nicht so eine Scheiße bauen.«

»Moment mal! Wie kommen Sie darauf, dass sie Scheiße gebaut hat? Sie ist doch wohl das Opfer.« Ich merke, wie ich sauer werde.

»Dann hätte sie doch was sagen müssen. Eine Abtreibung hätte ja alles geregelt. Bei uns zu Hause ist das alles kein Thema.« Zeno wird lauter.

»Also geht es um das Baby, nicht um Ihre Schwester?!«

»Ja klar, die bringt Schande über die ganze Familie.«

Zum Glück geht gerade die Tür auf, und Biljanas Mutter kommt herein. Sie schimpft auf Serbokroatisch mit ihrem Sohn. Ich verstehe kein Wort.

Kurz danach erscheint Biljana.

Die Mutter händigt mir ein ärztliches Attest aus, aus dem die ungefähre Tatzeit und der erwartete Zeitpunkt der Entbindung hervorgehen. Biljana und ich machen uns auf den Weg, den Tatort zu suchen.

Ich fahre zur Bushaltestelle in Wieden und von dort aus Richtung Wülfrath. An jeder Kreuzung und Weggabelung muss ich Biljana nach dem weiteren Weg fragen. Schließlich fahre ich rechts ran und schalte den Motor aus.

»So kommen wir nicht weiter, Biljana. Weißt du nicht, wo es gewesen ist, willst du es mir nicht sagen, oder war die Sache vielleicht doch anders, als du es gestern geschildert hast?«

Biljana schaut auf ihren Schoß und schweigt. Tränen tropfen auf ihre Cordhose. Sie zieht geräuschvoll die Nase hoch und piepst: »Ich weiß nicht.«

»Was weißt du nicht?«

»Ich weiß nicht, wo das war und ob ich den Mann wiederfinde.«

»Hat es Sinn, wenn wir noch ein bisschen durch die Gegend fahren, oder hast du die Orientierung verloren?«, hake ich nach.

»Ich will nicht mehr suchen. Ich finde das sowieso nicht.«

»Okay, dann fahren wir jetzt in mein Büro, und du schaust dir Bilder an. Vielleicht findest du ihn dort wieder.«

Biljana nickt und beruhigt sich wieder.

Bei der Lichtbildvorlage habe ich den Eindruck, dass Biljana nicht will. Sie blättert die Mappen sehr schnell durch, ohne sich die Männer auf den Fotos richtig anzusehen. »Er war nicht dabei«, lautet ihr Fazit.

»Bist du dir sicher?«

Biljana nickt.

Ich reiße mich zusammen, um nicht unwirsch zu reagieren.

Wir sitzen eine Zeit lang schweigend zusammen.

Wie auch immer es wirklich war, sie ist ein Kind, und sie ist ein Opfer. Ich trete mir selbst in den Hintern, um mir das wieder bewusst zu machen.

»Muss ich jetzt in ein Heim oder nach Jugoslawien?« Ihre Frage trifft mich ziemlich unvorbereitet.

»Haben deine Eltern das gesagt?«

»Nein, Zeno«, antwortet sie.

Einen Moment lang muss ich überlegen, wer Zeno ist.

»Nein, du hast doch nichts gemacht. Oder hat dein Vater gesagt, dass er dich nach Jugoslawien schicken will?«

»Zeno sagt ihm immer, dass er mich wegschicken soll. Papa soll mich zu meinen Großeltern schicken.«

»Ich werde mit deinen Eltern reden«, verspreche ich ihr.

Das mache ich am folgenden Tag. Mein Kollege Eckard begleitet mich. Es ist nicht einfach, mit den Eltern allein zu sprechen, denn Zeno fällt es auffällig schwer, uns mit ihnen allein zu lassen.

Als die Eltern zusagen, vorerst keine Entscheidungen zu treffen, was mit Biljana geschehen soll, bin ich beruhigt. Sie darf weiter zur Schule gehen. Was mit dem Kind werden soll, ist noch unklar.

»Hat schon jemand vom Jugendamt nachgefragt?«, frage ich Biljana.

»Nein, außer Ihnen hat noch niemand mit mir gesprochen und gefragt, was ich denn möchte.«

Zeno wartet an der Haustür auf uns. »Soll die kleine Schlampe wirklich hierbleiben und Schande über uns bringen?«

Eckard hat als Karatekämpfer gelernt, sich zu beherrschen. Dies fällt ihm jetzt aber sehr schwer. Er tritt ganz dicht an Zeno heran und flüstert fast: »Deine Schwester ist das Opfer einer Vergewaltigung. Ich will, dass du das respektierst. Höre ich, dass du das nicht tust, komme ich wieder vorbei.«

Zusammen mit den Wuppertaler Kollegen unternehmen wir noch ein paar Versuche, den Verdächtigen zu finden, können aber nichts vorweisen.

Zwei Wochen nach der Anzeigenerstattung kommt mein Chef auf mich zu. »Erzähl morgen in der Frühbesprechung mal, was du in dem Fall festgestellt hast.«

Jetzt heißt es also nicht mehr »wir«, sondern »du«. Ein ziemlich sicheres Zeichen, dass der Vorgang ungeklärt bleiben wird. Dafür hat er ein Gespür.

Tatsächlich habe ich außer einer sehr dürftigen Personenbeschreibung, einer lückenhaften Sachverhaltsschilderung und einer ziemlich stillen Geschädigten nichts vorzuweisen.

Tage später hole ich Biljana von der Schule ab. Trotz des dicken Winterpullovers ist der Babybauch nun nicht mehr zu übersehen.

In meinem Büro reden wir belanglos über Schule und Schwangerschaftsbeschwerden.

Ich frage sie: »Ist dir noch was eingefallen?«

Wieder wird Biljana still und in sich gekehrt.

»Willst du mir vielleicht doch noch etwas anderes erzählen? Falls du deinen Eltern etwas Falsches gesagt hast und jetzt etwas anderes sagen willst, helfe ich dir, den Eltern das beizubringen.« Ich versuche, ihr eine Brücke zu bauen.

»Ich kann nicht. Dann muss ich auf jeden Fall nach Jugoslawien.«

»Hast du doch einen Freund gehabt? Ist das Baby von jemandem, den du kennst?«

»Ich habe keinen Freund gehabt. Das hätten Zeno und mein Vater nie zugelassen.«

Mir gehen die Fragen aus. Biljana antwortet aber nur, wenn ich sie frage. Von sich aus erzählt sie mir nichts.

Auf einmal dämmert es mir. Sie hat nur meine erste Frage beantwortet. Ich versuche es noch einmal.

»Kennst du den Vater des Babys?«

Es dauert ewig, bis Biljana kaum merklich nickt.

»Ist es ein Junge aus der Schule?«

Kopfschütteln.

»Jemand aus der Nachbarschaft?«

Wieder schüttelt sie zaghaft den Kopf. Aber diesmal sieht sie mich dabei an. Diesen Blick werde ich niemals vergessen, denn plötzlich bin ich mir ziemlich sicher, wer ihr das angetan hat.

»War es Zeno?«

Biljana sackt wieder in sich zusammen.

»War es Zeno?«, frage ich nochmals. Wieder bekomme ich keine Antwort.

Da Biljana nur noch zusammengesunken auf dem Stuhl sitzt und auch meine Fragen nicht mehr beantwortet, ist eine Vernehmung nicht möglich. Ich bringe sie nach Hause.

Dort versuche ich, mit ihrer Mutter zu sprechen, ohne eine direkte Beschuldigung zu äußern. Ich habe ja keinerlei Aussage. Ich eiere herum und frage nach Verwandtschaft, Kollegen und Nachbarn. Die Mutter scheint zu begreifen, wohin die Reise geht. Sie wird immer ungeduldiger und weicht meinen Fragen aus. Ich komme nicht weiter.

Auf der Dienststelle spreche ich mit meinem Chef, der aber auch keinen Rat weiß. Wir telefonieren mit der Staatsanwältin, die andeutet, dass sie nicht unsere Arbeit machen könne. Meine Vermutung reiche jedenfalls nicht für eine vergleichende Blutuntersuchung nach Geburt des Kindes aus.

So bleibt mir nur noch die Hoffnung, dass Biljana es sich kurz vor der Entbindung anders überlegt und eine Aussage macht. Wirklich glauben kann ich daran allerdings nicht.

Es passiert in dieser Zeit eine Menge in Mettmann und Wülfrath, sodass Biljana für einige Zeit in den Hintergrund gerät.

Anfang Januar klingele ich bei Biljanas Familie. Zeno macht mir auf.

»Biljana ist nicht da«, teilt er mir grinsend mit.

»Wo ist sie denn? Ist sie im Krankenhaus?«

»Sie ist bei den Großeltern. Sie kommt auch nicht zurück.«

»Und das Baby …?«

Biljanas Mutter kommt auf die Wohnungstür zu. Im Arm trägt sie etwas.

»Das Samir. Unser kleiner Schatz.«

Sie hält mir den winzigen Säugling hin, der Grimassen zieht und auf den Lippen kleine Spuckebläschen hat.

Die Mutter erklärt mir wortreich, dass Biljana hier nicht glücklich geworden wäre, weil die anderen Kinder in der Schule sie immer gehänselt hätten. Samir sei zwischen Weihnachten und Silvester geboren worden und gesund und munter. Er habe Biljana aber immer nur an die Vergewaltigung durch einen Unbekannten erinnert, den die Polizei nicht ermitteln konnte. Deswegen habe Biljana selbst entschieden, lieber bei ihren Großeltern in Jugoslawien zu leben.

Den Nachbarn erzählten sie, dass der kleine Samir ein Nachkömmling von Biljanas Eltern sei. Die Eltern seien sehr glücklich über den kleinen Jungen, und alles sei gut.

Zeno steht die ganze Zeit grinsend dabei, schaukelt zwischendurch den kleinen Samir und nickt zu den Worten seiner Mutter.

Und so wuchs der kleine Samir bei seinen Großeltern und seinem Onkel auf, der gleichzeitig sein Vater war. Obwohl ich mir sicher war, hatten wir keine Handhabe, um dies zu beweisen. Einen DNA-Vergleich gab es Anfang der Achtzigerjahre nicht. Und wenn – Biljana hatte sich entschieden zu schweigen.

Hoffentlich half ihr das Schweigen auch beim Vergessen.

Ein Indianer kennt keinen Schmerz!

von Christine Hahn, Hamburg

Frühlingstag in Hamburg. Als Angehörige der Bereitschaftspolizei befand ich mich zusammen mit meinem Kollegen Walli auf dem Peter 2/22. Ich fuhr, Walli funkte. Es war ein ganz alltäglicher Spätdienst. Auf Funk war nichts los. Am frühen Nachmittag saßen wir im Aufenthaltsraum eines Polizeikommissariates. Walli verspeiste einen halben Hahn mit Pommes frites, während ich auf meinem Kürbiskernbrötchen mit Camembert herumkaute. Belanglose Kleinigkeiten, unwichtige Einzelheiten, die sich mir ins Gedächtnis gebrannt haben. Kollegen gesellten sich zu uns, wir kamen ins Gespräch. Wir unterhielten uns darüber, wie langweilig doch dieser normale Spätdienst sei.

So genau meine Erinnerung an diesen Tag ist, so viele unwichtige Einzelheiten in meinem Gedächtnis geblieben sind – in diesem Moment setzt die Erinnerung aus.

Ich finde mich wieder, während ich mit Blaulicht und Martinshorn und der dazugehörigen Anspannung durch Hamburg fahre. Ich bin sehr konzentriert, muss meine Aufmerksamkeit auf die Straße lenken, die zu diesem Zeitpunkt eine einzige Baustelle ist. Kurz zuvor haben wir über Funk mitgehört, dass es einen Verkehrsunfall mit verletzter Person gab. Also haben wir uns zur Unterstützung für die Verkehrsregelung angeboten.

Während der Anfahrt meldet eine aufgeregte Stimme über Funk, dass das Gehirn der verletzten Person bereits auf der Straße liege. Walli sagt etwas wie: »Ach du Scheiße!«

Ich bin aufgeregt, weiß nicht, was mich erwarten wird, konzentriere mich mit einem mulmigen Gefühl weiter auf die Straße. Aufgrund unseres günstigen Standortes und recht brauchbarer Ortskenntnisse erreichen wir den Unfallort sehr zügig.

»Da ist es, da ist es!«, höre ich Wallis Stimme.

Da ich den Blick nicht von der Straße wenden will, dirigiert

Walli mich, sagt mir genau, wo ich langfahren, wo ich wenden, wo ich den Wagen abstellen soll. Überall Blaulicht. Ich sehe Streifenwagen, Krankenwagen.

Wir werden zur Absicherung des Unfallortes eingeteilt und verbringen die nächste Ewigkeit damit, die Unfallstelle abzusperren und Fragen von Passanten zu beantworten. Gleichzeitig versuchen wir zu begreifen, was passiert ist.

Eine Fahrradfahrerin fuhr auf der falschen Seite der Straße auf dem Fahrradweg. Sie kollidierte mit einem entgegenkommenden Radfahrer und fiel auf die Straße. Ausgerechnet in diesem Moment fuhr ein Lkw vorbei, mit dem Hinterreifen direkt über ihren Kopf.

Trotz der grässlichen Szenerie funktioniere ich perfekt, schaue mir das Bild an, schicke Passanten weiter und beobachte den Verkehrsunfalldienst bei seiner Arbeit. Schließlich habe ich schon andere schlimme und ekelerregende Sachen gesehen. Auch auf Wallis Frage, ob ich schon mal einen Bregen gesehen habe, regt sich nichts. Er sagt mir, dass ich mal schauen könne, da liege einer auf der Straße. Ich schaue genauer hin, sehe das Gehirn unter einem Tuch liegen.

Ich funktioniere immer noch perfekt. Die Feuerwehr bittet mich, eine Decke zu halten, damit sie die Frau aufheben können. So können wir verhindern, dass die umstehenden Passanten etwas mit ansehen, was sie besser nicht sehen sollten. Ich stelle mich direkt neben die Frau, bin schockiert von dem Bild, das sich in diesem Moment in mein Gehirn einbrennt. Trotzdem funktioniere ich. Ein Feuerwehrmann nimmt eine Schaufel und sammelt damit übrig gebliebene Gehirnmasse ein. Er fragt seinen Kollegen, was er damit machen soll, schüttet sie daraufhin zur Frau in den Leichensack. Dann nehmen sie einen Löschschlauch und spülen das Blut im Rinnstein bis zum nächsten Ablauf. Nicht nur das Bild, auch der Geruch des Blutes krallt sich in meiner Erinnerung fest.

Jemand hat die Decke, mit der die Frau zugedeckt war, auf die Motorhaube unseres Streifenwagens gelegt. Als wir sie wegnehmen, sehen wir, dass sie einen kleinen Rest blutiger Gehirnmasse am Streifenwagen hinterlassen hat. Mir wird komisch, doch ich überspiele es.

Langsam legt sich ein Schleier über mein Gehirn. Alle Speicher voll. Ich begreife nicht wirklich, was ich an diesem Nachmittag gesehen habe.

Die Kollegen der zuständigen Wache schlagen vor, dass wir noch auf einen Kaffee mit zur Dienststelle kommen. Nach solch einem Einsatz scheint das wohl angebracht. Wir nehmen das Angebot dankend an. Einige Minuten später sitzen wir vor dem dampfenden Kaffee, der die Lebensgeister zurückbringt.

Zwischen uns besteht ein Gefühl von gemeinsamer Betroffenheit. Wir teilen das Wissen über etwas Schlimmes, das aber niemand wirklich anspricht. Unser Leben geht einfach unbeeindruckt weiter. Wir reden über belangloses Zeug und kehren so zur Normalität zurück. Der Schleier der Betroffenheit, das ungute Gefühl verschwinden langsam. Schließlich funktionieren wir alle. Das ist unser Job. Als »harte Bullen«, die wir sind, klopfen wir uns in Gedanken gegenseitig auf die Schultern und kehren zurück zum Alltag. Das Leben ist dynamisch.

Unser Feierabend rückt näher. Wir beschließen aufzubrechen und bedanken uns für die Fürsorge der Kollegen. Als wir uns bei der Einsatzzentrale abmelden, werden wir gebeten, noch eine kleine Verkehrsbehinderung zu beseitigen. Kein Problem. Neuer Einsatz, neues Glück. Ich funktioniere perfekt, schließlich bin ich im Dienst.

Verzweifelte Personen stehen neben ihrem Fahrzeug, in das sie aus eigener Kraft nicht einsteigen können, da jemand zu dicht neben ihnen geparkt hat. Mit vereinten Kräften gelingt es doch. Die Polizei, dein Freund und Helfer. Ich werde ungerecht, belächle die Menschen und frage mich, ob sie keine anderen Probleme haben.

Wir setzen uns wieder in den Streifenwagen, um die Heimfahrt anzutreten. Plötzlich merke ich, wie meine Knie schwach werden und meine Hände zittern. Egal. Ich funktioniere. Ich muss funktionieren. Das ist mein Job. Ein Indianer kennt keinen Schmerz, ein Polizist erst recht nicht. Schließlich müssen sich die Menschen auf uns verlassen können. Also fahre ich los. Walli wird aufmerksam, fragt, ob alles in Ordnung sei. Ich muss schlucken, drücke die Tränen, die aufkeimende Schwäche einfach weg.

Die Kollegen erfahren, dass Walli und ich bei dem Verkehrsunfall »an vorderster Front gekämpft haben«, und sind bestürzt. Einige von ihnen waren ebenfalls dort, für Verkehrsregelung zuständig, wissen vom Hörensagen, was geschehen ist.

Als mich ein Kollege fragt, wie ich mit der Situation zurechtkomme, höre ich auf zu funktionieren. Ich fange an zu weinen, zittere am ganzen Körper und kann mich nicht beruhigen. Ich verstehe nichts mehr. Eine Kollegin sagt mir, dass ich ruhig weinen und alles rauslassen soll. Es ist mir unangenehm. Ich verstehe nicht, warum ich solch einen Zusammenbruch habe, warum meine Selbstkontrolle einfach verschwunden ist. Ich fühle mich wie ferngesteuert.

Mein Gruppenführer benachrichtigt inzwischen unseren Zugführer und schlägt mir vor, das Beratungs- und Betreuungsteam zu verständigen. Widerwillig lasse ich mich nach einigem Zögern darauf ein. Ich möchte nicht, dass meinetwegen so viel Alarm geschlagen wird, weiß aber auch nicht, wie ich mich beruhigen soll.

Einige Zeit später sitzen ein Seelsorger, mein Zugführer, Walli und ich zusammen. Ich erinnere mich genau, welche Kleidung ich an diesem Abend getragen habe, aber nicht, worüber wir redeten. Es ging wohl einfach um die Schilderung des Erlebten und der empfundenen Gefühle. Ein Gefühl absoluter Fassungslosigkeit überkommt mich, zusammen mit der Frage, warum mir das passiert. Schließlich bin ich eine erwachsene Frau von zweiunddreißig Jahren, die ihr Leben bisher immer im Griff hatte und mit allen Problemen klargekommen ist.

Zu Hause wartet mein Partner auf mich, voller Verständnis. Ich erzähle ihm bei einer Flasche Wein von dem Erlebten. Eigentlich möchte ich nicht mit ihm reden, schließlich war das alles dienstlich. Ich möchte mich irgendwohin zurückziehen, wo mein Kopf in den Leerlauf schalten kann und meine Gedanken Ruhe geben. Der Wein hilft mir dabei, lockert meine Zunge und meine Anspannung. Der Alkohol soll vorerst einer meiner besten Freunde werden.

Die nächsten Tage durchlebe ich wie in Trance. Sie sind gekennzeichnet von durchwachten Nächten, Appetitlosigkeit und tiefer Traurigkeit und Niedergeschlagenheit. Ich bin sehr schreckhaft, ziehe mich emotional zurück und fühle mich fremd. Mein Körper befindet sich in permanenter Alarmstellung, ständig unter Strom. Ich durchlebe die Bilder des Unfalls immer und immer wieder.

Die folgenden Dienste verrichte ich nur mit Walli. Er ist der Einzige, den ich zu diesem Zeitpunkt ertragen kann. Bei ihm kann mir nichts passieren, er ist der erfahrene Kollege, den so schnell nichts umhaut.

Meine Zug- und Hundertschaftsführung bietet mir an, mich ein paar Tage krankschreiben zu lassen, um wieder auf die Beine zu kommen. Dieser Gedanke ist für mich unerträglich. Die Vorstellung, den ganzen Tag allein zu sein, versetzt mich in Panik. Ich habe Angst, verrückt zu werden, wenn ich mit meinem Seelenschmerz allein gelassen werde. Ich weiß nicht, was mit mir passiert, warum ich meine Gedanken nicht mehr selbst bestimmen kann. Schließlich bin ich mit meinen Kräften am Ende.

Mein Zugführer nimmt mich schließlich beiseite und legt mir nahe, Hilfe anzunehmen. Er ist mit seinem Latein am Ende. Und auch der Hundertschaftsführer ist besorgt. Gemeinsam suchen wir nach einer Lösung, einem Weg. Ich höre immer öfter den Satz, dass ich den Vorfall verarbeiten muss. Das will ich gern, ich weiß nur nicht, wie!

Schließlich finde ich mich zusammen mit Walli bei einem weiteren Seelsorger wieder. Er ist sehr bemüht, versucht, mir zu helfen und die Reaktion meiner verwundeten Seele zu erklären. Ich befasse mich etwas eingehender mit dem Thema »Posttraumatische Belastungsstörung«, weise es jedoch in Bezug auf mich selbst entschieden von mir. Es kommt für mich überhaupt nicht infrage, mir so etwas einzugestehen. Ich habe nur ein paar

Probleme mit der Verarbeitung, aber da werde ich schon mit zurechtkommen, denke ich und lehne weitere Treffen ab.

Mir fehlte damals jede objektive Sicht auf meine Situation. Meine Gedanken kreisten nur noch um die tote Frau, Trauer war mein ständiger Begleiter. Oft saß ich einfach nur da und starrte vor mich hin. Die Bilder des Unfalls waren in meine Erinnerung eingebrannt. Sie waren das Erste, was ich sah, wenn ich aufwachte, und das Letzte, wenn ich zu Bett ging. Manchmal habe ich einfach laut geschrien. Ich war rastlos und hatte Angst, schlafen zu gehen, da die Nächte sehr anstrengend waren.

Immer mehr glaubte ich, dass es nichts gab, was mir hätte helfen können. Ich hatte einfach Pech gehabt, so war das nun mal im Leben. Die einen trifft es, die anderen nicht. Persönliches Pech. Ich redete mir mehr und mehr ein, dass ich allein damit fertig werden müsse, dass die Zeit alle Wunden heilen werde.

Meinen Vorgesetzten versicherte ich, dass ich alles überstanden hätte. Zwischendurch sei ich vielleicht mal etwas stiller, aber das sei schon in Ordnung. Ist ja nur menschlich. Ich hoffte, dass ich damit auch mich selbst, meinen Verstand überzeugen konnte.

Dennoch wusste ich, dass ich mir selbst schadete. Ich war mir bewusst, dass ich zu wenig schlief und zu viele Entspannungsdrinks zu mir nahm. Aber es war mir egal, schließlich half es mir ja. Der Alkohol hielt das Leben auf Distanz, verschleierte meinen Verstand. Sobald ich etwas getrunken hatte, erschien mir meine Situation nicht mehr so ausweglos und negativ.

Ich redete mir ein, dass es irgendwann schon besser werde, und hielt mich damit über Wasser. Aber es wurde schlimmer.

Während eines Nachtdienstes befanden wir uns mit unserem Zug auf der Reeperbahn, als wir zu einer Messerstecherei gerufen wurden. Ich rannte los. Über Funk hörte ich, wie einige Rettungswagen angefordert wurden, und fragte mich, was mich bei diesem Einsatz erwarten werde. Kurz bevor ich den Schauplatz erreichte, blieb ich stehen. Mein Verstand hatte beschlossen, dass ich umkehren sollte. Er hatte für mich entschieden, dass das zu viel für mich sei. Ich bekam mich relativ schnell wieder unter Kontrolle. Schließlich war ich Polizistin, die funktionieren musste. Ich befand mich dort in Uniform im Dienst, da konnte ich nicht einfach so weggehen. Außerdem war ich eine gute Polizistin, wurde mir immer gesagt. Ich war überrascht, dass es mir gelang, die Kontrolle zu behalten, und versuchte, meine Gedanken auf meine Arbeit zu konzentrieren.

Doch schließlich brachen die Dämme, und meine Beherrschung zerfloss in einem Strom der Angst. Das Endlosband vom Unfall ging wieder von vorn los. Meine bisherigen Abwehrstrategien und Vermeidungstaktiken funktionierten endgültig nicht mehr. Ich konnte vor mir selbst und vor anderen nicht mehr verbergen, dass es mir nicht gut ging. Ich versagte.

Die Tage vergingen. Inzwischen wurde es für mich fast unmöglich, meine Gedanken auf Alltäglichkeiten zu richten. Jeder Lkw, jedes tote Tier auf der Straße, jeder Fahrradfahrer katapultierten mich zurück. Die äußeren Auslöser hierfür wurden immer nichtiger.

Schließlich erklärte ich mich auf Drängen einiger aufmerksamer Kollegen widerstrebend bereit, beim Psychologischen Dienst der Polizei Hamburg anzurufen.

Der Polizeipsychologe erkannte sofort mein Problem und schlug dringend ein Treffen vor. Er erzählte mir von Posttraumatischen Belastungsstörungen und deren Auswirkungen. Er sagte mir, dass meine ganzen Empfindungen, mein ganzes Verhalten typisch für diese Erkrankung seien, und nahm mir die Angst, ich könnte den Verstand verlieren. Er riet mir dringend zu einer Traumatherapie und vermittelte mir auch gleich einen Platz. Doch ich musste noch eine Weile warten, bis ich die Therapie antreten konnte.

In der Zwischenzeit begann ich zwangsläufig, mich ganz bewusst mit dem Thema auseinanderzusetzen. Ich sah dem Monster ins Auge, konfrontierte mich mit den auslösenden Reizen. Dies hatte jedoch zur Folge, dass es mir immer schlechter ging. Ich war sehr ungeduldig, wollte das Thema aus meinem Kopf streichen, aber es gelang mir nicht. Mein ohnehin schon zu hoher Alkoholkonsum stieg weiter an.

Erst nach zwei weiteren Vorfällen war ich langsam dazu bereit, mir einzugestehen, dass es so nicht weitergehen konnte. Mittlerweile waren vier Monate vergangen. Ich hatte meinen absoluten Tiefpunkt erreicht.

Immer noch widerstrebend ließ ich mich eine Weile krankschreiben. Meine Bordmittel waren erschöpft. Ich sah endlich ein, dass es sich bei der Posttraumatischen Belastungsstörung tatsächlich um eine Krankheit handelt. Eine Krankheit, die nicht sichtbar, jedoch grausam und tückisch ist.

Die Verarbeitung der traumatischen Belastung in der Therapie war ein sehr schwieriger Prozess mit vielen Höhen und Tiefen, der sehr viel Geduld erforderte. Aber schließlich wurde es doch besser.

Ich lernte, dass ich auch als Polizistin Schwäche zulassen darf. Auch ich habe etwas, das sich Herz nennt. Und dieses Herz kann getroffen werden, kann Trauer empfinden und schmerzen. Das ist menschlich und macht aus mir keine schlechte Polizistin. Ich muss keine Maschine sein, die völlig gefühllos ist.

Natürlich empfinden nicht alle Menschen gleich. Was für die einen banal ist, kann für die anderen einen tiefen Schmerz bedeuten. Ich weiß, dass ich diesen Unfall nie vergessen werde. Mit professioneller Unterstützung lernte ich damit umzugehen und dieses Ereignis in mein Leben zu integrieren. Dies war der einzige und richtige Weg. Die Alternative hieße, ein Leben lang etwas verdrängen zu wollen, das sich nicht verdrängen lässt. Das ist ein verdammt anstrengender Kampf, bei dem der Mensch immer auf der Strecke bleibt.

Und – auch Indianer haben Schmerzen. Ich weiß es nur zu genau.

Endlich Feierabend

von Janine Binder, Köln

Wir sitzen in einer der vielen Kölner Cocktailbars. Ich nippe ein wenig lustlos an meinem Cocktail. Die Gespräche plätschern so dahin, und eigentlich bin ich müde und führe lieber nach Hause, aber wenn ich schon mal einen Freitagabend frei hab, dann verbring ich den auch mit meinen Freunden.

Ein Typ kommt an unseren Tisch, er nickt Thorsten zu, Thorsten nickt zurück, hebt sein Kölschglas und sagt: »Ah, hi, Dennis … Leute, das ist mein Kollege Dennis. Dennis, das sind Tina, Eva, Stefan, Carsten, Tom, und das da ist Janine, die Polizistin.« Er deutet der Reihe nach auf uns, zum Schluss bleibt sein Blick an mir hängen. Erst als er meinen Wenn-ich-könnte-würde-ich-dich-jetzt-töten-Blick bemerkt, guckt er beschämt zu Boden.

Ich hasse so was, jeder wird mit Namen vorgestellt, nur bei mir kommt entweder mein Beruf als Zusatz oder auch nur mein Beruf, als würde das alles über mich sagen, was es zu wissen gibt.

Die Bullette, ah ja, alles klar!

Der fremde Dennis bekommt auch sofort dieses Glitzern in den Augen, wie ich es schon hundertmal gesehen habe, und setzt sich natürlich direkt neben mich. Toll, eine Bierfahne hat er auch schon, und ich darf mich jetzt voraussichtlich die nächsten Minuten mit ihm über meinen Job unterhalten, während alle anderen über interessantere Dinge sprechen.

Es geht auch schon los.

»Du bist echt ein Bulle?« Ich nicke, nippe wieder an meinem Cocktail und gucke demonstrativ in die andere Richtung. Das schreckt ihn aber nicht ab.

»Also so richtig mit Uniform und Streife fahren und so?« Ich nicke wieder und werfe Thorsten einen weiteren tödlichen Blick zu.

»Is ja geil! Hast du auch 'ne Waffe?«

Ich ringe mir ein »Ja, hab ich!« ab und denke im Stillen: Nur leider grad nicht dabei, du Pappnase!

»Heftig, find ich cool, also ich mein, sieht man dir so gar nicht an. Du siehst ganz anders aus!«

Ich sehe ihn an und klimpere gelangweilt ein wenig mit den Wimpern.

»Ach ja, wie sehe ich denn aus?«

Er merkt anscheinend gar nicht, dass er grad sehr dünnes Eis betritt.

»Na, so Sekretärin oder Einzelhandelskauffrau oder so …«

Ich ziehe die Augenbrauen hoch und bin froh, dass er nicht Friseurin oder Kosmetikerin oder gar Hausfrau gesagt hat. Alles schon dagewesen, ich führe dieses Gespräch schließlich nur zum dreiundzwölfzigtausendsten Mal, nur in einer neuen Variante.

Dennis grinst mich an und scheint sich toll zu amüsieren.

»Und wie ist der Job so?«

»Ist halt ein Job …« Ich wedele gelangweilt ein paar Krümel vom Tisch.

JUNGE JUNGE, ich hab Feierabend, ich hab wirklich keine Lust, über meinen Job zu reden, schon gar nicht mit dir.

»Hast du dich schon mal prügeln müssen?«

»Ja, kommt vor«, antworte ich einsilbig und ziehe wieder an meinem Strohhalm.

Die anderen lachen grad über irgendwelche Witze, Mist, ich will auch lachen.

»Und? Ich mein, so als Frau und so klein, wie du bist, da hast du doch bestimmt ordentlich was abbekommen.«

»Ich hab gelernt, mich zu verteidigen.«

»Ah, ist klar, Kampfsport und so …« Er grinst anzüglich und tätschelt meinen Bizeps.

»Ich mach Judo, vielleicht willst du mit mir mal auf die Matte?«

O Mann, der merkt mein Desinteresse anscheinend wirklich überhaupt nicht.

»Sorry, kein Interesse …« Ich entziehe ihm meinen Arm und stehe auf, quetsche mich an ihm vorbei und gehe aufs Klo.

Als ich wiederkomme, will ich mich ans andere Tischende verkrümeln, aber keine Chance, Mr. Dennis setzt sein Gespräch mit mir einfach über den Tisch hinweg fort.

»Und hast du sie schon mal einsetzen müssen?«

»Was?«

»Na, die Wumme, Knarre, das Schießeisen! Schon mal benutzt?«

Ich hoffe, mein Blick zeigt ihm, für wie dämlich ich diese Frage halte, und enthalte mich einer Antwort.

»Also nicht?«

Ich drehe mich genervt zu ihm um.

»Pass auf, ich bin hier in meiner Freizeit! Redet hier außer dir irgendwer über seinen Job?«

Er hebt die Hände und grinst. »Schon gut, Frau Wachtmeister, nicht schießen!«

Haha, sehr witzig.

»Wachtmeister gibt es bei der Polizei nicht mehr, dieser Dienstgrad wurde abgeschafft. Im Übrigen hättest du mich damit degradiert.« Langsam werde ich echt katzig. Thorsten bekommt mit, dass sein Vorstellungsmanöver ordentlich in die Hose gegangen ist, und versucht, Dennis abzulenken, indem er über Fußball redet. Klappt auch, bis …

»Sag mal, musst du dann auch zu Fußballspielen und Demos und so?«

Ich schüttele den Kopf, aber er redet schon weiter.

»Also, ich mein, ich find das ja voll Scheiße, da muss man als Polizist die Scheißrechtendemos beschützen. Das würde mich ja total nerven.«

Ich versuch ihm noch mal zu erklären, dass ich in meinem Leben noch nie eine Demo beschützen musste und, wenn es nach mir geht, das auch nie tun muss.

Aber er hört gar nicht zu.

»Oder diese Castorkacke, ich gäbe mich ja für so was nicht her. Ich denke auch, dass Atomkraft eine unterschätzte Gefahr darstellt. Wenn ich nicht hätte arbeiten müssen, hätte ich mich auch an die Schienen gekettet.«

Am Tisch entbrennt eine Diskussion über den Ausstieg aus der Atomkraft, an der ich mich wirklich gern sinnvoll beteiligt hätte, aber Dennis lässt noch immer nicht locker.

»Oder jetzt Heiligendamm, kein Wunder, dass du sie da auf die Fresse bekommen hast. Also, ich mein, G 8, totale Machtdemonstration …«

»Ich war nicht in Heiligendamm …«

Weiter komm ich nicht, er redet nämlich schon weiter, von Meinungs- und Demonstrationsfreiheit und Unterdrückung des einfachen Bürgertums.

Mir wird schlecht, und ich entfliehe dem Gespräch erneut aufs Klo.

Thorsten guckt mir hinterher und sieht bedröppelt aus.

Als ich wiederkomme, sitzt der Schwachmat immer noch da und klopft neben sich auf die Bank.

»Setz dich wieder hier hin, ich muss noch was fragen. Das muss man doch ausnutzen, wenn man mal einen echten Staatsdiener kennenlernt.«

Die Leute vom Nebentisch drehen sich nach mir um, und ich versänke am liebsten im Boden. Nur damit er die Klappe hält, setze ich mich mit Büßermiene neben ihn.

»Also, ich bin da neulich geblitzt worden.«

Ich weiß, was jetzt kommt, o ja, ich weiß es …

Und da kommt es auch schon:

»Sag mal, ich mein, wo wir uns doch jetzt schon kennen, könntest du da nicht was machen?«

»Ich bin Polizistin, Bußgeldbescheide werden durch die Bußgeldstelle bearbeitet, da musst du dich an die wenden«, antworte ich wahrheitsgemäß und merke, dass man mir anhört, dass ich diesen Spruch nicht zum ersten Mal ablasse.

»Ach, komm, ihr habt da doch bestimmt 'nen heißen Draht nach oben. Für mich? Ich hol dir auch noch 'nen Cocktail?« Er wirft mir einen Blick zu, den er vermutlich für besonders unwiderstehlich hält.

Ich zucke die Achseln und bleibe weiterhin freundlich. »Sorry, keine Chance!« Ich lächele sogar. Wow!

Kurz gelingt es mir, mich in die Gespräche der anderen einzuklinken, und neben mir herrscht Ruhe.

Dann kommt allerdings am Tisch das Rauchverbotthema auf, und irgendwo fällt das Wort Cannabis. Ich höre, wie Dennis neben mir Luft holt und dazu ansetzen will, etwas zu sagen, aber ich komme ihm zuvor.

»Nein, ich denke nicht, dass Cannabis legalisiert werden sollte. Nein, ich habe keine Lust, da jetzt mir dir drüber zu debattieren. Ja, ich will einfach nur meinen freien Abend hier verbringen.«

Er sieht mich verdattert an und will schon wieder die Hände heben, dann überlegt er es sich aber doch anders und grinst wieder lüstern. »Aber mich fesseln willst du doch bestimmt mal …«

Ich verdrehe die Augen und ziehe meine Jacke an.

»He, du willst doch nicht etwa schon gehen! Ich muss erst noch wissen, was man denn so als Bullette unter der Uniform trägt.«

Ich beuge mich vor, unterdrücke den Wunsch, ihm meinen Cocktail in den Schritt zu gießen, und säusele: »Schätzelchen, bei deinem Auftreten wirst DU das unter Garantie nicht herausfinden!«

Ich winke den anderen zu, zahle an der Theke und gehe, draußen atme ich tief durch. Was für eine Pfeife!

Thorsten ist ebenfalls gegangen und holt mich kurz vor der Haltestelle ein.

»Tut mir leid, auf der Arbeit ist er eigentlich ganz nett.«

Ich winke ab. » Macht nichts, du kannst ja nicht wissen, dass achtzig Prozent aller leicht angetrunkenen Männer auf diese Weise auf meinen Beruf reagieren.«

Er grinst. »Okay, dann müssen wir uns einen neuen Job für dich überlegen.«

Ich lache. »Dann sei mal kreativ.«

»Hm, lass mal überlegen. Kindergärtnerin? Nein, lieber nicht, das schlägt jeden Kerl in die Flucht. Hm, Mitarbeiterin eines großen Verkehrsunternehmens …«

»Ja, das ist sehr nah an der Wahrheit, aber zu unpräzise, da kommen bestimmt Nachfragen.«

»Ich hab's, Krankenschwester! Hat auch Schichtdienst, und wenn wer doof nachfragt, erzählst du von ekligen Wunden und Leuten, die ins Bett kacken, und schon hast du deine Ruhe.«

»Klingt prima, einverstanden!«

Von diesem Tag an bin ich, sobald ich frei habe und mit neuen Leuten zum ersten Mal in Kontakt komme, Krankenschwester. Ich musste seitdem weder Gespräche über die Legalisierung von Cannabis führen, noch mich für die »Fehlentscheidungen« meiner Kollegen rechtfertigen. Ich wurde nie wieder schräg von der Seite angequatscht, ob ich nicht die eine oder andere Knolle verschwinden lassen könnte.

Toll!

Janine Binder, Krankenschwester!

Hört sich gar nicht so übel an, und ein paar Kranke verarzte ich schließlich auch hin und wieder, wenn auch auf meine Art und Weise.

Träume nicht dein Leben

von Heidi Lichtenstein, Neuss

Die Verwirklichung meines Traumes konnte beginnen: Vereidigung als Polizeibeamtin am 2. August 1976 im Saal 300 des Präsidiums in Wuppertal. Ich war neunzehn Jahre jung, hatte gerade mein Abitur in der Tasche und wollte nur eines – schnell Freundin und Helferin werden.

Okay, eine gute Ausbildung mit viel Theorie ist sicher eine erforderliche Basis, um wirklich helfen zu können. Wenn Freunde und Helfer viel wissen, schadet das auf keinen Fall. Aber wann geht's denn nun endlich los mit dem Helfen?

Zunächst vergehen drei mit viel Theorie gespickte Jahre an der Fachhochschule. Die Praktika zwischendurch sind schon eher nach meinem Geschmack. Zwar kann ich selbst nicht viel helfen, denn die erfahrenen Kollegen lassen mich nur zuschauen. Aber immerhin komme ich der Sache langsam näher.

Als frisch gebackene Kriminalkommissarin werde ich auf die Menschheit losgelassen. Also – Ärmel hochkrempeln und mit dem Helfen beginnen. Gut, es hilft den Menschen auch, wenn ihr Auto aufgebrochen wurde und ich den Bürokram für ihre Versicherung abwickle. Und die Ausstellung einer Bescheinigung über die Erstattung einer Anzeige wegen Raubes hilft beim Sozialamt, damit die Sozialhilfe ein zweites Mal ausgezahlt wird.

Häufig nehme ich ja in den Wohnungen der Menschen den Tatortbefund auf und sichere Spuren, damit der Einbrecher überführt werden kann. Aber ich kann nicht dabei helfen, dass sie sich in ihrer Wohnung wieder sicher fühlen. Kann die Kinder nicht beruhigen und ihnen nach dem Einbruch nicht beim Einschlafen helfen.

Noch weniger kann ich der jungen Frau helfen, deren Kind gerade gestorben ist und der ich erkläre, dass wir ihr Kind erst obduzieren lassen müssen, bevor sie es beerdigen darf.

Ich fühle mich hilflos!

Mein Chef sagt, ich soll mich nicht anstellen. Ich werde das schon lernen. Ihm macht das nichts mehr aus, meint er. Vielleicht hilft ihm der Schnaps in seinem Schrank, um solche Kleinigkeiten runterzuspülen.

Und nun auch noch eine Vermisstensache! Klein, alt und verhutzelt ist die Frau, die ihren Neffen als vermisst meldet. Er ist ihr einziger Angehöriger und kümmert sich zweimal die Woche um sie. Sie kocht ihm dann etwas Leckeres. Das Fleisch zum Essen muss er allerdings mitbringen, weil ihre Rente das nicht hergibt. Aber es tut so gut, jemand bekochen zu können. Für sich allein kocht man als alte Frau doch nicht mehr.

Der Neffe hatte ihr etwas von einer neuen Wohnung erzählt, die er in Aussicht hätte. Ob er schon einen Mietvertrag hatte, weiß sie nicht. Aber in seiner alten Wohnung macht er schon seit acht Tagen nicht mehr auf, und besucht hat er sie auch nicht. Obwohl sie am Mittwoch mit dem Möhreneintopf auf ihn gewartet hat. Das ist noch nie vorgekommen.

Es ist Februar, da fährt der Neffe auch nicht in Urlaub. Außerdem wollte er ja umziehen und hatte kein Geld für eine Reise.

Ich habe kein gutes Gefühl. Der Schlüsseldienst öffnet mir die Wohnung des Neffen. Gepackte Kartons stehen im Flur. Vom Neffen keine Spur.

Ich hatte es geahnt – Vermisstensachen sind keine Fälle, bei denen ich wirklich helfen kann. Diesmal muss ich der kleinen alten Dame sagen, dass wir mit unserem Latein am Ende sind.

Dieser Vermisstenfall scheint anders – er geht mir nicht aus dem Kopf. Vor meinem Urlaub rufe ich die Tante noch einmal an. Ob sie etwas von ihrem Neffen gehört habe? Natürlich nicht, sonst hätte sie doch gleich angerufen.

Mein erster Tag nach dem Sommerurlaub – ich habe Tatortdienst. Die Erholung ist dahin, als ich gleich zu einer Leichensache fahren muss. Der neue Mieter sei im Februar eingezogen. Keiner der Nachbarn hatte ihn bisher gesehen. Aber nun wurde der Geruch unerträglich. Also ruft man die Polizei.

Es ist der vermisste Neffe. Er hatte sich wohl beim Kistenschleppen zu sehr angestrengt. Die neue Wohnung, auf die er sich so gefreut hatte, konnte er nicht mal richtig einrichten.

Ich überbringe der Tante die Nachricht vom Tod ihres Neffen. Danach nehme ich den vom Chef angebotenen Schnaps gern an. Geholfen hat er nicht.

Zwei Wochen später steht die Tante vor mir. Sie sieht noch kleiner und verhutzelter aus als beim letzten Mal. Sie hält mir eine mit einem Gummiband umwickelte Papierserviette hin, in die zwei Tafeln Schokolade eingepackt sind.

»Die sind von Lindt, das ist was ganz Leckeres.«

»Aber warum denn?«

»Es hat mir so gutgetan, dass Sie mir immer zugehört haben. Und das Wichtigste war für mich, dass ich nun weiß, wo mein letzter Verwandter ist und dass ich ihn beerdigen konnte. Sie haben mir sehr geholfen.«

Stell dir vor, du bist Freund und Helfer – und merkst es gar nicht!

Autorenverzeichnis

Binder, Janine	Streifenbeamtin im Wachdienst des Polizeipräsidiums Köln, Polizeiinspektion Chorweiler
Brunner, Jasmin	Polizeioberkommissarin beim Polizeipräsidium Südosthessen
Conrad, Regina	Polizeioberkommissarin bei der Bereitschaftspolizei des Polizeipräsidiums Köln
Guaita, Stephanie von	Kriminaloberkommissarin beim Dezernat für Kapitaldelikte der PD Waldshut-Tiengen. Veröffentlichung der vierbändigen Reihe »Erinnerungen einer baden-württembergischen Polizeibeamtin« sowie mehrerer Krimis
Hahn, Christine	Streifenbeamtin in Hamburg
Hansen, Ann-Katrin	Streifenpolizistin in Berlin
Hess, Martina	Kriminalbeamtin aus …, Baden-Württemberg
Jahn, Kathrin	Polizeioberkommissarin bei der Polizeiinspektion Nienburg
Lau, Esther	Streifenbeamtin bei der Polizeizentralstation Geesthacht
Lichtenstein, Heidi	Kriminalhauptkommissarin und Dozentin beim Landesamt für Ausbildung, Fortbildung und Personalange-

	legenheiten der Polizei Nordrhein-Westfalen in Neuss. Fachgebiet: Sexuelle Gewaltdelikte, Kindesmisshandlung und Vernehmung
Meier, Bianca	Kontroll- und Streifenbeamtin der Bundespolizeiinspektion am Hauptbahnhof München
Minten, Claudine	Polizeikommissarin bei der Polizeiinspektion Leverkusen
Ploch, Manuela	Kriminalbeamtin beim Sachgebiet Öffentlichkeitsarbeit der PD Suhl
Röhr, Katrin	Gewerbeoberkommissarin beim Gewerbeaußendienst des Landeskriminalamtes Berlin
Schreiber, Beatrice	Polizeikommissarin bei der Polizeidirektion Ravensburg
Trümper, Irina	Kriminalbeamtin bei der Kriminalaußenstelle Mannheim-Ladenburg
Wedl, Karlheinz	Kriminalhauptkommissar beim Bayerischen Landeskriminalamt in München
Wehner-Davin, Wiltrud	Kriminalhauptkommissarin i. R., zuletzt bei der Kripo in Düsseldorf
Zygmann, Moni	Polizeikommissarin im Wach- und Wechseldienst der Polizeiwache Brühl, Rhein-Erft-Kreis

Mein Dank gilt Allen, die zum Gelingen dieses Buches beigetragen haben. Besonders erwähnen möchte ich

- Ana Kreysing und Dirk Reiche für die redaktionelle Mitarbeit
- allen Kolleginnen, die ihre Erlebnisse für dieses Buch zur Auswahl stellten
- Suzanne Eichel für ihre Fotos
- Tanja Jenne und Dr. Joachim Kepplinger von der Akademie der Polizei in Freiburg
- meiner Frau Susanne und unseren Kindern, Alina, Josua und Melinda
- Bob Nalyd für seine Inspiration

Auch dieses Buch ist all denen gewidmet,
die täglich ihr Bestes geben,
und im Gedanken an die Menschen geschrieben,
die hierbei ihr Leben ließen.

Die erste Leiche vergisst man nicht

Polizisten erzählen

Herausgegeben von Volker Uhl. Vorwort von Dietz-Werner Steck (»Kommissar Bienzle«). 224 Seiten mit Fotos von Suzanne Eichel. Serie Piper

Es gibt immer ein erstes Mal: der erste Raubüberfall, der erste Mord, der erste Suizid. Wie gehen Polizisten damit um, die jeden Tag dem Verbrechen ausgesetzt sind? Volker Uhl hat das Internet-Projekt »Polizei-Poeten« ins Leben gerufen und Kollegen dazu animiert, über ihre Arbeit zu schreiben. Sie berichten in kurzen Texten von ihren erschütternden Erlebnissen. Dabei zeigen sie sich als Menschen, die andere leiden und sterben sehen, weil es ihr Beruf mit sich bringt. Authentische, lebensnahe Geschichten mit eindrucksvollen Fotografien von Suzanne Eichel.

»Von schrecklich schöner Eindringlichkeit.«
ARD-Tagesthemen

05/1886/01/L

Jeden Tag den Tod vor Augen

Polizisten erzählen. Herausgegeben von Volker Uhl und mit einem Vorwort von Maria Furtwängler. 224 Seiten mit 16 Seiten Schwarzweißfotos von Suzanne Eichel. Serie Piper

Das schwer verletzte Kind, das Entführungsdrama, der getötete Kollege – Polizisten haben jeden Tag den Tod vor Augen. Wie gehen sie mit solchen Erlebnissen, aber auch der Bedrohung des eigenen Lebens um? In authentischen Geschichten berichten Polizisten aus ihrem Alltag und zeigen sich als Menschen, die andere leiden und sterben sehen, weil es ihr Beruf mit sich bringt. Entstanden aus dem Internet-Projekt »Polizei-Poeten«, mit eindringlichen Fotos von Suzanne Eichel – ein erschütterndes Buch über eine uns verschlossene Welt.

»Dieses Buch ist besser als tausend Krimis.«
Nürnberger Zeitung

05/2259/01/R

SERIE PIPER

Julian Baggini

Der Sinn des Lebens

Philosophie im Alltag. Aus dem Englischen von Sonja Hauser. 208 Seiten. Serie Piper

Der englische Philosoph Julian Baggini zeigt: Philosophie kann großen Spaß machen. Wir können sie leicht verstehen und mit ihr die großen Fragen wie die nach dem Sinn des Lebens beantworten. Damit wir mit ihm über die Natur des Menschen nachdenken können, bemüht Baggini nicht einfach nur Thomas Hobbes, sondern den Italowestern eines Sergio Leone. Mit Madonna erläutert er das Selbst und die Seele. Sei es Tschechows »Möwe«, der Film »Sunset Boulevard« oder Aristoteles und »Rain Main« – Bagginis außergewöhnliches Talent, Philosophie lebendig werden zu lassen, schafft ein Lesevergnügen der besonderen Art.

»Ein überaus kluges, kurzweiliges und auch für Laien verständliches Buch zum Thema Sinnsuche.«
Oberösterreichische Nachrichten

05/2251/01/L

Jörn Morisse, Rasmus Engler

Wovon lebst du eigentlich?

Vom Überleben in prekären Zeiten. 256 Seiten. Serie Piper

Job, Geld, Leben – nichts ist mehr sicher. Auch für Kulturschaffende haben sich in den letzten Jahren die Lebens- und Arbeitsbedingungen verschärft. Welche Kompromisse müssen und wollen bildende Künstler, Musiker, Autoren, Designer und Modemacher eingehen, damit für Miete, Krankenkasse, Altersvorsorge oder schlicht für die alltäglichen Ausgaben gesorgt ist? Welche Nebenökonomie ermöglicht dem Kulturarbeiter seine künstlerische Freiheit? Jörn Morisse, Mitbegründer des virtuellen Netzwerkes Zentrale Intelligenz Agentur und Rasmus Engler, stets unter dem Existenzminimum lebender Musiker und Autor, sprachen mit 20 kreativ Tätigen über Strategien und Möglichkeiten jenseits von Festanstellung und Hartz IV sich mit wenig Geld über Wasser zu halten. Unverblümte Fragen, klare Antworten.

05/2244/01/R

François Lelord / Christophe André

Die Macht der Emotionen

und wie sie unseren Alltag bestimmen. Aus dem Französischen von Ralf Pannowitsch. 400 Seiten. Serie Piper

Sind Sie eifersüchtiger, als Ihnen lieb ist? Schämen Sie sich für Ihre Wutausbrüche? Oder wären Sie Ihrem Chef gegenüber manchmal gern etwas mutiger? Das erfahrene, seit Jahren erfolgreich praktizierende Psychologenduo Lelord und André erklärt die biologischen und sozialen Wurzeln unserer Emotionen, untersucht Konflikte bei einem Zuviel oder Zuwenig an Gefühlen und gibt dem Leser grundlegende Ratschläge zum Umgang mit Zorn, Neid, Glück, Traurigkeit, Scham, Eifersucht, Angst und Liebe.

Vom Autor der Bestseller »Hectors Reise oder die Suche nach dem Glück«, »Hector und die Geheimnisse der Liebe« und »Hector und die Entdeckung der Zeit«.

05/2124/01/L

Margot Schmitz / Michael Schmitz

Seelenfraß

Wie Sie den inneren Terror der Angst besiegen. 240 Seiten. Serie Piper

Herzbeschwerden, Kopfschmerzen, Schlafprobleme, innere Anspannung: lauter körperliche Symptome, die auch durch Angst-Störungen hervorgerufen werden können. In diesem Buch erfahren Sie die Ursachen von Angst- und Panikattacken, aber auch, wie Sie Ihre Ängste erkennen und besiegen können.

»Ein gehaltvolles Buch, das keine Patentrezepte liefert, aber Zusammenhänge erhellt und hilft, Koordinaten für einen gesünderen Umgang mit sich, der Umwelt und der Angst abzustecken.«
Stuttgarter Zeitung

05/2233/01/R